Let's Read the Arabic Newspapers

لنقرأ الجرائد العربية

by Howard D. Rowland

with the assistance of Milad N. Rizkallah

ISBN 0-86685-673-0

Published by: International Book Centre, Inc.
          P. O. Box 295
          Troy, Michigan 48099-0295

Dedication

To my mother, brother, nephews, niece, all other members of my family, to the memory of my father, and to my beautiful Collie, Lassie—the joy of my life.

HDR

Introduction

The need for Americans and other Western peoples to better understand how Arabs think was acutely demonstrated not long ago during the Gulf crisis. There is no doubt that the war between Iraq and the coalition forces, led by the United States, and that war's messy aftermath, could have been avoided if the Americans and Iraqis had not miscalculated so badly and so grossly misjudged each other both during the decade leading up to the crisis and during the crisis itself.

One of the reasons for the miscalculations and misjudgment on the part of Westerners, and Americans in particular, in matters concerning Arabs is their appalling lack of knowledge of the history, traditions, and thought patterns of the Arabs as well as near total ignorance of their language.

Let's Read the Arabic Newspapers is a newspaper reader which is designed to help bridge this gap of ignorance by helping American and other English-speaking learners of Arabic get started reading the newspapers of the Arab world. Although one cannot claim that articles from Arabic newspapers necessarily represent the ideas and ways of thinking of their Arab readers generally, one can at least find out, by reading the Arab press, what the Arab governments are telling their citizens, what members of the various Arab societies' elites are thinking and saying, what type of reading matter is available to Arabs, what their reading preferences appear to be, and what general political, social, and religious trends and movements are afoot in the Middle East and North Africa.

During the last three decades, some good Arabic-teaching materials have emerged in the English-speaking world, including two works designed to teach speakers of English to read Arabic newspaper texts, namely 1) *Contemporary Arabic Readers - 1. Newspaper Arabic*, by Ernest McCarus and Adil Yacoub (University of Michigan Press, Ann Arbor, 1962), and 2) *A Week in the Middle East*, by F. A. Pragnell (Lund Humphries, London, 1984). The former consists of a limited number of articles, the material of which is presented in sound pedagocial fashion in order to teach students typical newspaper vocabulary. Its only failing is that it is now quite out-of-date and deals with events that today's college students, among others, would consider to be ancient history. The latter is a nicely-produced work based on the intriguing idea of selecting a week's worth of news articles from the respected Arabic newspaper *al-Sharq al-Awsat* and reprinting them, with side-by-side English translations and extensive glossaries of important vocabulary items. The only criticism that could be levelled against it is the fact that all the material has been taken from only one newspaper and there are no exercises or other devices to impel learners of Arabic to acquire knowledge of the language by actively using it.

Let's Read the Arabic Newspapers represents an effort to present today's learners of Arabic with a wide spectrum of more recently written articles from newspapers from all over the Arab world—including even an article from *al-Huda*, America's oldest Arabic newspaper which is still published weekly in New York. The attempt was made to select articles of varying length, and on a wide variety of topics. At all times, while selecting the articles, the author bore in mind the question: "What type of articles from the Arabic newspapers would be interesting and appeal to young Americans who are studying the language in universities, language institutes, or even on their own, in places such as Michigan, California, Texas, Ohio, or Washington, D.C.?" After all, people generally read what they like to read, and if they have to read something in a difficult foreign language, they definitely need to be stimulated, motivated, interested in, and excited about what they are reading—or else they may lose their desire to learn the language.

The articles in *Let's Read the Arabic Newspapers* are generally arranged in terms of length, with the articles becoming progressively longer as one moves through the book. No attempt was made to organize the material according to subject matter or level of difficulty, since subject matter areas often overlap and assigning levels of difficulty is frequently only a matter of opinion. However, the author's experience both learning and teaching Arabic has shown him that Arabic is a particularly difficult language to learn to read fluently, and that the very length of an Arabic text is a major factor of difficulty for any student of the language. Hence the book starts with very short articles and ends with long ones.

How to Use This Book

Let's Read the Arabic Newspapers is designed to be used either as supplementary reading material in a university-level Arabic course or as self-teaching material, and is intended for use by persons who have already studied Arabic for at least two semesters or the equivalent. The book is divided into two basic parts—1) the first half, containing 100 Arabic articles, with accompanying glossaries and Arabic-language questions on the texts, and 2) the second half, containing a full English translation of each article and answers to the questions. In an effort to spice up the material, the author has added a "trivia question" at the end of each selection—generally related to the topic of the given selection—with a corresponding answer in the second half of the book. In addition to this, after every five selections there is an exercise, usually about one page long, which is based on the material of these selections. The exercises are of various types (filling in blank spaces, matching vocabulary items, true and false statements, matching persons with functions or with actions performed, etc.) and are all designed to induce the student to review the five selections and recall the vocabulary and information covered in them. At the end of the book there is a Key to Exercises section containing all the correct answers.

As for methodology in the classroom, the author suggests that the teacher first have the students silently read the article, after which he orally asks the students the questions following the article and elicits their responses. After a given selection has been read and the questions answered, the students can then consult the selection's translation in the second half of the book in order to see how well they understood the article, and they can see how their answers to the questions compared with the model answers given. When a group of five selections has been covered, students could be asked to do the exercise corresponding to these selections either as a classroom learning activity or as a test.

Other approaches, of course, can be used. Students could, for example, produce written translations of the articles, write answers (in Arabic) to the questions, and then compare their work to the model translations and answers in the latter part of the book. Or the teacher can have students read the selections aloud, translate them orally, etc. Furthermore, after each selection is read and the questions answered, the teacher could use the selection's subject matter as a springboard from which to launch a discussion, in Arabic, concerning the general topic at hand.

Anyone using this book as self-teaching material can also do most of the above-mentioned activities. For example, you could read each selection, underline words that are new to you, attempt to answer the questions (orally to yourself or in writing), and then check the corresponding page in the latter half of the book and see how well you understood the selection and how accuratley you answered the questions. Then you could do the exercises that come after every five selections and consult the Key to Exercises section to see how your answers compare with the correct ones.

The author maintains that if you diligently cover the material of this book—or even just half or two-thirds of the selections—you will:

- greatly increase your Arabic reading proficiency,
- acquire a considerable amount of additional knowledge about the Arab world,
- gain a good perspective concerning what the Arab world's press is like, and
- enjoy yourself and be entertained during the whole process.

Some Technical Matters

1. The Arabic articles have all been retyped to correspond to a single format for presentation in this book, and occasionally the punctuation was changed to make it easier and more consistent for American readers (such as the addition of periods and question marks if they were omitted, but normally expected). Furthermore, a few minor, but obvious, spelling and grammatical errors and misprints which occurred in the original texts were corrected. Apart from these slight modifications, the retyped articles correspond to the original ones.

2. Glossaries, when they occur after articles, contain only words and/or meanings of words and phrases not found in Hans Wehr's *Dictionary of Modern Arabic*, as well as both Arab and non-Arab proper names which a learner of Arabic cannot normally be expected to be able to pronounce or puzzle out when they are rendered in Arabic script. A given glossary entry appears only once in the book—the first time the word or phrase is encountered.

3. An effort was made to make the translations as literal as possible, but maintain natural-sounding American English. Brackets in the translations are occasionally used as an aid to the learner to show implied thoughts not obvious to non-Arab readers, literal renderings not normally necessary in English, translations of Arabic terms sometimes used in English but not always widely known, etc.

4. The transliteration system used to render Arabic words was the very simplest possible, following the convention of American newspapers—no special letters, symbols, or diacritical marks, no accounting for vowel length, and conventional letter combinations for typical Arabic consonants (kh, gh, th, etc.). Only the apostrophe was used—to represent the "ayn" and "hamza" when in the middle or at the end of a word.

5. The translations contain some abbreviations and names which correspond to commercial and national news agencies, and they are as follows:

SNA	=	Saudi News Agency
AFP	=	French Press Agency
Saba'	=	Yemeni Press Agency
SANA	=	Syrian Arab News Agency
R	=	Reuters (News Agency)
Petra	=	Jordanian News Agency
ANA	=	Algerian News Agency
UPI	=	United Press International
INA	=	Iraqi News Agency
QNA	=	Qatari News Agency

Acknowlegements

The author wishes to thank his colleague and close friend, Dr. Milad Rizkallah, for proofreading the entire manuscript more than once, modifying the Arabic questions and answers to make them sound more correct and authentic, and providing an additional mind and pair of eyes for checking the accuracy of the translations. Working with him is always both profitable and a great pleasure.

In addition, the author wishes to extend his gratitude to the various Arabic newspapers which gave him permission to use their articles in his work. He is also indebted to Electromap, Inc. for granting him permission to use maps of some of the world's countries (pp. 68, 70, 77, 105, 112, 123, 125, 133, 169, and 173) from the software program *World Atlas*. (Copyright 1989-95 Electromap, Inc., Fayetteville, AR. All rights reserved. Maps reprinted with permission.)

Table of Contents

Introduction..p.v

The Texts

1. King Fahd Arrives in Riyadh from Ha'il...pp. 3, 165

١) الملك فهد يصل إلى الرياض من حائل

2. Kuwaiti Minister of Defense Visits Cairo...pp. 4, 166

٢) وزير الدفاع الكويتي يزور القاهرة

3. He Commits 200 Robberies in Six Months..pp. 5, 167

٣) يرتكب ٢٠٠ سرقة في ٦ أشهر

4. Prime Minister Receives Manager of Hunt Oil Company..............................pp. 6, 168

٤) رئيس الوزراء يستقبل مدير شركة هانت للتنقيب عن البترول

5. New Syrian Ambassador Graduate of Alexandria University.........................pp. 7, 169

٥) سفير سوريا الجديد خريج جامعة الاسكندرية

Exercise I..pp. 8-9

6. Irrigation in Egypt with Computers..pp. 10, 170

٦) الري في مصر بالكومبيوترات

7. Minister of Transport Inaugurates Three New Central Telephone Exchanges...............pp. 11, 171

٧) وزير النقل يفتتح ٣ سنترالات جديدة

8. Egypt Backs Kuwait in Telephone Call Between Mubarak and Jabir............................pp. 12, 172

٨) مصر تدعم الكويت في اتصال هاتفي بين مبارك وجابر

9. Al-Hamdani Returns from Washington..pp. 13, 173

٩) الهمداني يعود من واشنطن

10. Low-Cost Treatment at Qasr al-Ayni Available to Cancer Patients...............pp. 14, 174

١٠) العلاج الاقتصادي بقصر العيني تطبيقه على مرضى السرطان

Exercise II..p. 15

11. Lebanese Resistance Destroys Position of Client Militias...........................pp. 16, 175

١١) المقاومة اللبنانية تدمر موقعاً للميليشيات العميلة

12. $6 Million from Saudi Arabia for the Intifadah..pp. 17, 176

١٢) ستة ملايين دولار من السعودية إلى الانتفاضة

13. Airplane Runs into Pig...pp. 18, 177

١٣) طائرة تصطدم بخنزير

14. Commentary [Concerning Government Bias Against Journalists]..................................pp. 19, 178

١٤) هامش

15. U.S. Report: Iraqi Missiles Are a Warning to Israel..................................pp. 20, 179

١٥) تقرير أمريكي: الصواريخ العراقية لتحذير إسرائيل

Exercise III..................................p. 21

16. Ten Years Imprisonment for the Pretty Hitchhiker and Her Husband!..................................pp. 22, 180

١٦) ١٠ سنوات سجناً لحسناء الأوتوستوب وزوجها!

17. Barriers Confront Resolution Imposing Sanctions in Gulf War..................................pp. 23, 181

١٧) عراقيل تواجه قراراً يفرض عقوبات في حرب الخليج

18. Turkish Police Wound Armed Man and Free Three Hostages..................................pp. 24, 182

١٨) الشرطة التركية تجرح مسلحاً وتفرج عن ثلاثة رهائن

19. Iran Welcomes De Cuellar's Plan for Peace in the Gulf..................................pp. 25, 183

١٩) ترحيب إيراني بمشروع دي كويلار للسلام في الخليج

20. Worst Year for the Press!!..................................pp. 26, 184

٢٠) أسوأ سنة للصحافة!!

Exercise IV..................................p. 27

21. News of Attempted Coup in Baghdad and Execution of 120 Officers..................................pp. 28, 185

٢١) أنباء عن محاولة انقلابية في بغداد وإعدام ١٢٠ ضابطاً

22. The Stepmother Was the Reason!..................................pp. 29, 186

٢٢) زوجة الأب ... هي السبب!

23. General Federation of Merchants and Tradesmen in Algiers Province Directs
    Appeal to All Merchants and Tradesmen in the Province..................................pp. 30, 187

٢٣) الاتحاد العام للتجار والحرفيين لولاية الجزائر – نداء إلى كافة تجار وحرفيي ولاية الجزائر

24. Measures in Bangladesh to Contain Demonstrations and Disturbances..................................pp. 31, 188

٢٤) إجراءات في بنجلاديش لاحتواء المظاهرات والاضطرابات

25. Morocco Participates in Arab Volleyball Championships..................................pp. 32, 189

٢٥) البطولة العربية للكرة الطائرة: المغرب يشارك في البطولة

Exercise V..................................p. 33

26. The Mercenaries Are Totally Isolated..................................pp. 34, 190

٢٦) المرتزقة في عزلة تامة

27. His Majesty the King Asserts That Saudi Arabia Provides Services to Moslems
    Because It Is Conscious of Its Duty to Islam and the Pilgrims..................................pp. 35, 191

٢٧) جلالة الملك يؤكد أن ما تقدمه المملكة من خدمات تجاه المسلمين ما هو الا استشعار بواجبها

تجاه الإسلام وضيوف الرحمن

28. Israel Releases Hundreds of Palestinians in Order to Relieve Overcrowding in Jails......pp. 36, 192

٢٨) إسرائيل تفرج عن مئات الفلسطينيين لتخفيف زحام السجون

29. Husayn and Thatcher Review Middle East Situation and Latest International Developments..pp. 37, 193

٢٩) الحسين وثاتشر يستعرضان الوضع في المنطقة والمستجدات الدولية

30. He Sells Narcotics in Front of the Courthouse!......................................pp. 38, 194

٣٠) يبيع المخدرات أمام مبنى المحكمة!

Exercise VI..pp. 39-40

31. 10,000 Black Moslems Demand to Emigrate to Africa........................pp. 41, 195

٣١) ١٠ آلاف أمريكي أسود مسلم يطلبون الهجرة إلى أفريقيا

32. Drop in Price of Oil Due to Iran's Threat Not to Adhere to Any OPEC Agreement........pp. 42, 196

٣٢) انخفاض سعر البترول لتهديد إيران بعدم الالتزام بأي اتفاق للأوبك

33. Arafat in Baghdad...pp. 43, 197

٣٣) عرفات في بغداد

34. Saddam Issues Barbaric Decree Permitting Men to Kill Women...............pp. 44, 198

٣٤) صدام يصدر مرسوماً همجياً يبيح للرجال قتل النساء

35. World Media Continue to Be Interested in President al-Asad's Historic Speech............pp. 45, 199

٣٥) وسائل الإعلام العالمية تواصل اهتمامها بالخطاب التاريخي للرئيس الأسد

Exercise VII...p. 46

36. Jordanians Rush Out to Buy Lebanese Pounds.....................................pp. 47, 200

٣٦) الأردنيون يتدافعون لشراء الليرة اللبنانية

37. Iraq and Bahrain Win in Asian Volleyball Championships....................pp. 48, 201

٣٧) فوز العراق والبحرين في بطولة آسيا للطائرة

38. Demonstrations Call for Independence in Puerto Rico........................pp. 49, 202

٣٨) مظاهرات تدعو للاستقلال في بورتوريكو

39. Wiping Out Illiteracy of 432 Million Persons During Next 10 Years............pp. 50, 203

٣٩) محو أمية ٤٣٢ مليوناً خلال السنوات العشر القادمة

40. Decrease of a Billion Egyptian Pounds in Our Imports This Year..................pp. 51, 204

٤٠) خفض مليار جنيه في وارداتنا هذا العام

Exercise VIII..p. 52

41. Flying Dinars..pp. 53, 205

٤١) دنانير طيارة

42. Meeting Soon Between Klibi and Shevardnadze...................................pp. 54, 206

٤٢) قريباً لقاء بين القليبي وشيفاردنادزه

43. Arab Immigrants in France Prefer Mitterrand..pp. 55, 207

٤٣) المهاجرون العرب في فرنسا يفضلون ميتران

44. Celebration of 20th Anniversary of the al-Ramlah Uprising..................pp. 56, 208

٤٤) إحياء الذكرى العشرين لانتفاضة الرملة

45. Products of 15 Egyptian Firms in Two Exhibits in Australia Which Open End of
July..pp. 57, 209

٤٥) منتجات ١٥ شركة مصرية في معرضين بأستراليا يفتتحان نهاية يوليو

Exercise IX...pp. 58-59

46. Najib Mahfuz's Two Daughters Fly to Sweden Today...........................pp. 60, 210

٤٦) كريمتا نجيب محفوظ تطيران إلى السويد اليوم

47. Moscow Says Moslems In USSR Enjoy Religious and Political Rights (I)...................pp. 61, 211

٤٧) موسكو: المسلمون في الاتحاد السوفياتي يتمتعون بحقوقهم الدينية والسياسية (١)

48. Moscow Says Moslems In USSR Enjoy Religious and Political Rights (II)...................pp. 62, 212

٤٨) موسكو: المسلمون في الاتحاد السوفياتي يتمتعون بحقوقهم الدينية والسياسية (٢)

49. Student of Veterinary Medicine Is Miss America...............................pp. 63, 213

٤٩) طالبة طب بيطري ملكة جمال الولايات المتحدة

50. Abu Nidal Group Distributes Names of Five Persons Whom It Executed.....................pp. 64-65, 214

٥٠) جماعة "أبو نضال" وزعت أسماء لخمسة نفذت فيهم حكم الإعدام

Exercise X...p. 66

51. Rise in Nile's Water Level...pp. 67-68, 215

٥١) ارتفاع منسوب نهر النيل

52. Prince Sultan Today Inspects King Fahd Air Base in al-Ta'if.....................pp. 69-70, 216

٥٢) الأمير سلطان يتفقد اليوم قاعدة الملك فهد الجوية بالطائف

53. Egypt Receives Three Early Warning Planes Less Advanced Than AWACS.................pp. 71, 217

٥٣) مصر تسلمت ٣ طائرات للإنذار أقل تطوراً من الأواكس

54. Alarm in Congress About Possibility That Abu Nidal Is in Poland.....................pp. 72, 218

٥٤) قلق في الكونغرس من احتمال وجود "أبو نضال" في بولونيا

55. Jerusalem Transformed Into Ghost Town, 22 Palestinians Arrested in West Bank.........pp. 73, 219

٥٥) القدس تحولت إلى مدينة أشباح، القبض على ٢٢ فلسطينياً في الضفة الغربية

Exercise XI...p. 74

56. Britain Does Not Cut Relations with Iraq, Journalist Spy Had Been in Prison for
Burglary..pp. 75, 220

٥٦) بريطانيا لا تقطع علاقاتها مع العراق والصحفي الجاسوس سجين سابق بسبب السطو

57. Our Victorious Forces Inflict New Losses on the Enemy (I)...................pp, 76-77, 221

٥٧) قواتنا الظافرة تلحق بالعدو خسائر جديدة (١)

58. Our Victorious Forces Inflict New Losses on the Enemy (II)....................pp. 78-79, 222

٥٨) قواتنا الظافرة تلحق بالعدو خسائر جديدة (٢)

59. Cypriot and Hungarian Delegations Visit Babylon.....................pp. 80-81, 223

٥٩) الوفدان القبرصي والهنغاري يزوران بابل

60. Fire in Pipeline Which Serves Largest Offshore Oil Field.....................pp. 82, 224

٦٠) حريق في خط للأنابيب يخدم أكبر حقل بحري

Exercise XII.....................p. 83

61. Israel Criticizes Invitation to Waldheim to Visit Egypt!.....................pp. 84, 225

٦١) إسرائيل تنتقد دعوة فالدهايم لزيارة مصر!

62. Increase in Temperature Is Leading to Stronger Hurricanes and Destructive
Floods (I).....................pp. 85, 226

٦٢) ارتفاع درجة الحرارة يؤدي لزيادة قوة الأعاصير وفيضانات مدمرة (١)

63. Increase in Temperature Is Leading to Stronger Hurricanes and Destructive
Floods (II).....................pp. 86, 227

٦٣) ارتفاع درجة الحرارة يؤدي لزيادة قوة الأعاصير وفيضانات مدمرة (٢)

64. In Return for Freeing Hostages, Iran Demands from Washington a Guarantee of Its
Role in the Gulf, the Arab World, and Lebanon!.....................pp. 87, 228

٦٤) مقابل الإفراج عن الرهائن إيران تطالب واشنطن بضمان دورها في الخليج والعالم العربي ولبنان!

65. Quayle Begins Asian Trip Today.....................pp. 88, 229

٦٥) كويل يبدأ اليوم جولة آسيوية

Exercise XIII.....................pp. 89-90

66. Israeli Pilots Participated in Iranian War Against Iraq (I).....................pp. 91-92, 230

٦٦) طيارون "إسرائيليون" شاركوا في الحرب الإيرانية ضد العراق (١)

67. Israeli Pilots Participated in Iranian War Against Iraq (II).....................pp. 93, 231

٦٧) طيارون "إسرائيليون" شاركوا في الحرب الإيرانية ضد العراق (٢)

68. Bush Not Sorry for His Condemnation of Israeli Settlement in Jerusalem.....................pp. 94, 232

٦٨) بوش غير آسف على إدانته للاستيطان الإسرائيلي في القدس

69. Najib Mahfuz Has Become a Prisoner of the Nobel Prize.....................pp. 95, 233

٦٩) نجيب محفوظ أصبح سجين جائزة نوبل

70. Indian Lives for 15 Years, and His Mind Does Not Function.....................pp. 96, 234

٧٠) هندي يعيش وعقله لا يعمل منذ ١٥ عاماً

Exercise XIV.....................p. 97

71. Al-Bashir Announces Positive Developments for Talks About Peace in the South.....................pp. 98, 235

٧١) البشير يعلن عن تطورات إيجابية لمباحثات السلام في الجنوب

72. Wadi al-Dawasir Is an Area of Civilization, Springs, and Farms.....................pp. 99, 236

٧٢) وادي الدواسر منطقة الحضارة والعيون والمزارع

73. Fred Astaire Dies at 88, Was the World's Most Famous Dancer.....................pp. 100-101, 237

٧٣) وفاة فرد أستير عن ٨٨ عاماً: كان أشهر راقص في العالم

74. Al-Qadhdhafi Urges Arabs to Acquire Nuclear Bombs.....................pp. 102-103, 238

٧٤) القذافي حض العرب على امتلاك قنابل نووية

75. Rafsanjani Says: "We Prefer War to Giving Up Our Land".....................pp. 104-105, 239

٧٥) رفسنجاني: نفضل الحرب على التنازل عن أرضنا

Exercise XV.....................p. 106

76. A New Tennis Champion: Sampras Crushes Agassi, Wins $350,000.....................pp. 107-108, 240

٧٦) بطل جديد في التنس: سمبراس اكتسح أغاسي وفاز بـ ٣٥٠ ألف دولار

77. Teacher Accused of Tossing His Wife Out the Window!.....................pp. 109-110, 241

٧٧) اتهام مدرس بإلقاء زوجته من النافذة!

78. Lebanon Is Not a "Beggar," and the Lebanese Are Not "Beggars" (I).....................pp. 111-112, 242

٧٨) لبنان ليس "شحاداً" ولا اللبنانيون "شحادين" (١)

79. Lebanon Is Not a "Beggar," and the Lebanese Are Not "Beggars" (II).....................pp. 113-114, 243

٧٩) لبنان ليس "شحاداً" ولا اللبنانيون "شحادين" (٢)

80. English-French Dictionary on Personal Computer.....................pp. 115-116, 244

٨٠) قاموس إنكليزي – فرنسي على الكومبيوتر الشخصي

Exercise XVI.....................p. 117

81. Japanese Change Their Type of Food.....................pp. 118-119, 245

٨١) اليابانيون يغيرون نمط غذائهم

82. Quayle Considers U.S. Invasion of Cuba Unlikely and Announces That Sanctions
Against Nicaragua Will Soon Be Lifted.....................pp. 120-121, 246

٨٢) كويل يستبعد غزواً أمريكياً لكوبا ويعلن قرب رفع العقوبات عن نيكاراغوا

83. The Choice Facing Israel.....................pp. 122-123, 247

٨٣) الخيار أمام إسرائيل

84. One Killed, 39 Wounded in Khartoum, and Southern Rebels Kill 11 Merchants.....................pp. 124-125, 248

٨٤) قتيل و ٣٩ جريحاً في الخرطوم وثوار الجنوب قتلوا ١١ تاجراً

85. Carter Begins Mideast Trip to Encourage Peace Process in the Area.....................pp. 126-127, 249

٨٥) كارتر يبدأ جولة شرق أوسطية لتشجيع عملية السلام في المنطقة

Exercise XVII.....................pp. 128-129

86. Arab Cooperation [Council] Heads of Government Meet in Baghdad Today.....................pp. 130-131, 250

٨٦) رؤساء حكومات التعاون العربي يجتمعون في بغداد اليوم

87. Political Science Professor in Korea Becomes a Moslem--Why?.....................pp. 132-133, 251

٨٧) أستاذ العلوم السياسية بكوريا يدخل الإسلام – لماذا؟

88. Egypt in the Nineties Will Be Stronger Economically and Militarily..........................pp. 134-135, 252

٨٨) مصر في التسعينات أقوى اقتصادياً وعسكرياً

89. Biggest Ever U.S. Airlift Transporting Troops to Gulf................................pp. 136-137, 253

٨٩) أكبر جسر جوي أمريكي لنقل القوات إلى الخليج

90. U.S. Accuses Israel of Mistreating Blacks and Americans of Arab Origin.................pp. 138-139, 254

٩٠) أمريكا تتهم إسرائيل بإساءة معاملة السود والأمريكيين من أصل عربي

Exercise XVIII..p. 140

91. Arab Press Emphasizes Necessity of Unity When Facing Challenges..........................pp. 141-142, 255

٩١) الصحف العربية تشدد على ضرورة الوحدة في مواجهة التحديات

92. Strike for 2nd Day in Occupied Territories, and One Palestinian Killed During
    Clashes in Tulkarm...pp. 143-144, 256

٩٢) إضراب لليوم الثاني في الأراضي المحتلة وسقوط فلسطيني خلال مواجهات في طولكرم

93. Reasons for Delay in Child's Growth in Height.......................................pp. 145-146, 257

٩٣) أسباب التأخر في نمو طول الطفل

94. Murphy Warns of Danger of Outbreak of Another War in Middle East.................pp. 147-148, 258

٩٤) ميرفي يحذر من خطر نشوب حرب أخرى في الشرق الأوسط

95. Catch the Video Thief!..pp. 149-150, 259

٩٥) أمسك حرامي الفيديو!

Exercise XIX..p. 151

96. Secret of the Thief Making the Pilgrimage at the Expense of the Ministry of
    Interior!...pp. 152-153, 260

٩٦) سر اللص الذي يحج على نفقة وزارة الداخلية!

97. Lithuania Secedes from USSR and Declares Itself a Sovereign Independent
    Nation...pp. 154-155, 261

٩٧) ليتوانيا تنفصل عن الاتحاد السوفياتي وتعلن نفسها دولة مستقلة ذات سيادة

98. Libya Does Not Rule Out U.S.-Israeli Act of Sabotage at the al-Rabitah Plant (I)....pp. 156-157, 262

٩٨) ليبيا لا تستبعد عملاً تخريبياً – إسرائيلياً في مصنع الرابطة (١)

99. Libya Does Not Rule Out U.S.-Israeli Act of Sabotage at the al-Rabitah Plant (II)...pp. 158-159, 263

٩٩) ليبيا لا تستبعد عملاً تخريبياً – إسرائيلياً في مصنع الرابطة (٢)

100. The Sphinx in a Plastic Restoration Chamber!.....................................pp. 160-161, 264-265

١٠٠) أبو الهول ... في غرفة إنعاش بلاستيك!

Exercise XX..pp. 162

Key to Exercises..pp. 267-283

الجزء الاول

النصوص العربية

Part One

The Arabic Texts

SELECTION #1

(London AL-SHARQ AL-AWSAT 15 Apr 88, p. 1)

King Fahd Arrives in Riyadh from Ha'il

الملك فهد يصل الى الرياض من حائل

الرياض - و ا س: وصل خادم الحرمين الشريفين الملك فهد بن عبد العزيز آل سعود الى مطار الملك خالد الدولي بالرياض في الساعة السادسة الا الربع من مساء امس قادماً من مدينة حائل بعد الجولة التفقدية التي قام بها الى منطقتي القصيم وحائل.

خادم الحرمين الشريفين .... Custodian of the Two Holy Mosques
منطقة .... province
القصيم .... Qasim

اسئلة على النص

١) من اين هذا الخبر؟

٢) متى وصل الملك فهد الى الرياض؟

٣) من اي مدينة جاء؟

٤) اين نزلت طائرة الملك في الرياض؟

٥) الى اين ذهب الملك في جولته؟

٦) اي نوع من الجولات كانت؟

هل تعرف

١) مَن ابو الملك فهد؟

٢) اين "الحرمان الشريفان"؟

٣) ما هي اكبر مدينة في السعودية؟

٤) اين تقع مدينة حائل؟

Trivia Question: The founder and first king of Saudi Arabia was King Abd al-Aziz. How many sons did he have as of 1953, the year of his death?

SELECTION #2

(Cairo AKHBAR AL-YAWM 19 Dec 87, p. 1)

Kuwaiti Minister of Defense Visits Cairo

وزير الدفاع الكويتي يزور القاهرة

الكويت - عبد المجيد الجمال: يفتتح الشيخ سعد العبد الله ولي عهد الكويت ورئيس مجلس الوزراء صباح اليوم - السبت - معرض الاسلحة والاجهزة والمعدات العسكرية التي تم تطويرها وتصنيعها بأيد مصرية.

وقد وجه المشير محمد عبد الحليم ابو غزالة نائب رئيس الوزراء ووزير الدفاع والانتاج الحربي الدعوة لوزير الدفاع الكويتي الشيخ سالم الصباح لزيارة مصر وسيتم قريباً تحديد موعد الزيارة.

Abu Ghazalah .... ابو غزالة

اسئلة على النص

١) من اين جاء هذا الخبر؟

٢) مَن الشيخ سعد العبد الله؟

٣) متى يفتتح معرض الاسلحة والاجهزة والمعدات العسكرية؟

٤) مَن طوّر وصنّع هذه الاسلحة والمعدات؟

٥) ما اسم وزير الدفاع المصري؟

٦) لِمَن وجّه دعوة لزيارة مصر؟

٧) هل تمّ تحديد موعد الزيارة؟

هل تعرف

١) اين تقع دولة الكويت؟

٢) كم عدد سكان الكويت تقريباً؟

٣) اي مدينة هي عاصمة دولة الكويت؟

Trivia Question: Among the nations of the world in 1979, how did Kuwait rank in terms of per capita income?

SELECTION #3

(London AL-SHARQ AL-AWSAT 15 Apr 88, p. 16)

He Commits 200 Robberies in Six Months

يرتكب ٢٠٠ سرقة في ٦ اشهر

باريس - ا ف ب: اعترف شاب ألقي القبض عليه في مارسيليا بارتكاب ١٩٠ عملية سرقة منزل و٣٦ سرقة سيارة في جنوب شرق فرنسا. وقد امكن كشفه بسبب استخدامه لأسلوب واحد باستمرار، اذ انه في كل مرة يعتزم فيها القيام بفعلته يأتي بعد الظهر الى الهدف الذي حدده ويكسر باباً او زجاجاً من الجانب الأيسر للنوافذ ويترك دراجته البخارية التي اكتشفها الجيران بالقرب من مكان الجريمة قبل ان يعود في الليل لتنفيذ عمليته.

مارسيليا .... Marseille

دراجة بخارية .... motorcycle

اسئلة على النص

١) من اين هذا الخبر؟

٢) اين أُلقي القبض على هذا الشاب؟

٣) لماذا أُلقي القبض عليه؟

٤) اين ارتكب هذه الجرائم كلها؟

٥) كم اسلوباً استخدم في عملياته؟

٦) متى كان يأتي اول مرة الى الهدف الذي حدّده لجريمته؟

٧) لماذا كان يأتي الى هناك في ذلك الوقت؟

٨) متى كان يرتكب جرائمه؟

٩) كيف اكتشفوه اخيراً؟

١٠) ماذا كان "خطأ" السارق في تنفيذ هذه العمليات؟

Trivia Question: Out of France's total population of 55 million in 1989, how many were Arab North Africans?

SELECTION #4

(Sanaa AL-THAWRAH 17 Feb 84, p. 1)

Prime Minister Receives Manager of Hunt Oil Exploration Co.

رئيس الوزراء يستقبل مدير شركة هانت للتنقيب عن البترول

صنعاء - سبأ: استقبل الاخ عبد العزيز عبد الغني رئيس مجلس الوزراء عضو اللجنة الدائمة صباح امس السيد دان ادوارد المدير المقيم لشركة هانت الامريكية للتنقيب عن البترول. وتم خلال المقابلة استعراض اعمال الشركة وفقاً للاتفاقية الموقعة بين الحكومة والشركة.

وحضر المقابلة الاخ علي عبد الرحمن البحر وزير الدولة رئيس المؤسسة العامة للنفط والثروات المعدنية عضو اللجنة الدائمة.

اسئلة على النص

١) من اين هذا الخبر؟

٢) مَن السيد عبد العزيز عبد الغني؟

٣) مَن السيد دان ادوارد ؟

٤) متى استقبل السيد عبد العزيز عبد الغني السيد ادوارد ؟

٥) مع مَن وقّعت الشركة الاتفاقية؟

٦) لماذا حضر السيد علي عبد الرحمن البحر المقابلة؟

٧) عَمَّ تحدّث الرجال الثلاثة خلال المقابلة؟

هل تعرف

١) ماذا كان الاسم الرسمي لليمن الشمالي قبل توحيد اليمن الشمالي واليمن الجنوبي؟

٢) على اي بحر يقع اليمن الشمالي؟

٣) ما هي الدولة الكبيرة التي تجاور اليمن في الشمال؟

Trivia Question: In the mid-1980's, what percentage of North Yemen's total male labor force was working abroad in Saudi Arabia, the Gulf states, and elsewhere?

SELECTION #5

(Cairo AKHBAR AL-YAWM 31 Mar 90, p. 1)

New Syrian Ambassador Graduate of Alexandria University

سفير سوريا الجديد خريج جامعة الاسكندرية

وافقت مصر على ترشيح السفير عيسى درويش سفيراً للجمهورية العربية السورية في القاهرة.

وكان د. عيسى درويش وزيراً للنفط والثروة المعدنية حتى عام ١٩٨٠ عيّن بعدها سفيراً لسوريا بالكويت حتى ١٩٨٨ واصبح عميداً للسلك الدبلوماسي هناك.

وقد حصل د. عيسى درويش على بكالوريوس الاقتصاد والعلوم السياسية من كلية التجارة جامعة الاسكندرية عام ١٩٦٣.

Isa Darwish .... عيسى درويش

اسئلة على النص

١) مَن سفير سوريا الجديد في مصر؟

٢) في اي مدينة مصرية سيخدم كسفير لسوريا في مصر؟

٣) ما هو الاسم الكامل لدولة سوريا؟

٤) في اي جامعة تخرّج الدكتور درويش؟

٥) ماذا درس هناك؟

٦) وفي اي كلية من الجامعة درس؟

٧) متى تخرّج؟

٨) اي منصب حكومي كبير احتلّه في سوريا حتى عام ١٩٨٠؟

٩) وفي اي بلد عربي خدم سفيراً لسوريا بين عامي ١٩٨٠ و١٩٨٨؟

١٠) ماذا كان لقبه في السلك الدبلوماسي هناك؟

Trivia Question: For whom is the city of Alexandria named?

EXERCISE - I

Instructions: After rereading Selections 1 through 5, look at each selection as presented below with occasional blank spaces representing omitted words. Try to remember which words belong in these blank spaces, and write them in the spaces. The correct answers are given in the Key to Exercises section at the back of the book.

SELECTION #1

الرياض - و ا س: وصل ______ الحرمين الشريفين الملك فهد بن عبد العزيز آل سعود ______ مطار الملك خالد ______ بالرياض في الساعة السادسة ______ الربع من مساء امس ______ من مدينة حائل بعد ______ التفقدية التي قام بها الى ______ القصيم وحائل.

SELECTION #2

الكويت - عبد المجيد الجمال: ______ الشيخ سعد العبد الله ولي ______ الكويت ورئيس مجلس الوزراء ______ اليوم - السبت - معرض الاسلحة والاجهزة والمعدات ______ التي تم تطويرها وتصنيعها بأيد ______.

وقد وجه ______ محمد عبد الحليم ابو غزالة نائب رئيس الوزراء ووزير ______ والانتاج الحربي الدعوة ______ الدفاع الكويتي الشيخ سالم الصباح لزيارة مصر وسيتم ______ تحديد ______ الزيارة.

SELECTION #3

باريس - ا ف ب: اعترف ______ ألقي القبض عليه في مارسيليا بارتكاب ١٩٠ عملية ______ منزل و٣٦ سرقة سيارة في جنوب شرق ______. وقد امكن كشفه بسبب استخدامه لأسلوب ______ باستمرار، اذ انه في كل مرة يعتزم فيها ______ بفعلته يأتي بعد الظهر الى الهدف ______ حدده ويكسر باباً او ______ من الجانب الأيسر للنوافذ ويترك دراجته ______ التي اكتشفها الجيران بالقرب من ______ الجريمة قبل ان يعود في ______ لتنفيذ عمليته.

EXERCISE - I (contd.)

SELECTION #4

صنعاء - سبأ: استقبل الاخ عبد العزيز عبد الغني ______ مجلس الوزراء عضو اللجنة الدائمة صباح امس ______ دان ادوارد المدير المقيم لشركة هانت ______ للتنقيب عن ______.

وتم خلال المقابلة استعراض اعمال ______ وفقاً للاتفاقية الموقعة بين ______ والشركة.

وحضر ______ الاخ علي عبد الرحمن البحر وزير الدولة رئيس المؤسسة ______ للنفط والثروات المعدنية عضو اللجنة ______.

SELECTION #5

______ مصر على ترشيح السفير عيسى درويش سفيراً للجمهورية العربية ______ في القاهرة.

وكان د. عيسى درويش وزيراً للنفط ______ المعدنية حتى عام ١٩٨٠ عيّن بعدها ______ لسوريا بالكويت حتى ١٩٨٨ واصبح عميداً للسلك ______ هناك.

وقد حصل د. عيسى درويش على بكالوريوس الاقتصاد والعلوم ______ من كلية التجارة جامعة ______ عام ١٩٦٣.

SELECTION #6

(Cairo AKHBAR AL-YAWM 31 Mar 90, p. 1)

Irrigation in Egypt with Computers

الري في مصر بالكومبيوتر

غادر القاهرة امس د. عرفات شافعي وكيل اول وزارة التعاون الدولي الى الولايات المتحدة وذلك على رأس وفد مصري للتفاوض حول حصول مصر على قرض من البنك الدولي قيمته ٣١ مليون دولار. يخصص القرض لاحلال وتجديد ٥٠ محطة ري وصرف في الدلتا والصعيد انتهى عمرها الافتراضي. ويخصص كذلك لشراء اجهزة كومبيوتر لتطوير نظام الاتصالات بين وزارة الري ومختلف المواقع للتحكم في مناسيب الري والصرف على مستوى الجمهورية وضمان حسن استخدام المياه.

---

first deputy minister for .... وكيل اول وزارة

replacement [of old machinery, etc.] .... احلال

useful .... افتراضي

throughout the country .... على مستوى الجمهورية

اسئلة على النص

١) مَن الدكتور عرفات شافعي؟ ٢) الى اين غادر امس؟ ٣) ما غاية الوفد المصري الذي يرأسه ويسافر معه الى امريكا؟ ٤) كم محطة ري وصرف تحتاج الى احلال وتجديد؟ ٥) اين توجد هذه المحطات بالضبط؟ ٦) لماذا تحتاج الى هذا الاحلال والتجديد؟ ٧) ما هو المطلوب لتطوير نظام الاتصالات بين وزارة الري ومختلف المواقع للتحكّم في مناسيب الري والصرف؟ ٨) ما معنى عبارة "على مستوى الجمهورية"؟

هل تعرف

١) اين يوجد مقر البنك الدولي؟ ٢) ما اسم السد الكبير الذي أُنشئ قرب مدينة اسوان خلال الستينات للتحكّم في مياه النيل؟

Trivia Question: In Egypt, one debilitating disease in particular is widespread, especially among the peasants who work in and around the irrigation canals, because the disease is transmitted by snails that live in the canals. What is this disease called?

SELECTION #7

(Cairo AKHBAR AL-YAWM 19 Dec 87, p. 9)

Minister of Transport Inaugurates Three New Central Telephone Exchanges

وزير النقل يفتتح ٣ سنترالات جديدة

يفتتح المهندس سليمان متولي وزير النقل والمواصلات صباح اليوم ٣ سنترالات جديدة بمحافظة البحر الاحمر. سعة السنترالات الجديدة ٤ آلاف خط وبتكاليف تصل الى ٤,٣ مليون جنيه. صرح بذلك المهندس وجدي عبد الحميد رئيس هيئة المواصلات السلكية واللاسلكية.

وقال ان هذه السنترالات في مدينة سفاجا ورأس غارب والقصير وان هذه السنترالات ستؤدي الى ربط هذه المدن الثلاث بمدن الصعيد بالاضافة الى انشاء كابل محوري لربط الصعيد بباقي مدن الجمهورية وتبلغ استثماراته ٢٧ مليون جنيه.

Mutwalli .... متولي

Wajdi .... وجدي

Safaja .... سفاجا

Ra's Gharib .... رأس غارب

al-Qusayr .... القصير

axial .... محوري

investments in it .... استثماراته

اسئلة على النص

١) مَن يفتتح ثلاثة سنترالات جديدة اليوم؟ ٢) في اي محافظة يفتتح السنترالات؟ ٣) ما هي المدن التي تقع فيها السنترالات الجديدة؟ ٤) ما هي سعة هذه السنترالات؟ ٥) ما هي تكاليفها؟ ٦) مَن المهندس وجدي عبد الحميد؟ ٧) ما هي المدن الاخرى التي ستكون مربوطة بسفاجا ورأس غارب والقصير بفضل هذه السنترالات؟ ٨) ماذا سينشأ لربط الصعيد بباقي مدن مصر؟

هل تعرف

١) ما هو المقصود باسم "الصعيد"؟ ٢) بِمَ تُسمّى المنطقة التي تقع في شمال القاهرة؟

__Trivia Question__: If you are in Los Angeles at 2 pm and place an overseas call to an Egyptian friend in Cairo, what time will it be for your friend who is receiving the call?

SELECTION #8

(London AL-SHARQ AL-AWSAT 15 Apr 88, p. 3)

Egypt Backs Kuwait in Telephone Call Between Mubarak and Jabir

مصر تدعم الكويت في اتصال هاتفي بين مبارك وجابر

القاهرة - الشرق الاوسط: اعلن وزير الاعلام المصري صفوت الشريف ان الرئيس حسني مبارك عبر عن دعمه للموقف الكويتي في مسألة الطائرة الكويتية المخطوفة، وذلك في محادثة هاتفية امس مع امير الكويت الشيخ جابر الاحمد الصباح.

وجاء تصريح الشريف بعد اجتماع عقده الرئيس المصري مع كبار معاونيه.

وطائرة البوينج ٧٤٧ الكويتية التي خطفت في ٥ ابريل (نيسان) الى مطار مشهد الايراني موجودة في الجزائر منذ امس الاول بعدما امضت اربعة ايام في مطار لارنكا في قبرص.

صفوت .... Safwat

مشهد .... Mashhad

لارنكا .... Larnaca

اسئلة على النص

١) مَن هو حسني مبارك؟

٢) ومَن امير الكويت؟

٣) ماذا قال الرئيس المصري لأمير الكويت في المحادثة الهاتفية امس؟

٤) مَن اعلن ذلك؟

٥) من اين هذا الخبر؟

٦) مع مَن عقد الرئيس المصري اجتماعاً؟

٧) متى خُطفت الطائرة الكويتية؟

٨) الى اين طارت الطائرة اولاً بعد ان خُطفت؟

٩) اين كانت الطائرة المخطوفة لمدة اربعة ايام؟

١٠) واين هي الآن؟

Trivia Question: In what year did the Palestinian guerrillas carry out their first plane-hijacking operation?

SELECTION #9

(Sanaa AL-THAWRAH 17 Feb 84, p. 2)

Al-Hamdani Returns from Washington

الهمداني يعود من واشنطن

صنعاء - سبأ: عاد الى صنعاء بعد ظهر امس وفد وزارة الزراعة والجهاز المركزي للتخطيط برئاسة الدكتور احمد الهمداني وزير الزراعة والثروة السمكية بعد زيارة لواشنطن دامت عدة ايام. وقال الاخ الوزير في تصريح لوكالة سبأ للانباء انه وقع بالاحرف الاولى على اتفاقية قرض مع البنك الدولي والصندوق الدولي للتنمية الزراعية بمبلغ (١٢) اثني عشر مليون دولار وذلك للمرتفعات الوسطى بمحافظتي صنعاء وذمار وتشمل المشاتل ووسائل الري الحديثة والتسليف الزراعي.

Dhamar .... ذمار

اسئلة على النص

١) اين كان الوفد اليمني؟

٢) كم يوماً كان هناك؟

٣) متى عاد الوفد الى صنعاء؟

٤) ما هما الهيئتان الحكوميتان اللتان كانتا ممثّلتين في الوفد؟

٥) ما اسم الرجل الذي كان رئيس الوفد؟

٦) ما منصبه في الحكومة اليمنية؟

٧) مع مَن وقّع على اتفاقية قرض في واشنطن؟

٨) لِمَن صرّح الدكتور الهمداني بهذا النبأ؟

٩) ما مبلغ القرض؟

١٠) ما هما المحافظتان اللتان ستحصلان على المساعدة بفضل هذا القرض؟

Trivia Question: The area in the southwestern part of the Arabian Peninsula nowadays is known as "Yemen." In ancient times, though, the Romans had a different name for it. What did they call it, and what did the name mean?

SELECTION #10

(Cairo AL-AHRAM 18 Jul 87, p. 5)

Low-Cost Treatment at Qasr al-Ayni Available to Cancer Patients

العلاج الاقتصادي بقصر العيني تطبيقه على مرضى السرطان

تقرر تطبيق نظام العلاج الاقتصادي بمركز قصر العيني لعلاج الأورام والطب النووي لمرضى السرطان الذين يحتاجون للعلاج الاشعاعي.

وصرح الدكتور شوقي الحداد رئيس المركز بأن النظام الجديد يقضي باعطاء المريض جلسات اشعاعية ما بين ٢٥ الى ٣٠ جلسة طبقاً لحالته الصحية مقابل ١٥٠ جنيهاً لجميع الجلسات شاملة كافة تكاليف العلاج والتحاليل الطبية اللازمة للمريض. واوضح انه يشرف على العلاج اساتذة واطباء العلاج بالاشعاع في المركز، وسوف يتم توفير كافة سبل العناية والراحة للمريض.

شوقي الحداد .... Shawqi al-Haddad

اسئلة على النص

١) ما هو اختصاص هذا المركز؟

٢) ما هي التسهيلات التي يقدّمها هذا المركز؟

٣) مَن رئيس هذا المركز الطبي؟

٤) كم جلسة اشعاعية ضرورية للمريض في هذا العلاج؟

٥) علامَ يعتمد عدد الجلسات الاشعاعية؟

٦) كم سيكلّف هذا العلاج؟

٧) ماذا تغطّي المئة والخمسون جنيهاً بالاضافة الى كل الجلسات الاشعاعية؟

٨) مَن يشرف على العلاج في المركز؟

٩) ماذا سيوفّر ايضاً للمريض؟

١٠) مَن صرّح بهذه المعلومات كلها؟

Trivia Question: In 1986, the life expectancy for Americans was 71 years for males and 78 years for females. What was it for Egyptians that year?

EXERCISE - II

Instructions: On the right side of the page you will find a list of the individuals mentioned in Selections 6 through 10, and to the left you will see a randomly arranged list of their jobs or positions. Reread the five selections and match the persons with their jobs or positions by writing the appropriate letter in the blank space next to each person's name. The correct answers are given in the Key to Exercises section at the back of the book.

JOB/POSITION	PERSON
(a) الرئيس المصري	۱) عرفات شافعي ــــــ
(b) وزير الزراعة والثروة السمكية	۲) سليمان متولي ــــــ
(c) وكيل اول وزير التعاون الدولي	۳) وجدي عبد الحميد ــــــ
(d) امير الكويت	٤) صفوت الشريف ــــــ
(e) رئيس مركز قصر العيني	٥) حسني مبارك ــــــ
(f) رئيس هيئة المواصلات السلكية واللاسلكية	٦) جابر الأحمد الصباح ــــــ
(g) وزير الاعلام	۷) احمد الهمداني ــــــ
(h) وزير النقل والمواصلات	۸) شوقي الحداد ــــــ

15

SELECTION #11

(Damascus AL-THAWRAH 13 Mar 90, p. 1)

Lebanese Resistance Destroys Position of Client Militias

المقاومة اللبنانية تدمر موقعاً للميليشيات العميلة

بيروت - مراسل سانا: شن رجال المقاومة الوطنية اللبنانية الليلة قبل الماضية وللمرة الثانية خلال يومين هجوماً على مواقع ميليشيا العميل انطوان لحد في الشومرية داخل الشريط الحدودي المحتل مستخدمين الاسلحة الرشاشة والقذائف الصاروخية.

واعلنت حركة امل في بيان لها امس ان احدى مجموعاتها اشتبكت مع عناصر الموقع المذكور وتمكنت من تدمير مركز المراقبة في الموقع الذي سقط جميع عناصره بين قتيل وجريح.

انطوان لحد .... Antoine Lahad

الشومرية .... al-Shumariyah

عناصر .... soldiers

اسئلة على النص

١) من اين هذا الخبر؟ ٢) مَن شنّ هجوماً على مواقع الميليشيا العميلة؟ ٣) متى شنّوا هذا الهجوم؟ ٤) هل كان الهجوم الوحيد خلال اليومين الاخيرين؟ ٥) اين حدث الهجوم؟ ٦) مَن قائد الميليشيا العميلة؟ ٧) هل انطوان اسم عربي؟ ٨) اي نوع من الاسلحة استخدمها رجال المقاومة الوطنية اللبنانية؟ ٩) اي منظمة اخرى اشتبكت احدى مجموعاتها برجال انطوان لحد؟ ١٠) ماذا كانت نتيجة هذا الاشتباك؟

<u>Trivia Question</u>: *Of the six New England states (Connecticut, Rhode Island, Massachusetts, Vermont, New Hampshire, and Maine), how many are larger in area than Lebanon?*

SELECTION #12

(London AL-HAYAT 18 Sep 89, p. 9)

$6 Million from Saudi Arabia for the Intifadah

ستة ملايين دولار من السعودية الى الانتفاضة

جدة - رويتر: صرح مسؤولون في منظمة التحرير الفلسطينية امس ان المملكة العربية السعودية منحت المنظمة ستة ملايين دولار لشهر آب (اغسطس) الماضي لمساندة الانتفاضة في الاراضي المحتلة.

وكانت الرياض دفعت للمنظمة ٨٥٠ مليون دولار خلال الاعوام العشرة الماضية بموجب تعهدات دول عربية بمساعدة منظمة التحرير ودول المواجهة العربية مع اسرائيل. ومنذ كانون الثاني (يناير) الماضي اعطت السعودية منظمة التحرير ستة ملايين دولار كل شهر للمساعدة في تمويل الانتفاضة.

المنظمة .... the PLO

اسئلة على النص

١) من اين هذا الخبر؟ ٢) ما هي وكالة الانباء التي اصدرت الخبر؟ ٣) كم دولاراً استلمت منظمة التحرير الفلسطينية لشهر آب الماضي؟ ٤) من اي بلد استلمت هذه النقود؟ ٥) لأي غرض اعطت السعودية هذه النقود للمنظمة؟ ٦) مَن صرّح بهذه المعلومات؟ ٧) ومتى صرّحوا بالمعلومات؟ ٨) كم من النقود دفعت السعودية للمنظمة خلال الاعوام العشرة الماضية؟ ٩) وكم من النقود اعطت السعودية للمنظمة شهرياً منذ كانون الثاني الماضي؟

هل تعرف

١) في ساحل اي بحر تقع جدة؟

Trivia Question: The city Jiddah, also spelled and pronounced "Jeddah," derives its name from the Arabic word "jaddah," meaning "grandmother" or "female ancestor," since local tradition in Arabia tells us that a famous female ancestor is buried in the vicinity of Jiddah. Do you know what famous woman this was?

SELECTION #13
(Baghdad AL-THAWRAH 17 Jun 87, p. 2)

Airplane Runs Into Pig

طائرة تصطدم بخنزير

اسلام اباد : فقد سلاح الجو الباكستاني واحدة من طائراته اميركية الصنع من طراز اف ١٦ حين اصطدمت بخنزير بري على احد الممرات واشتعلت فيها النيران.

وقال وزير الدولة الباكستاني للدفاع رانا نعيم محمود خان امام البرلمان امس ان الطائرة اصطدمت بخنزير بري اثناء اندفاعها على الممر استعداداً للاقلاع في رحلة ليلية في ١٧ كانون الاول الماضي.

واضاف الوزير قائلاً اصطدم خنزير بري لم يره الطيار بمجموعة التشغيل الامامية اثناء عبوره الممر وتحطمت مجموعة التشغيل الامامية واشتعلت النيران في الطائرة.

Islamabad .... اسلام اباد
F-16 .... اف ١٦
runway .... ممرّ
Rana Na'im Mahmud Khan .... رانا نعيم محمود خان
acceleration .... اندفاع
front engine assembly .... مجموعة تشغيل امامية

اسئلة على النص

١) اي نوع من الطائرات اصطدمت بخنزير برّي؟ ٢) هل كانت الطائرة تابعة لسلاح الجو الاميركي؟
٣) ماذا حدث للطائرة نتيجة الاصطدام؟ ٤) اين حدث الاصطدام؟ ٥) من اين جاء هذا الخبر؟
٦) مَن صرّح بالحادث امام البرلمان الباكستاني؟ ٧) متى صرّح بهذا الحادث؟ ٨) هل كانت الطائرة تقلع صباحاً؟ ٩) هل رأى الطيار الخنزير قبل الحادث؟ ١٠) في اي يوم حدث هذا الاصطدام؟

Trivia Question: One can be certain that, in Pakistan, wild boars such as the one in the article above are not hunted as game to be carved up and put on the dinner table. Why?

SELECTION #14

(Rabat AL-ALAM 3 Aug 88, p. 1)

Commentary

هامش

نفاجأ المرة بعد المرة، بأخبار عن المغرب تذيعها وكالات انباء او صحف اجنبية (بعضها يصدر في المغرب)، بالاستناد الى اوساط مأذونة، او اوساط عليمة، بينما لا يكون للصحف الوطنية علم بهذه الاخبار ... الكاذب منها ... او الصحيح.

فهل تريد الاوساط العليمة والمأذونة لصحفنا الوطنية ان تتحول الى صحف اجنبية حتى تسرّب لها المعلومات او تعطيها سبق الاخبار؟

نطمئن هذه الاوساط الى اننا سنظل صحفاً وطنية ... مع القضايا الأهم في حياة الشعب المغربي ... لا مع اخبار وكواليس تلك الاوساط "المعروفة".

ابو الهدى

---

which have as sources .... بالاستناد الى

scoop .... سَبْق

behind-the-scenes activities .... كواليس

اسئلة على النص

١) مَن كاتب هذا المقال؟ ٢) ما هي المصادر التي تنشر الأخبار عن المغرب استناداً الى اوساط مأذونة او عليمة؟ ٣) ومَن ليس له علم بهذه الأخبار؟ ٤) هل يعتقد ابو الهدى ان كل هذه الأخبار صحيحة؟ ٥) هل تصدر كل هذه الصحف الأجنبية المشار اليها في دول اجنبية؟ ٦) كيف تفضّل الأوساط العليمة والمأذونة الصحف الأجنبية على الصحف الوطنية؟ ٧) في رأي ابو الهدى، ماذا يجب ان تفعل الصحف الوطنية حتى تحصل على المعلومات وسَبْق الأخبار من هذه الأوساط؟ ٨) هل الصحف الوطنية تنوي ان تفعل ذلك؟ ٩) بأي القضايا تهتمّ الصحف الوطنية؟ ١٠) وبِمَ لا تهتمّ الصحف الوطنية؟

<u>Trivia Question</u>: In 1977, a total of 18 major daily and weekly newspapers and other periodicals were published in Morocco. How many of them were either wholly or partially in French?

SELECTION #15

(Cairo AKHBAR AL-YAWM 31 Mar 90, p. 6)

U.S. Report: Iraqi Missiles Are a Warning to Israel

تقرير امريكي: الصواريخ العراقية لتحذير اسرائيل

واشنطن - مها عبد الفتاح: ذكر تقرير من المخابرات المركزية الامريكية الى البيت الابيض لم يكشف عنه الا امس ان انشاء العراق لقواعد صواريخ يصل مداها الى ٤٠٠ ميل هو اعلان موجه الى اسرائيل، وتحذير بأن اي ضربة توجهها الى المنشآت العراقية سوف تواجَه بضربة مضادة.

ويقول التقرير انه رغم وجود قواعد صواريخ متنقلة بالعراق الا ان اقامة قواعد ثابتة تحقق تسديداً اكثر دقة، ويقدم دليلاً واضحاً للجميع ان اي اغارة على العراق لن تمر كما حدث من قبل. ويؤكد التقرير ان العراق تقوم بتقوية وسائل اتصالاتها عسكرياً مع الاردن والسعودية.

تسديد .... firing

اسئلة على النص

١) من اين هذا الخبر؟

٢) مَن كتب المقال؟

٣) ما هو مصدر التقرير الذي كشف عن الصواريخ العراقية؟

٤) الى اين أرسِل هذا التقرير؟

٥) ما مدى الصواريخ التي أنشأ العراق قواعد لها؟

٦) الى مَن وُجّهَ هذا "الاعلان"؟

٧) بماذا يحذّر هذا الاعلان اسرائيل؟

٨) ما هما نوعا قواعد الصواريخ الموجودة في العراق؟

٩) لماذا تُعتبر القواعد الثابتة احسن لاطلاق الصواريخ؟

١٠) مع مَن يقوّي العراق وسائل اتصالاته عسكرياً؟

Trivia Question: How long has "Iraq" been a country as such?

EXERCISE - III

Instructions: Reread Selections 11 through 15 and then decide which country in the list on the right is associated with which action or occurrence shown in the list on the left. Write the appropriate letter in the blank space next to each country. The correct answers are given in the Key to Exercises section at the back of the book.

ACTION/OCCURRENCE	COUNTRY
(a) إعطاء ٦ ملايين دولار للانتفاضة	١) الباكستان ـــــ
(b) اصطدام طائرة بخنزير برّي	٢) العراق ـــــ
(c) هجوم على مواقع ميليشيا انطوان لحد	٣) السعودية ـــــ
(d) عدم حصول الجرائد الوطنية على اخبار ومعلومات تهمّ الوطن	٤) المغرب ـــــ
(e) وجود قواعد صواريخ متنقلة	٥) لبنان ـــــ

من المحيط الى الخليج !

"From the (Atlantic) Ocean to the (Persian) Gulf!"
(the traditional slogan of Arab unity)

SELECTION #16

(Cairo AKHBAR AL-YAWM 31 Mar 90, p. 14)

Ten Years Imprisonment for the Pretty Hitchhiker and Her Husband!

---

١٠ سنوات سجناً لحسناء الاوتوستوب وزوجها!

عاقبت محكمة جنايات الجيزة سيدة وزوجها بالأشغال الشاقة لمدة عشر سنوات لقيامها باصطياد سائقي السيارات وتخديرهم وسرقتهم وكانت المتهمة تركب مع سائق السيارة وتتعرف عليه ثم تطلب منه ان يتناول معها كوباً من العصير او زجاجة مياه غازية وتتوقف السيارة بعد ان تكون قد وضعت حبوباً مخدرة في المشروب وتقوم بسرقة محتويات السائق والسيارة بمساعدة زوجها المسجل خطر ثم يهربان. تمكنت مباحث الجيزة من القبض عليهما.

صدر الحكم برئاسة المستشار محمد رجاء وعضوية المستشارين غانم زيدان وعلي فتحي وامانة سر عبد المطلب شعبان.

---

soft drink	زجاجة مياه غازية
who had a police record and was classified as a dangerous criminal	المسجّل خطر
Muhammad Raja'	محمد رجاء
the [two] other court judges	عضوية
Ghanim Zaydan	غانم زيدان
Ali Fathi	علي فتحي
the court clerk	امانة سرّ
Abd al-Muttalib Sha'ban	عبد المطّلب شعبان

اسئلة على النص

١) ماذا كان حكم المحكمة على "الحسناء" وزوجها؟   ٢) اي محكمة اصدرت هذا الحكم؟   ٣) مَن هم ضحايا الزوج والزوجة؟   ٤) ماذا كانت تطلب "الحسناء" من سائق السيارة بعد التعرّف عليه؟   ٥) ماذا كانت تضع في المشروب؟   ٦) ماذا كان يحدث للسيارة بعد ذلك؟   ٧) ماذا كانا يفعلان بعد تخدير سائق السيارة؟   ٨) مَن تمكّن من القبض عليهما؟   ٩) مَن كان يرأس المحكمة التي حاكمت "الحسناء" وزوجها؟   ١٠) مَن كان امين سرّ المحكمة؟

Trivia Question: What two systems of law constitute the main source of Egypt's laws and legal system?

22

SELECTION #17

(Beirut AL-NAHAR 23 Jun 87, p. 1)

Barriers Confront Resolution Imposing Sanctions in Gulf War

عراقيل تواجه قراراً يفرض عقوبات في حرب الخليج

يُتوقع ان يُجري مجلس الامن اليوم المزيد من المشاورات في شأن التوصل الى قرار يدعو الى وقف النار بين العراق وايران. لكن مصادر في الامم المتحدة اوضحت ان الامم المتحدة لم تستطع حتى الآن التوصل الى مشروع يقضي بفرض عقوبات الزامية على الطرف الذي يرفض وقف النار.

وقال ديبلوماسي في المنظمة الدولية: "لا فائدة لقرار من دون عقوبات". وشكك في امكان التوصل الى قرار يتضمن حظر السلاح عن اي طرف يرفض وقف النار.

في الكويت اعرب الشيخ صباح الاحمد نائب رئيس الوزراء ووزير الخارجية الكويتي عن تفاؤله بامكان توصل مجلس الامن الى قرار يتضمن "تسوية شاملة تنهي الحرب العراقية - الايرانية".

(ا ب، و ص ف)

اسئلة على النص

١) ما هما الدولتان اللتان تتقاتلان في حرب الخليج؟ ٢) اي منظمة تحاول ان تتوصل الى قرار يدعو الى وقف اطلاق النار؟ ٣) لماذا لم تنجح هذه المنظمة في هذه المحاولة حتى الآن؟ ٤) ما هي الجهة التي أوضحت هذا؟ ٥) وماذا قال ديبلوماسي في الامم المتحدة؟ ٦) ماذا شكّك الديبلوماسي في امكان التوصل اليه؟ ٧) مَن الشيخ صباح الاحمد؟ ٨) اي قرار يُتوقع ان يتوصل اليه مجلس الامن؟

هل تعرف

١) متى ابتدأت الحرب العراقية - الايرانية؟ ٢) مَن كان قائد ايران في ذلك الوقت؟

Trivia Question: The Tigris and Euphrates rivers come together in southern Iraq to form a river which flows for 123 miles until it empties into the Persian Gulf. Control of the eastern bank of this river was one of the issues which led to the outbreak of the Iran-Iraq war. What is the name of this river?

SELECTION #18

(Amman AL-DUSTUR 12 Mar 90, p. 17)

Turkish Police Wound Armed Man and Free Three Hostages

الشرطة التركية تجرح مسلحاً وتفرج عن ثلاثة رهائن

استانبول - رويتر: قالت وكالة انباء الاناضول ان الشرطة التركية اصابت امس مسلحاً كان يحتجز ثلاثة رهائن في شقة سكنية في استانبول بجروح خطيرة وذلك بعد ان اقتحمت المبنى.

وقالت الوكالة ان الشرطة افرجت عن الرهائن.

واقتحمت الشرطة المسكن الذي يقع في الطابق الحادي عشر في مبنى في حي اتاكوي السكني في استانبول حيث قام المسلح باحتجاز الرهائن.

وكان الرجل من بين ثلاثة مسلحين بأسلحة آلية فتحوا النيران على سيارة للشرطة في حي آخر امس الاول مما اسفر عن مصرع شرطي واصابة اثنين آخرين بجروح.

Ataköy .... اتاكوي

اسئلة على النص

١) من اين هذا الخبر؟

٢) مَن اصاب مسلحاً بجروح خطيرة؟

٣) لماذا فتحت الشرطة النار عليه؟

٤) متى حدث هذا؟

٥) ما اسم الحي السكني في استانبول حيث حدث هذا؟

٦) في اي طابق من المبنى هذه الشقة؟

٧) ماذا كانت نتيجة عملية الشرطة؟

٨) ماذا فعل هذا المسلح ومسلحان آخران امس الاول؟

٩) اي نوع من الاسلحة كانت في حوزتهم؟

١٠) ماذا كانت نتيجة هذا العمل الاجرامي؟

Trivia Question: Is the city of Istanbul in Europe or Asia?

SELECTION #19
(Damascus AL-THAWRAH 11 Mar 90, p. 10)

Iran Welcomes De Cuellar's Plan for Peace in the Gulf

ترحيب ايراني بمشروع دي كويلار للسلام في الخليج

طهران - مراسل سانا: رحبت صحيفة "جمهوري اسلامي" الايرانية في افتتاحيتها امس بمشروع الامين العام للامم المتحدة ذي الثماني نقاط من اجل استئناف مفاوضات السلام بين ايران والنظام العراقي واعتبرته خطوة هامة وايجابية لتنفيذ القرار الدولي ٥٩٨.

وأكدت الصحيفة حرص ايران ورغبتها لتحقيق السلام الدائم في منطقة الخليج وقالت ان وجود علاقات حسنة بين شعبي ايران والعراق هو امر طبيعي لا بد من تحقيقه بين البلدين.

ودعت الصحيفة النظام العراقي الى ان يكف عن سياسة المماطلة في مفاوضات السلام اذا كان حقاً يرغب في تحقيق الامن والاستقرار في منطقة الخليج.

جمهوري اسلامي .... JOMHOURI ISLAMI

القرار الدولي ٥٩٨ .... UN Security Council Resolution 598

اسئلة على النص

١) من اين هذا الخبر؟ ٢) ما هي "جمهوري اسلامي"؟ ٣) بمشروع مَن رحّبت هذه الجريدة في افتتاحيتها؟ ٤) كم نقطة في هذا المشروع؟ ٥) ما غاية المشروع؟ ٦) ما هو القرار الدولي الذي صدر بخصوص هذه المشكلة؟ ٧) ماذا تريد ايران، حسب افتتاحية الصحيفة؟ ٨) وماذا قالت الافتتاحية عن وجود علاقات حسنة بين شعبي ايران والعراق؟ ٩) حسب الافتتاحية، ما هي السياسة العراقية بالنسبة لمفاوضات السلام بين البلدين؟ ١٠) في هذا المقال تستعمل جريدة "الثورة" السورية عبارة سلبية للاشارة الى العراق وحكومته. ما هي؟

Trivia Question: Generally speaking, Arabs nowadays, even in English, do not use the term "Persian Gulf." What do they call the Persian Gulf?

25

SELECTION #20

(Cairo AKHBAR AL-YAWM 31 Mar 90, p. 6)

Worst Year for the Press!!

اسوأ سنة للصحافة!!

من المؤكد ان العام الماضي (١٩٨٩) كان من اسوأ الأعوام التي مرّت على الصحافة والصحفيين. فقد كشف تقرير امريكي صدر في الاسبوع الماضي ان عمليات القتل والاضطهاد التي تعرض لها الصحفيون قد تضاعفت خلال العام الماضي، في الوقت الذي أنشبت فيه الحكومات اظافرها في جسد الصحافة في العديد من دول العالم وبخاصة دول امريكا اللاتينية.

ويقول التقرير ان ٥٠ صحفياً لقوا مصرعهم خلال العام الماضي، بينما تعرض ٩٠ آخرون لاعتداءات وهجمات. كما تعرض ٢٥٠ صحفياً للاعتقال وطرد ٥٥ آخرون من اماكن عملهم وبلغ عدد المطبوعات المحظورة او المصادرة ٥٠ صحيفة ومجلة!

اسئلة على النص

١) اي الأعوام كان عاماً سيئاً جداً للصحافة والصحفيين؟

٢) ما هو المصدر الذي كشف عن هذه الحقيقة؟

٣) ماذا تضاعف خلال العام الماضي؟

٤) في اي جزء من العالم "أنشبت الحكومات اظافرها في جسد الصحافة" بصورة خاصة؟

٥) كم صحفياً قُتل في السنة الماضية؟

٦) وكم صحفياً تعرّض لاعتداءات وهجمات؟

٧) وماذا حدث لمئتين وخمسين من الصحفيين؟

٨) وكم صحفياً طُرد من مكان عمله؟

٩) ماذا حدث لخمسين جريدة ومجلة؟

١٠) ما هي الجريدة التي نشرت هذا المقال؟

Trivia Question: *Which country, in early 1990, arrested a British journalist of Iranian origin, accused him of espionage at a military installation, convicted him, and then executed him? And what was the journalist's name?*

EXERCISE - IV

Instructions: Below is a list of statements of actions which occurred within the context of Selections 16 through 20. Reread the selections and then write, in Arabic in the blank spaces next to the statements, who undertook or was involved in these actions. The correct answers are given in the Key to Exercises section at the back of the book.

PERSON(S) UNDERTAKING OR INVOLVED IN ACTION	ACTION
________________	١) احتجز ثلاثة رهائن في شقة.
________________	٢) طُرِدوا من اماكن عملهم.
________________	٣) كان رئيس محكمة عاقبت سيدة وزوجها بالسجن لمدة ١٠ سنوات.
________________	٤) قدّم مشروعاً من اجل استئناف مفاوضات السلام بين ايران والعراق.
________________	٥) تعرضوا للاعتقال في سنة ١٩٨٩.
________________	٦) قال: "لا فائدة لقرار من دون عقوبات".
________________	٧) قُتِل عندما اطلقوا النار على سيارته.
________________	٨) كانا يقومان بسرقة محتويات سائقين وسياراتهم.
________________	٩) اعرب عن تفاؤله بامكان قرار لمجلس الأمن يؤدّي الى نهاية الحرب بين العراق وايران.
________________	١٠) لقوا مصرعهم في السنة الماضية.

SELECTION #21
(Damascus AL-THAWRAH 5 Aug 90, p. 1)

News of Attempted Coup in Baghdad and Execution of 120 Officers

انباء عن محاولة انقلابية في بغداد واعدام ١٢٠ ضابطاً

دمشق - سانا: اكدت مصادر عربية رفيعة المستوى لاذاعة مونت كارلو ان محاولة انقلابية جرت مؤخراً في العراق كان يقودها ثلاثة من كبار الضباط العراقيين.

وكانت صحيفة "الاهرام" القاهرية قد ذكرت امس ان مئة وعشرين ضابطاً عراقياً أعدموا لرفضهم المشاركة في غزو الكويت.

وقالت تلك المصادر في تصريح لمراسل الاذاعة في القاهرة ان اعدام هؤلاء الضباط جاء نتيجة المحاولة الانقلابية.

ومن جهة اخرى ذكرت اوساط دبلوماسية لمراسل مونت كارلو في جدة ان حركة تمرد وقعت في الجيش العراقي بسبب غزو العراق للكويت.

Monte Carlo .... مونت كارلو

in addition to this .... ومن جهة اخرى

اسئلة على النص

١) اين جرت محاولة انقلابية مؤخّراً؟

٢) مَن كان يقود المحاولة الانقلابية هذه؟

٣) مَن اكّد هذا الخبر؟

٤) كم ضابطاً عراقياً أُعدم بعد فشل هذه المحاولة الانقلابية؟

٥) اي جريدة عربية نشرت خبر اعدام الضباط؟

٦) لماذا أُعدموا، حسب قول هذه الجريدة؟

٧) مَن في القاهرة علم بأن اعدام الضباط جاء نتيجة المحاولة الانقلابية؟

٨) وبماذا علم مراسل الاذاعة في جدة؟

٩) ممّن علم المراسل بهذا الخبر؟

١٠) اي جريدة عربية نشرت هذا المقال؟

<u>Trivia Question</u>: Iraq's President Saddam Husayn was born in the province, north of Baghdad, whose capital city is Tikrit, and actually his name was originally Saddam Husayn al-Tikriti. Another person--a famous medieval Moslem ruler and general--was also from the Tikrit area. Who was he?

SELECTION #22

(Cairo AKHBAR AL-YAWM 10 Mar 90, p. 12)

The Stepmother Was the Reason!

زوجة الأب ... هي السبب!

شاهد المارة بمنطقة الأزبكية فتاتين في حالة سكر شديدة وقامتا بتكسير السيارات الواقفة على جانبي الشارع وسرقة محتوياتها. تلقى الرائد محمود السيد معاون قسم الأزبكية بلاغاً بالواقعة فانتقل على الفور الى مكان الحادث الرائدان احمد حسين وهشام الهواري وتمكنا من ضبط الفتاتين.

وامام صالح مرعي وكيل نيابة الأزبكية اتضح انهما شقيقتان احداهما طالبة بالاعدادي والاخرى فشلت في الدراسة بسبب معاملة زوجة الأب لهما وقسوتها فقررتا الهرب من الاسماعيلية الى القاهرة للعمل. ولكنهما أدمنتا المخدرات.

وامر وكيل النيابة بحبسهما ٤ ايام على ذمة التحقيق.

الأزبكية .... al-Azbakiyyah

قامتا بتكسير .... broke into

الهواري .... al-Hawwari

مرعي .... Mar'i

وكيل نيابة .... public prosecutor

على ذمّة التحقيق .... in order that an investigation be conducted

اسئلة على النص

١) كيف كانت حالة الفتاتين؟ ٢) ماذا كانت الفتاتان تفعلان بالسيارات الواقفة على جانبي الشارع؟ ٣) في اي حي من القاهرة حدث هذا؟ ٤) مَن شاهد هذا كله؟ ٥) مَن ضبط الفتاتين؟ امام مَن مثلتا بعد ذلك؟ ٧) لماذا هربت الشقيقتان من بيتهما في الاسماعيلية؟ ٨) لماذا جاءتا الى القاهرة؟ ٩) ماذا حدث لهما في القاهرة؟ ١٠) ماذا أمَر وكيل النيابة؟

<u>Trivia Question</u>: In 1988, the total estimated U.S. population was 245 million persons. What was the total estimated number of arrests made that year?

SELECTION #23

(Algiers AL-SHA'B 18 June 90, p. 3)

General Federation of Merchants and Tradesmen in Algiers Province Directs Appeal to All Merchants and Tradesmen in the Province

الاتحاد العام للتجار والحرفيين لولاية الجزائر - نداء الى كافة تجار وحرفيي ولاية الجزائر

الشعب: ان العراقيل التي تواجه التجار والحرفيين واصحاب الخدمات، الناجمة عن سوء تنظيم السوق الوطنية واختلال النظام الاقتصادي، قد مست الحقوق الشرعية لهذه الفئة وانعكست سلباً على القدرة الشرائية للمواطن.

ونظراً لانعدام الحوار مع السلطات المعنية فإن المكتب والمجلس الولائي يوجهان نداء الى كافة التجار والحرفيين واصحاب الخدمات للمشاركة في التجمع المقرر امام المجلس الشعبي الوطني يوم الخميس 28 جوان 1990 على الساعة العاشرة صباحاً وذلك للاحتجاج على قانون الاسعار، والتقسيم الاداري المجحف، والحملات الصحفية التي لا تفرق بين التجار، ومن اجل تحسين شبكة التموين والتوزيع.

---

employers .... اصحاب الخدمات

had a negative effect .... انعكست سلباً

provincial .... ولائي

اسئلة على النص

١) اي فئة من الناس تشكو من عراقيل تُواجههم؟ ٢) ماذا يسبّب هذه العراقيل؟ ٣) كيف انعكست هذه العراقيل على المواطنين؟ ٤) مَن يوجّه نداء الى التجار والحرفيين واصحاب الخدمات لحضور تجمع؟ ٥) في اي يوم سيُعقَد التجمع؟ ٦) وفي اي ساعة؟ ٧) اين سيُعقَد هذا التجمع؟ ٨) عَلامَ يحتجّ الاتحاد ؟ ٩) ماذا يهدف ايضاً الاتحاد من وراء التجمّع الذي نادى اليه؟ ١٠) لماذا لجأ الاتحاد الى هذا الأسلوب، اي الى طلب هذا الاجتماع؟

Trivia Question: *In Arabic, the same word (الجزائر) is used for both the name of a country (Algeria) and its capital city (Algiers). This type of thing is true for two other Arab countries and their capital cities. Which ones?*

SELECTION #24
(Cairo AL-AHRAM 3 Dec 87, p. 4)

Measures in Bangladesh to Contain Demonstrations and Disturbances

اجراءات في بنجلاديش لاحتواء المظاهرات والاضطرابات

دكا - ر: أطلقت سلطات بنجلاديش امس الاول سراح ٩ من زعماء المعارضة في خطوة وصفت بأنها ستساعد على عودة الهدوء الى بنجلاديش بعد سلسلة المظاهرات والاضطرابات العنيفة التي اجتاحت البلاد للمطالبة باستقالة الرئيس حسين ارشاد في الاسابيع القليلة الماضية.

واعلن عبد المتين وزير الداخلية انه سيتم اطلاق سراح المزيد من المعتقلين السياسيين لتوفير المناخ الملائم لبدء حوار مع الاحزاب المعارضة في بنجلاديش.

وكان الرئيس ارشاد قد اعلن رفضه لمطالب المعارضة باستقالته غير انه اشار الى احتمال انتخابات جديدة في البلاد عام ١٩٩١ اذا كُللت جهود الوفاق الوطني بالنجاح. ومما يُذكر ان ارشاد قد اعلن حالة الطوارئ في بنجلاديش يوم الجمعة الماضية في اعقاب تصاعد حملة المعارضة المطالبة باستقالته.

Dacca .... دكا

Hussein Ershad .... حسين ارشاد

Abd al-Matin .... عبد المتين

it should be mentioned .... مِمّا يُذْكَر

escalation .... تصاعُد

اسئلة على النص

١) من اين هذا الخبر؟ ٢) مَن رئيس بنجلاديش؟ ٣) ماذا حدث في بنجلاديش في الاسابيع القليلة الماضية؟ ٤) ماذا كانت مطالبة الناس الذين قاموا بهذه المظاهرات والاضطرابات؟ ٥) كم زعيماً للمعارضة أُطلِق سراحهم امس الاول؟ ٦) لماذا ستُطلِق السلطات سراح المزيد من المعتقلين السياسيين؟ ٧) ماذا كان قد اعلن الرئيس سابقاً؟ ٨) ماذا يجب ان يحدث في سنة ١٩٩١؟ ٩) ماذا فعل الرئيس يوم الجمعة الماضية؟ ١٠) لماذا فعل هذا؟

Trivia Question: What language is spoken by the people of Bangladesh?

SELECTION #25

(Rabat AL-ALAM 3 Aug 88, p. 7)

Morocco Participates in Arab Volleyball Championships

البطولة العربية للكرة الطائرة: المغرب يشارك في البطولة

تنظم بمدينة الاسكندرية بمصر من 4 الى 11 غشت الحالي البطولة العربية للكرة الطائرة سيدات ومن 13 الى 20 من نفس الشهر البطولة العربية للناشئين "اقل من 15 سنة" لنفس اللعبة.

وعلم في القاهرة ان الاتحاد المصري للكرة الطائرة قد تلقى حتى الآن الموافقة النهائية من سبع دول عربية للمشاركة في هذه البطولة هي المغرب والسعودية وقطر ولبنان والجزائر والاردن وفلسطين. وقال مسؤولو الاتحاد المصري ان يوم غد الاثنين هو آخر موعد لتلقي باقي الموافقات.

وستعقد بالعاصمة المصرية ندوة صحفية يتحدث فيها رئيس الاتحاد العربي للكرة الطائرة ماجد كحلا والامين العام للاتحاد عماد حمزة وممثل عن الاتحاد المصري وسيتم خلالها الاعلان عن النظم الخاصة بالبطولتين واجراء قرعة المباريات.

August .... غشت

Kahla .... كحلا

Hamzah .... حمزة

draw .... قرعة

اسئلة على النص

١) في اي شهر تجري البطولتان العربيتان للكرة الطائرة؟ ٢) اين تجري هاتان البطولتان؟ ٣) لِمَن البطولة الاولى؟ ٤) ولِمَن البطولة الثانية؟ ٥) كم دولة وافقت حتى الآن على الاشتراك في البطولة؟ ٦) ما هي هذه الدول؟ ٧) متى آخر موعد لتلقّي الموافقة للمشاركة في البطولة؟ ٨) اين ستُعقَد ندوة صحفية بخصوص بطولتي الكرة الطائرة؟ ٩) مَن السيد عماد حمزة؟ ١٠) متى سيكون اجراء قرعة المباريات؟

<u>Trivia Question</u>: "Arabic" numerals, which the Arabs passed on to Europe during the Middle Ages, come in two forms--the type used by North African Arabs, Europeans, Americans, and most other peoples of the world, and another type used by the Eastern Arabs, Iranians, Afghans, and Pakistanis. In any case, the Arabs themselves did not actually invent these numerals. Where did they come from originally?

EXERCISE - V

Instructions: After rereading Selections 21 through 25, match the numbers in the column on the right with the entries in the column on the left by writing the appropriate letters in the blank spaces next to the numbers. The correct answers are given in the Key to Exercises section at the back of the book.

(a) اليوم في شهر جوان (يونيو) الذي يُعقد فيه تجمّع في الجزائر	١) ١٢٠ ____
(b) ايام حبس الفتاتين اللتين اعتقلتا في القاهرة	٢) ٣ ____
(c) زعماء المعارضة الذين اطلق سراحهم في بنجلاديش	٣) ٢ ____
(d) السنة التي يُعقد فيها تجمّع امام المجلس الشعبي الوطني في الجزائر	٤) ٤ ____
(e) الضباط العراقيون الكبار الذين قادوا محاولة انقلابية	٥) ٢٨ ____
(f) يوم نهاية البطولة للكرة الطائرة للسيدات في شهر غشت (اغسطس)	٦) ١٩٩٠ ____
(g) الدول الموافقة على المشاركة في البطولة العربية للكرة الطائرة	٧) ١٠ ____
(h) السن الأقصى للناشئين المشتركين في بطولة الكرة الطائرة	٨) ٩ ____
(i) الضباط العراقيون الذين أُعدموا في بغداد	٩) ١٩٩١ ____
(j) يوم نهاية البطولة للكرة الطائرة للناشئين في شهر غشت (اغسطس)	١٠) ١١ ____
(k) الفتيات اللواتي سرقن محتويات السيارات في القاهرة	١١) ١٣ ____
(l) السنة التي ستُعقد فيها انتخابات جديدة في بنجلاديش	١٢) ٢٠ ____
(m) يوم بداية البطولة للكرة الطائرة للناشئين في شهر غشت (اغسطس)	١٣) ١٥ ____
(n) الساعة التي يُعقد فيها تجمّع امام المجلس الشعبي الوطني في الجزائر	١٤) ٧ ____

SELECTION #26

(Rabat AL-ALAM 3 Aug 88, p. 1)

The Mercenaries Are Totally Isolated

المرتزقة في عزلة تامة

ذكرت صحيفة "يا" الاسبانية الصادرة في مدريد ان مرتزقة البوليساريو معزولون تماماً ولا تؤيدهم حالياً اية قوى جهوية او دولية.

وترى الصحيفة الاسبانية ان استفتاء تقرير المصير الذي سيجري قريباً في الصحراء قد يؤكد نهائياً الشرعية المغربية في هذا الاقليم، التي اعتبرها جلالة الملك امراً لا رجعة فيه.

وذكرت صحيفة "يا" ان الجزائر خفضت بنسبة 25 في المائة مساعدتها للبوليساريو، وحسب المراقبين الغربيين فإن هذه المساعدة لا تشمل العتاد العسكري.

وأوضحت الصحيفة ان سفارتي اسبانيا في الجزائر وموريتانيا كشفتا عن الاستياء الكبير الذي يسود البوليساريو وذكرت الصحيفة ان اسبانيا لا ترغب اطلاقاً في التدخل في المشكل السياسي لقضية الصحراء.

البوليساريو .... the Polisario

جِهَوي .... regional

الصحراء .... Western Sahara

اسئلة على النص

١) اين تصدر صحيفة "يا"؟ ٢) بِمَ يصف كاتب هذا المقال جنود البوليساويو؟ ٣) ماذا تقول الصحيفة عن التأييد للبوليساريو حالياً؟ ٤) ماذا سيجري في الصحراء قريباً؟ ٥) وماذا تتوقع صحيفة "يا" نتيجة لذلك؟ ٦) اي دولة تساعد البوليساريو؟ ٧) هل ازدادت هذه المساعدة؟ ٨) مَن يقول ان هذه المساعدة لا تشمل العتاد العسكري؟ ٩) حسب سفارتي اسبانيا في الجزائر وموريتانيا كيف المزاج الآن في منظمة البوليساريو؟ ١٠) وحسب صحيفة "يا" ماذا تريد اسبانيا ان تفعل بخصوص قضية الصحراء؟

Trivia Question: The area today called "Western Sahara" was known by a different name before 1976, when it was controlled by a European colonial power. What did it used to be called?

SELECTION #27

(Jiddah AL-RIYADH 31 Jul 85, p. 1)

His Majesty the King Asserts That Saudi Arabia Provides Services to Moslems Because It Is Conscious of Its Duty to Islam and the Pilgrims

جلالة الملك يؤكد ان ما تقدمه المملكة من خدمات تجاه المسلمين ما هو الا استشعار بواجبها تجاه الاسلام وضيوف الرحمن

جدة - و ا س: اكد جلالة الملك فهد بن عبد العزيز المفدي ان ما تقدمه المملكة من تسهيلات وخدمات تجاه المسلمين في شتى بقاع الارض ما هو الا استشعار لواجبها ومسؤولياتها تجاه الاسلام والمسلمين وخدمة ضيوف الرحمن.

ودعا جلالته الله ان يوفق الجميع لما فيه خير الاسلام والمسلمين وان يكلل مساعيهم بالعزة والنصر.

جاء ذلك في برقية تلقاها من جلالته الامين العام لرابطة العالم الاسلامي الدكتور عبد الله عمر نصيف رداً على البرقية التي رفعها لجلالته ونقل فيها شكر اعضاء المجلس التأسيسي للرابطة في دورته السادسة والعشرين التي عقدت مؤخراً في مكة المكرمة وعلى التسهيلات التي تمنحها حكومة المملكة للمسلمين القادمين من الصين الشعبية وخاصة من تركستان لأداء فريضة الحج.

Nasif .... نصيف

the pilgrims [to Mecca] .... ضيوف الرحمن

اسئلة على النص

١) من اين هذا الخبر؟ ٢) اي بلد يشعر بالمسؤولية تجاه مسلمي العالم؟ ٣) مَن قال ذلك؟ ٤) واين قال ذلك؟ ٥) لماذا ارسل الملك فهد هذه البرقية؟ ٦) اين عُقدت مؤخَراً دورة للمجلس التأسيسي لرابطة العالم الاسلامي؟ ٧) هل كانت الدورة الاولى لهذه المنظمة؟ ٨) مَن يأتي الى السعودية من الصين وخاصة من تركستان؟ ٩) لماذا يأتون الى السعودية؟ ١٠) ما هو المقصود بـ"الرحمن" في عبارة "ضيوف الرحمن" وما معنى العبارة كلها؟

*<u>Trivia Question</u>: According to the **1989 Encyclopedia Britannica Book of the Year,** 32.9 percent of the world's population, or almost 1.7 billion persons, are Christians. How many Moslems are there in the world?*

SELECTION #28

(Cairo AL-AHRAM 18 Jul 87, p. 4)

Israel Releases Hundreds of Palestinians in Order to Relieve Overcrowding in Jails

اسرائيل تفرج عن مئات الفلسطينيين لتخفيف زحام السجون

تل ابيب - ر: صرح حاييم بارليف وزير الشرطة الاسرائيلي امس بأن الحكومة قررت اطلاق سراح عدة مئات من المعتقلين العرب بالسجون الاسرائيلية نظراً لشدة الزحام في هذه السجون. وذكرت وكالة رويتر ان عدد المعتقلين الفلسطينيين في سجون اسرائيل الآن يبلغ حوالى ٤ آلاف معتقل.

واشار بارليف الى ان هؤلاء المعتقلين الذين سيطلق سراحهم قد اكملوا ٩٠ ٪ من المدة المحكوم عليهم بها وقد اعترفت سلطات السجون في اسرائيل بأن المعتقلين يضطرون الى النوم على ارضيات الزنزانات بسبب الزحام. ويشير المعتقلون الذين اطلق سراحهم من قبل الى ان الزحام ليس الا احدى المشكلات، اذ ان السجانين الاسرائيليين يقومون بضرب وتعذيب المساجين بالاضافة الى اطلاق قنابل الغاز عليهم.

حاييم بارليف .... Haim Bar-Lev

اسئلة على النص

١) من اين هذا الخبر؟ ٢) مَن السيد بارليف؟ ٣) بِمَ صرّح بشأن المعتقلين العرب في السجون الاسرائيلية؟ ٤) لماذا ستفعل الحكومة ذلك؟ ٥) متى صرّح السيد بارليف بهذا؟ ٦) ماذا ذكرت وكالة رويتر عن المعتقلين الفلسطينيين في سجون اسرائيل؟ ٧) كم أكمل المعتقلون الذين سيُطلَق سراحهم من المدة المحكوم عليهم بها ؟ ٨) اين كان هؤلاء المعتقلون ينامون، حسب اعتراف سلطات السجون؟ ٩) مَن قال ان السجّانين الاسرائيليين يضربون ويعذّبون المساجين العرب؟ ١٠) ماذا يفعل السجّانون ايضاً بالمعتقلين العرب، حسب ما يقول المعتقلون السابقون؟

<u>Trivia Question</u>: Haim Bar-Lev has been prominent in Israel's military and political establishment for many years. In fact, the "Bar-Lev Line" was named after him. What was the Bar-Lev Line?

SELECTION #29

(Amman AL-DUSTUR 12 Mar 90, p. 1)

Husayn and Thatcher Review Middle East Situation and Lastest International Developments

الحسين وثاتشر يستعرضان الوضع في المنطقة والمستجدات الدولية

لندن - بترا: التقى الملك الحسين والسيدة مارغريت ثاتشر رئيسة وزراء بريطانيا ظهر امس على غداء عمل اقامته السيدة ثاتشر تكريماً لجلالته.

وجرى خلال اللقاء تبادل وجهات النظر حول عدد من القضايا التي تهم البلدين كما استعرض جلالته والسيدة ثاتشر آخر المستجدات على الساحة الدولية وبخاصة في اوروبا وتأثير هذه المستجدات على مجمل القضايا التي ما تزال في انتظار التسوية العادلة في منطقة الشرق الاوسط.

كما تناولت محادثات جلالته مع السيدة ثاتشر الدور الاوروبي المأمول في دفع جهود البحث عن هذه التسوية.

وسيلتقي جلالته مع السيد دوجلاس هيرد وزير خارجية بريطانيا في وقت لاحق في نطاق زيارة العمل التي يقوم بها لبريطانيا.

Margaret Thatcher .... مارغريت ثاتشر

all .... مجمل

Douglas Hurd .... دوجلاس هيرد

within the framework of .... في نطاق

اسئلة على النص

١) اين كان الملك حسين امس؟ ٢) مع مَن التقى؟ ٣) كيف كرّمته رئيسة وزراء بريطانيا؟ ٤) عَمَّ تبادلا وجهات النظر خلال الغداء؟ ٥) ما هي آخر المستجدات التي استعرضها الملك حسين والسيدة ثاتشر؟ ٦) لماذا اهتما بآخر المستجدات في اوروبا؟ ٧) ماذا يُؤمَل من اوروبا بالنسبة لهذه التسوية؟ ٨) مع مَن سيلتقي الملك فيما بعد؟ ٩) كيف يصف كاتب المقال الزيارة التي يقوم بها الملك حسين لانكلترا؟

١٠) من اين جاء هذا الخبر الصحفي؟

Trivia Question: *Both King Husayn of Jordan and Col. Mu'ammar al-Qadhdhafi of Libya attended the same school in Great Britain during their younger years. What school was this?*

SELECTION #30

(Cairo AKHBAR AL-YAWM 31 Mar 90, p. 14)

He Sells Narcotics in Front of the Courthouse!

يبيع المخدرات امام مبنى المحكمة!

ضبط رجال مباحث امبابة بائع كبدة يبيع المواد المخدرة امام مبنى محكمة الجيزة وبحوزته كميات من الحبوب كان يروجها بين زبائن المحكمة متستراً ببيع الكبدة.

وقد وردت معلومات للعقيد جاد جميل مفتش مباحث شمال الجيزة عن قيام شاب يتاجر في المواد المخدرة مستغلاً وجوده امام مبنى لمجمع محاكم الجيزة حيث يقف بعربة صغيرة لبيع الكبدة.

تمكن المقدم محمود فاروق ومعاونه الرائد ياسر العقاد من القبض على بائع الكبدة وبحوزته الحبوب المخدرة.

امر هشام سمير مدير نيابة امبابة بحبسه ٤٥ يوماً وتقديمه لمحاكمة عاجلة.

Imbabah .... امبابة

criminal investigation .... مباحث

Mahmud Faruq .... محمود فاروق

Yasir al-Aqqad .... ياسر العقاد

Hisham Samir .... هشام سمير

اسئلة على النص

١) اين كان الشابّ يبيع الموادّ المخدّرة؟ ٢) كيف كان يتستّر في بيعه المخدّرات؟ ٣) في اي شكل كانت الموادّ المخدّرة التي كان يبيعها؟ ٤) لِمَن كان يبيع المخدّرات؟ ٥) مَن ضبطه؟ ٦) مَن من المباحث استلم المعلومات عن الشابّ الذي كان يتاجر بالمخدّرات؟ ٧) ومَن تمكّن من القبض على التاجر بالمخدّرات وهي بحوزته؟ ٨) مَن هشام سمير؟ ٩) كم يوماً امر بحبس المتّهم ببيع المخدّرات؟ ١٠) متى ستكون المحاكمة؟

<u>Trivia Question</u>: What Arabic word is the modern English word "assassin" derived from?

EXERCISE - VI

Instructions: Based on your knowledge of the contents of Selections 26 through 30, complete the statements below by selecting the correct words or phrases from the choices given, then write these answers in the blank spaces. The correct answers are given in the Key to Exercises section at the back of the book.

١) تصدر صحيفة "يا" في ______________.

١ - المغرب

٢ - اسبانيا

٣ - الجزائر

٢) كان تاجر المخدرات في الجيزة يقوم بنشاطه ______________________________.

١ - امام مبنى من المباني العامة

٢ - في بيت قديم في حي شعبي

٣ - من سيارته في شوارع المدينة

٣) يريد الملك فهد ان يشجّع المسلمين في تركستان على ان يأتوا الى السعودية لأداء فريضة الحجّ وتركستان هي منطقة في ______________.

١ - الباكستان

٢ - افغانستان

٣ - الصين

EXERCISE - VI (contd.)

٤) قام الملك حسين بزيارة لبريطانيا لغرض ________________.

١ - العمل

٢ - العلاج الطبي

٣ - السياحة

٥) مئات من الفلسطينيين في اسرائيل ______________________________.

١ - أُعتقلوا بعد الاشتراك في مظاهرات

٢ - أُطلق سراحهم بعد قضاء مدة في السجن

٣ - جُرحوا عندما هاجمهم رجال الشرطة

تركستان

SELECTION #31

(Cairo AKHBAR AL-YAWM 10 Mar 90, p. 6)

10,000 U.S. Moslems Demand to Emigrate to Africa

١٠ آلاف امريكي اسود مسلم يطلبون الهجرة الى افريقيا

بعد صمت طويل قرر لويس فرحان زعيم المسلمين السود في الولايات المتحدة المطالبة بحقوق اتباعه وحقهم في العودة الى بلدهم الأم افريقيا.

وكان فرحان قد وافق اخيراً على التحدث الى وسائل الاعلام الامريكية لمطالبة امريكا بتعويض الزنوج مادياً والتكفل بنفقات هجرتهم الى افريقيا بعد ان ساهم اجدادهم وآباؤهم الى حد كبير في بناء الولايات المتحدة لتصبح اقوى واغنى دولة في العالم.

ويقول فرحان (٥٦ عاماً) والذي يرأس منظمة يضم ١٠ آلاف مسلم زنجي انه يدافع عن حقوق الزنوج التي ضاعت في الصراع حول تأكيد اهمية حقوق الانسان المعاصر. فما زال ٣٠ مليون زنجي امريكي حتى الآن يطالبون بحقوقهم في بلد الديمقراطية.

لويس فرحان .... Louis Farrakhan

الى حدّ كبير .... so much

اسئلة على النص

١) مَن لويس فرحان؟

٢) كم عمره؟

٣) كم شخصاً في المنظمة التي يرأسها؟

٤) ماذا يطالب به لأتباعه؟

٥) كيف يجب على امريكا ان تعوّض السود، حسب قول لويس فرحان؟

٦) لماذا يجب على امريكا ان تفعل ذلك؟

٧) كم عدد السود الامريكيين؟

٨) بِمَ لا يزالون يطالبون حتى الآن؟

٩) ماذا حدث لهذه الحقوق؟

١٠) لِمَن صرّح فرحان بأفكاره هذه؟

Trivia Question: One of the most talented heavyweight boxers in the history of the sport was a black American by the name of Muhammad Ali. What was his original name, before he converted to Islam?

SELECTION #32

(Cairo AL-AHRAM 3 Dec 87, p. 1)

Drop in Oil Price Due to Iran's Threat Not to Adhere to Any OPEC Agreement

انخفاض سعر البترول لتهديد ايران بعدم الالتزام باي اتفاق للاوبك

نيويورك - وكالات الانباء: انخفضت اسعار البترول امس اثر اعلان ايران انها لن تلتزم بأي اتفاق لدول الاوبك ما لم تتم الموافقة على رفع سعر برميل البترول بمقدار دولارين عن سعره الحالي وهو ١٨ دولاراً للبرميل وذلك خلال الاجتماع الوزاري لدول الاوبك في ٩ ديسمبر الحالي في فينا.

فقد انخفض سعر البرميل من بترول دبي الخفيف بمقدار ١٠ سنتات امس ليصل الى ١٦,٥٠ دولاراً للبرميل في السوق الحرة بأوروبا.

واتهم هشام الناظر وزير البترول السعودي ايران بأنها تسعى الى التملص من اي اتفاق يتوصل اليه الاجتماع القادم لوزراء الاوبك وانها احدثت اضطراباً في السوق البترولية بزيادة انتاجها والبيع بأسعار اقل من الاسعار الرسمية للاوبك واوضح الوزير السعودي ان ايران تحاول ابعاد الدول الاخرى المنتجة للبترول عن السوق من خلال المطالبة برفع اسعار البترول في الوقت الذي تبيع فيه بترولها بأسعار منخفضة.

ما لم تَتِمّ .... unless there is

هشام الناظر .... Hisham al-Nazir

في الوقت الذي .... at the same time that

اسئلة على النص

١) ماذا حدث امس لأسعار البترول؟ ٢) لماذا حدث هذا؟ ٣) ماذا تريد ايران؟ ٤) متى سينعقد الاجتماع القادم لوزراء دول الاوبك؟ ٥) وأين سيكون هذا الاجتماع؟ ٦) ما هو السعر الحالي لبترول دبي الخفيف في السوق الحرة في اوروبا؟ ٧) بأي مقدار انخفض امس؟ ٨) مَن اتّهم ايران بأنها تريد التملص من اي اتفاق قد يتوصل اليه الاجتماع؟ ٩) هل تبيع ايران بترولها بأسعار عالية في السوق؟

هل تعرف

١) اين دبي؟

<u>Trivia Question</u>: Hisham al-Nazir's predecessor as Saudi minister of petroleum was a well-known and sophisticated man who, in the seventies, emerged as the architect of an aggressive new oil policy followed by Saudi Arabia and the other OPEC nations. What was his name?

SELECTION #33

(London AL-SHARQ AL-AWSAT 23 Mar 87, p. 3)

Arafat in Baghdad

عرفات في بغداد

بغداد - وكالات الانباء : وصل السيد ياسر عرفات رئيس اللجنة التنفيذية لمنظمة التحرير الفلسطينية امس الى بغداد في زيارة للعراق تستغرق عدة ايام.

وذكرت وكالة الانباء العراقية انه كان في استقبال السيد عرفات مدير وأعضاء مكتب حركات التحرر العربية في مجلس قيادة الثورة العراقي ومدير منظمة التحرير الفلسطينية في بغداد .

وكان السيد عرفات قد اجرى خلال الايام القليلة الماضية في الجزائر مباحثات مع المسؤولين الجزائريين وعدد من قيادات الفصائل الفلسطينية حول امكانية عقد المجلس الوطني الفلسطيني.

وكان ناطق رسمي باسم حركة فتح قد اعلن امس الاول ان الدورة الثامنة عشرة للمجلس الوطني ستعقد في ٢٠ ابريل (نيسان) المقبل في العاصمة الجزائرية.

اسئلة على النص

١) مَن السيد ياسر عرفات؟

٢) الى اين سافر امس؟

٣) كم يوماً تستغرق زيارته هناك؟

٤) مَن كان في استقباله عند وصوله الى بغداد ؟

٥) اين كان السيد عرفات قبل ان يسافر الى بغداد ؟

٦) مع مَن اجرى مباحثات هناك؟

٧) حول اي موضوع اجرى مباحثات معهم؟

٨) اي دورة للمجلس الوطني الفلسطيني ستُعقد قريباً؟

٩) متى ستعقد هذه الدورة بالضبط؟

١٠) وأين ستعقد دورة المجلس هذه؟

<u>Trivia Question</u>: PLO leader Yasir Arafat, like many of the Palestinian leaders, is commonly known and referred to by another name or nickname among the Arabs, the first part of which is "Abu." What is it?

SELECTION #34

(Damascus AL-THAWRAH 13 Mar 90, p. 1)

Saddam Issues Barbaric Decree Permitting Men to Kill Women

صدام يصدر مرسوماً همجياً يبيح للرجال قتل النساء

بغداد - ا ف ب: سمح النظام العراقي في خطوة غير معهودة قانونياً للرجال العراقيين بأن يقيموا من انفسهم حكماً على سلوك النساء القريبات منهم وان يحكموا عليهن بالموت وينفذوا هذا الحكم بأيديهم وحسب هواهم.

وذكرت (ا ف ب) ان سلطات النظام العراقي اصدرت مرسوماً نشرته مجلة "الاتحاد" امس سمح للرجال العراقيين بقتل والداتهم او بناتهم او شقيقاتهم او خالاتهم او عماتهم وبناتهن بحجة الزنى دون المثول امام القضاء.

وأكدت سلطات النظام العراقي ان هذا المرسوم سيصبح ساري المفعول فور نشره في الصحف العراقية.

وقد اعرب المراقبون عن استغرابهم من مثل هذا المرسوم الهمجي الذي سيزيد من الفوضى والقتل في المجتمع العراقي ويسمح لكل من له مآرب شخصية بتنفيذها بحق قريباته بحجة الزنى.

غير معهود	unprecedented
ا ف ب	AFP [Agence France Presse]
بحجّة	on the basis of alleged
امام القضاء	in court

اسئلة على النص

١) من اين هذا الخبر؟ ٢) كيف يصف كاتب المقال المرسوم العراقي الجديد؟ ٣) اين اصدرت السلطات العراقية هذا المرسوم الجديد؟ ٤) متى اصدرته في هذه المجلة؟ ٥) بأي حجّة سيُسمح لرجل عراقي ان يقتل قريبة له؟ ٦) ماذا يقال عن ضرورة المثول امام القضاء في مثل هذه الحالات؟ ٧) ومتى سيصبح المرسوم ساري المفعول؟ ٨) كيف سيؤثّر هذا المرسوم على المجتمع العراقي، في رأي المراقبين؟

هل تعرف

١) مَن "صدام" المذكور في عنوان المقال؟

٢) لماذا نشرت الجريدة السورية مثل هذا المقال عن "النظام العراقي"؟

Trivia Question: As of 1990, the regimes of both Syria and Iraq were ruled by two different branches of the same political party. What is the name of this party?

SELECTION #35

(Damascus AL-THAWRAH 13 Mar 90, p. 1)

World Media Continue to Be Interested in President al-Asad's Historic Speech

وسائل الاعلام العالمية تواصل اهتمامها بالخطاب التاريخي للرئيس الاسد

واصلت وسائل الاعلام العالمية اهتمامها البالغ بالخطاب التاريخي للقائد المناضل حافظ الاسد وابرزت فقرات مطولة منه.

فقد اهتمت صحيفة "رودي برافو" الناطقة بلسان الحزب الشيوعي التشيكوسلوفاكي بخطاب السيد الرئيس حافظ الاسد التاريخي في الذكرى السابعة والعشرين لثورة الثامن من آذار المجيدة ونشرت مقتطفات منه.

وركزت الصحيفة على قول سيادته بأن مسيرة التغيير في اوربا الشرقية غير مؤاتية للدول العربية وان اسرائيل حققت بفضلها كسباً كبيراً في تلك المنطقة من العالم بدليل تجديد العلاقات الدبلوماسية بينها وبين بعض دول اوربا الشرقية.

كما ابرزت الصحيفة مناشدة الرئيس الاسد الدول العربية لتنسيق مواقفها تجاه المستجدات في اوربا الشرقية.

Hafiz al-Asad	حافظ الأسد
RUDE PRAVO	رودي برافو
process	مسيرة
latest developments	مستجدات

اسئلة على النص

١) مَن القى خطاباً مؤخّراً؟ ٢) كيف يصف كاتب المقال الخطاب؟ ٣) وكيف يصف الرئيس حافظ الاسد؟ ٤) ما اسم الجريدة في تشيكوسلوفاكيا التي اهتمّت بالخطاب بصورة خاصة؟ ٥) هذه الجريدة هي الناطقة بلسان اي حزب سياسي؟ ٦) بأي مناسبة ألقى الرئيس السوري هذا الخطاب؟ ٧) ماذا قال الرئيس الاسد عن مسيرة التغيير في اوروبا الشرقية بالنسبة للدول العربية؟ ٨) لماذا قال الرئيس ان اسرائيل حقّقت كسباً كبيراً في اوروبا الشرقية؟ ٩) ماذا ناشد الرئيس الاسد الدول العربية ان تفعل؟

هل تعرف

١) ما معنى "رودي برافو" باللغة التشيكية؟

Trivia Question: *Syrian President Hafiz al-Asad is a member of an Islamic minority group whose people have beliefs and follow rites that differ considerably from those of mainstream or orthodox Islam, and most of these people live in a mountainous area in northwestern Syria. What is this group called?*

EXERCISE - VII

Instructions: After rereading Selections 31 through 35, read the nationalities, shown in the right-hand column, of the five individuals mentioned in the selections and, in the blank spaces next to the names, write in Arabic the names of each of these individuals. The correct answers are given in the Key to Exercises at the back of the book.

١) سوري ________________________________

٢) امريكي ________________________________

٣) فلسطيني ________________________________

٤) سعودي ________________________________

٥) عراقي ________________________________

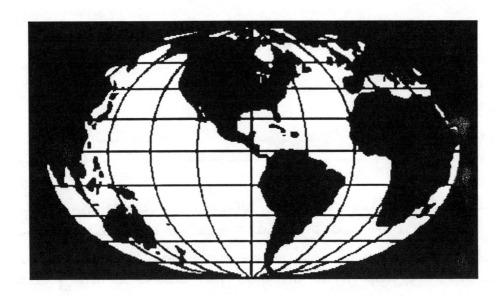

SELECTION #36

(London AL-HAYAT 18 Sep 89, p. 1)

Jordanians Rush Out to Buy Lebanese Pounds

الاردنيون يتدافعون لشراء الليرة اللبنانية

عمان - رويتر: هرع الاردنيون الى البنوك وتجار السوق السوداء امس لشراء الليرة اللبنانية بعد ان دعت اللجنة العربية الثلاثية المكلفة بانهاء الازمة اللبنانية الى وقف اطلاق النار في لبنان فوراً.

وقال تجار عملة انهم لم يتمكنوا من تلبية طلبات الشراء لأنه لم يكن لديهم كميات كبيرة من العملة اللبنانية.

وقال احد تجار السوق السوداء لـ"رويتر" ان المكالمات التلفونية انهالت عليه صباح امس من اشخاص يسألونه عما اذا كانت لديه كميات من الليرة اللبنانية لأنهم يشعرون ان سعر العملة سيرتفع بعد دعوة وقف اطلاق النار.

وقال مصرفي ان الجميع يريد ان يشتري الليرة اللبنانية الآن ليدخل مضاربات بها في المستقبل. ولكنه قال ان ذلك مغامرة وان على المضاربين ان ينتظروا ليروا ما اذا كان وقف النار سيستمر.

مصرفي .... banker

اسئلة الى النص

١) من اين هذا الخبر؟ ٢) ماذا أراد كثير من الاردنيين شراءه امس؟ ٣) الى اين ذهبوا لشرائها؟ ٤) لماذا فعلوا ذلك امس بالذات؟ ٥) لماذا لم يستطع تجار العملة ان يلبّوا طلبات الشراء؟ ٦) من قال ان المكالمات التلفونية انهالت عليه امس؟ ٧) من كانوا يتّصلون به؟ ٨) ما هي غاية جميع هؤلاء الناس، في رأي مصرفي؟ ٩) كيف يصف المصرفي هذا التصرّف؟ ١٠) ماذا يجب على المضاربين ان يفعلوا، في رأي هذا المصرفي؟

Trivia Question: Besides Lebanon, there are two other countries in the Middle East where, in the local language, the currency is referred to as "lira" (a word borrowed from Italian and derived from the word "libra," meaning "pound"). What are these two countries?

SELECTION #37

(London AL-HAYAT 18 Sep 89, p. 14)

Iraq and Bahrain Win in Asian Volleyball Championships

فوز العراق والبحرين في بطولة آسيا للطائرة

سيول - ا ف ب: فاز العراق والبحرين على تايلاند ونيبال وخسرت الامارات العربية المتحدة وقطر والكويت امام اليابان وايران والهند امس في اليوم الثالث من بطولة آسيا الخامسة في الكرة الطائرة للرجال.

ففي المجموعة الاولى فاز العراق على تايلاند (١٥-٧، ٥-١٥، ٩-١٥، ١٥-١٢، و١٥-٨) والبحرين على نيبال (٨-١٥، ١٥-٥، ١٥-٦، و١٥-٥).

وفي المجموعة الثانية فازت اليابان على الامارات العربية المتحدة (١٥-٢، ١٥-٣، و١٥-١٠) وباكستان على نيوزيلندا (١٥-٢، ١٥-٨، و١٥-٤).

وفي المجموعة الثالثة فازت ايران على قطر (١٥-١، ١٥-٤، و١٥-١) والصين على استراليا (١٥-٥، ١٥-٧، ١٢-١٥، و١٥-٦).

وفي المجموعة الرابعة فازت الهند على الكويت (١٥-٨، ١٥-٨، و١٥-١١) وسريلانكا على هونغ كونغ (١٧-١٥، ١٥-٥، و١٥-٤).

Sri Lanka .... سريلانكا

اسئلة على النص

١) من اين هذا الخبر؟ ٢) اي بطولة رياضية تجري الآن؟ ٣) ما هي البلدان العربية التي تشترك في البطولة؟ ٤) اي فريقين من الفرق العربية فازا في البطولة؟ ٥) على اي فريقين فازا؟ ٦) اي بلد فاز على الكويت؟ ٧) ماذا كانت نتيجة المباراة بين الكويت والهند؟ ٨) كيف كانت النتيجة في المباراة بين اليابان والامارات العربية المتحدة ومَن فاز بها؟ ٩) مَن فاز في المباراة بين باكستان ونيوزيلندا؟ ١٠) كم مجموعة من البلدان اشتركت في البطولة؟

Trivia Question: If a welcoming speech were given to each of the above-mentioned 16 teams in its official and predominant national language, how many languages would the speech have to be given in?

SELECTION #38

(Damascus AL-THAWRAH 11 Mar 90, p. 10)

Demonstrations Call for Independence in Puerto Rico

مظاهرات تدعو للاستقلال في بورتوريكو

سان خوان (بورتوريكو) - سانا: تظاهر العشرات من مؤيدي الاستقلال هنا امس الاول احتجاجاً على المداولات التي دارت في الكونغرس الامريكي حول علاقة بورتوريكو المستقبلية مع الولايات المتحدة.

وذكرت (ا ب) ان المتظاهرين احرقوا الاعلام الامريكية ورفعوا شعارات معادية للحكومة وتأتي هذه المظاهرات احتجاجاً على بدء وفد مؤلف من ثمانية اعضاء مداولات في الكونغرس الامريكي تستغرق ثلاثة ايام ويُتوقع ان يدلي خلالها ثمانون شاهداً بشهاداتهم حول الاستفتاء العام المقترح ان يجري في حزيران من العام القادم ١٩٩١ والذي سيختار فيه المواطنون مستقبل البلاد وسيكون امام المواطنين في بورتوريكو بموجب هذا الاستفتاء ثلاثة خيارات فإما الاستقلال التام او الانضمام كليةً الى الولايات المتحدة او الحصول على قدر اكبر من الحكم الذاتي.

اسئلة على النص

١) من اين هذا الخبر؟

٢) مَن قام بمظاهرات في بورتوريكو؟

٣) متى قاموا بالمظاهرات؟

٤) عَلامَ كانوا يحتجّون؟

٥) كيف أظهر المتظاهرون عداءهم للحكومة الامريكية؟

٦) كم عضواً في الوفد الذي يشترك في المداولات في الكونغرس؟

٧) وكم شاهداً يُتوقّع ان يدلي بشهادته حول الاستفتاء العام المقترح إجراؤهُ؟

٨) متى سيجري الاستفتاء العام - اذا أُجْرِيَ؟

٩) مَن سيشترك في الاستفتاء ؟

١٠) ما هي الخيارات الثلاثة التي ستكون امام المواطنين في الاستفتاء ؟

<u>Trivia Question</u>: Of the world's total number of approximately 5.3 million Puerto Ricans (1989), about how many live on the U.S. mainland?

SELECTION #39

(Cairo AKHBAR AL-YAWM 17 Mar 90, p. 9)

Wiping Out Illiteracy of 432 Million Persons During Next 10 Years

محو امية ٤٣٢ مليوناً خلال السنوات العشر القادمة

رفعت فياض: اوصى المؤتمر العام الاستثنائي للمنظمة الاسلامية للتربية والعلوم والثقافة والذي عُقد مؤخراً في تايلاند وحضره وزراء تعليم ٤٦ دولة اسلامية بضرورة حشد الطاقات في كل الدول الاسلامية للقضاء على الامية خلال السنوات العشر القادمة حتى يتخلص العالم الاسلامي من عار الامية.

وصرح د. احمد فتحي سرور وزير التعليم والذي مثّل مصر في هذا المؤتمر ان احصائيات المؤتمر قد كشفت ان العالم الاسلامي يضم ٤٣٢ مليون امي من بين سكانه البالغ عددهم حسب آخر التقديرات ملياراً و٢٠٠ مليون نسمة.

وقد تقرر انشاء صندوق مركزي للمشروع يكون مقره العاصمة المغربية الرباط وقد ابدت اكثر من ٢٠ مؤسسة مالية كبرى في العالم الاسلامي استعداداً للمساهمة في تمويل الصندوق. كما تقرر استثمار جزء من اموال الزكاة في تنفيذ هذا المشروع.

أوصى ب .... concluded that

احمد فتحي سرور .... Ahmad Fathi Surur

اسئلة على النص

١) اي مؤتمر انعقد مؤخّراً؟ ٢) اين كان المؤتمر؟ ٣) مَن حضر هذا المؤتمر؟ ٤) ما هو هدف هذا المؤتمر؟ ٥) ما هي المدّة المحدّدة للقضاء على الأمّية؟ ٦) مَن الدكتور احمد فتحي سرور؟ ٧) كم عدد سكّان العالم الاسلامي، حسب آخر التقديرات؟ ٨) وكم منهم أمّيون؟ ٩) كيف سيُموَّل المشروع للقضاء على هذه الأُمّية في العالم الاسلامي؟ ١٠) اين سيكون مقرّ هذا الصندوق المركزي؟

Trivia Question: According to the ***Random House College Dictionary****, a "functional illiterate" is "a person whose ability to read or write is inadequate for the needs of his job, the demands of a situation, or the like." What percentage of the U.S. population is considered to be functionally illiterate?*

SELECTION #40

(Cairo AL-AHRAM 3 Dec 87, p. 9)

Decrease of a Billion Egyptian Pounds in Our Imports This Year

خفض مليار جنيه في وارداتنا هذا العام

صرح د. كمال الجنزوري نائب رئيس الوزراء ووزير التخطيط بأن الاستيراد هذا العام قد انخفض عن العام الماضي بما يقدّر بحوالى مليار جنيه.

كما اكد د. الجنزوري ان الخطة الخمسية الحالية قد درست الموارد المائية جيداً حتى عام ٢٠٠٠ وان الخطة وضعت في اعتبارها عند اختيار المشروعات وتحديد مساحات الاراضي المستصلحة الموارد المائية المتاحة واخذت في حساباتها انخفاض مياه النهر المشار اليه هذه الايام.

كما اكد ان الدولة لا توافق على اي مشروع لاستصلاح الاراضي الا اذا استخدم طرق الري الحديثة.

جاء ذلك في الندوة التي افتتحها د. كمال الجنزوري بمعهد التخطيط القومي امس حول قضايا الانتاج وخطة التنمية وحضرها وزراء التخطيط السابقون ورؤساء الاجهزة المسئولة عن التخطيط وكثير من خبراء التخطيط في الجامعات المصرية والاحزاب المختلفة.

متاح .... available

جاء ذلك .... these statements were made

اسئلة على النص

١) مَن الدكتور كمال الجنزوري؟ ٢) اين افتتح ندوة امس؟ ٣) ماذا كان موضوع الندوة؟ ٤) ماذا قال الدكتور الجنزوري عن استيراد مصر هذه السنة؟ ٥) ما معنى "خطّة خمسية"؟ ٦) هل يعرفون في مصر كثيراً عن مواردهم المائية المتاحة؟ ٧) كيف مستوى مياه النهر هذه الأيام؟ ٨) ما هو الشرط الذي يجب توافره في اي مشروع لاستصلاح الأراضي حتى توافق الدولة عليه؟ ٩) مَن من الجامعات المصرية حضر الندوة امس؟ ١٠) ومَن من المسؤولين الحكوميين كانوا هناك؟

<u>Trivia Question</u>: Of the total amount of food that Egypt needs every year to feed its population, how much has to be imported?

EXERCISE - VIII

<u>Instructions</u>: Reread Selections 36 through 40, then indicate whether the statements below are "true" (صواب) or "false" (خطأ) by writing صواب or خطأ in the spaces next to them. The correct answers are given in the Key to Exercises section at the back of the book.

١) اشتركت اكثر الدول الخليجية في بطولة آسيا للكرة الطائرة. _____

٢) ترتفع مياه نهر النيل هذه الأيام. _____

٣) ادّى استمرار الحرب الأهلية في لبنان الى شراء الليرة اللبنانية في الأردن. _____

٤) تدلّ احصائيات المؤتمر الاسلامي على انّ واحداً من كل ثلاثة اشخاص في العالم الاسلامي امّي. _____

٥) كانت المظاهرات المؤيّدة لاستقلال بورتوريكو سلمية للغاية. _____

٦) لقد برهنت الحكومة المصرية على انها تهتمّ بتشجيع استخدام طرق الريّ الحديثة. _____

٧) لم تكن السوق السوداء في الأردن حاضرة لتلبية طلب شراء الليرة اللبنانية. _____

٨) من المقرّر ان تكون للشعب في بورتوريكو الفرصة لتقرير مصيره. _____

٩) فاز العراق على تايلاند بكل سهولة في بطولة آسيا للكرة الطائرة. _____

١٠) سيكون مقرّ الصندوق المركزي للقضاء على الأمّية في العالم الاسلامي في العاصمة السعودية. _____

SELECTION #41
(Amman AL-DUSTUR 12 Mar 90, p. 17)

Flying Dinars

دنانير طيارة

الكويت - رويتر: تطايرت مئات الدنانير في احد شوارع الكويت وانهمك عدد من الشبان في جمعها بعد ان اوقفوا سياراتهم في عرض الشارع.

وقالت صحيفة "القبس" الكويتية امس ان سائقي السيارات في شارع جمال عبد الناصر احد الشوارع الرئيسية في الكويت فوجئوا بتساقط عشرات الدنانير على سياراتهم دون معرفة مصدرها ثم تنبهوا الى تطاير الدنانير من الزجاج الخلفي لسيارة شخص كان قد خرج لتوه من احد البنوك التجارية القريبة.

وقالت ان صاحب النقود لم ينتبه لأمواله التي غطت الشارع العام بينما اوقف اربعة شبان كويتيين سياراتهم في عرض الشارع وقاموا بتجميع الدنانير المنهمرة.

وقالت الصحيفة انه تصادف اثناء الحادث مرور احد رجال الشرطة الذي ساعد الشبان في جمع الدنانير وتسليمها الى مخفر الشويخ.

وذكرت ان احداً لم يتقدم الى المخفر للابلاغ عن فقد امواله.

جمال عبد الناصر .... Jamal Abd al-Nasir

الشويخ .... al-Shuwaykh

اسئلة على النص

١) في اي مدينة وقع الحدث المذكور في هذا المقال؟ ٢) وفي اي شارع حدث هذا؟ ٣) من اين أتَتْ مئات الدنانير التي تطايرت في الشارع؟ ٤) لماذا أوقف اربعة شبّان سياراتهم عندما رأوا الدنانير المتساقطة؟ ٥) ما اسم الجريدة الكويتية التي كتبت عن هذا الحدث؟ ٦) ماذا قالت الجريدة عن صاحب النقود؟ ٧) مَن مرّ في ذلك الوقت فساعد الشبّان على جمع النقود؟ ٨) الى اين سلّموا النقود فيما بعد؟ ٩) ما هو "الشويخ"، هل تعرف؟ ١٠) هل جاء صاحب المال الى مخفر الشرطة للابلاغ عن فقده النقود؟

Trivia Question: In terms of area, Kuwait is about the size of which of the following U.S. states--Rhode Island, New Jersey, or Illinois?

SELECTION #42

(Tunis AL-HURRIYAH 16 Sep 89, p. 9)

Meeting Soon Between Klibi and Shevardnadze

قريباً لقاء بين القليبي وشيفاردنادزه

اجتمع السيد الشاذلي القليبي الامين العام لجامعة الدول العربية امس مع السيد فلاديمير سوبتشانكو سفير الاتحاد السوفياتي بتونس.

وصرح السيد سوبتشانكو بأن المقابلة تناولت بالبحث نتائج الدورة الاخيرة لمجلس الجامعة والوضع في لبنان.

وبعد ان اشار الى ان الحديث تناول كذلك الدورة العادية القادمة للجمعية العمومية للامم المتحدة عبر عن امله في ان تجري على هامش اشغال هذه الدورة اتصالات بين السيد القليبي والوفد السوفياتي الذي سيكون برئاسة وزير الخارجية السيد ادوارد شيفاردنادزه.

كما اجتمع السيد القليبي امس مع السيد طلال الحسن مندوب الاردن الدائم لدى الجامعة.

وصرح المندوب الاردني بأن المقابلة خصصت لمتابعة تنفيذ بعض قرارات مجلس الجامعة.

Chedli Klibi .... الشاذلي القليبي

Vladimir Sobchenko .... فلاديمير سوبتشانكو

the Arab League .... الجامعة

Talal al-Hasan .... طلال الحسن

اسئلة على النص

١) مَن السيد الشاذلي القليبي؟ ٢) ومَن السيد فلاديمير سوبتشانكو؟ ٣) متى اجتمع هذان الرجلان؟ ٤) عَمَّ تكلّما في اجتماعهما؟ ٥) اي منظمة ستعقد دورة عادية في المستقبل القريب؟ ٦) مَن سيرأس الوفد السوفياتي الى هذه الدورة؟ ٧) ماذا يأمل السيد سوبتشانكو ان يجري على هامش أشغال هذه الدورة؟ ٨) مَن السيد طلال الحسن؟ ٩) مع مَن اجتمع السيد الحسن امس؟ ١٠) ماذا كان موضوع البحث في اجتماعهما؟

<u>Trivia Question</u>: *One Arab nation was expelled from the Arab League in 1979, but then readmitted in 1989. Which country was this, and why was its membership suspended in 1979?*

SELECTION #43

(Cairo AKHBAR AL-YAWM 31 Mar 90, p. 6)

Arab Immigrants in France Prefer Mitterrand

المهاجرون العرب في فرنسا يفضلون ميتران

نشرت مجلة "الاكسبريس" الفرنسية تحقيقاً من تسع صفحات عن المهاجرين في فرنسا. تضمن التحقيق استفتاء عن آراء المهاجرين ومعظمهم من العرب المغاربة والجزائريين.

اكد الاستفتاء ان ٦٦ ٪ من المهاجرين الذين لا يتمتعون بالجنسية الفرنسية يرغبون في الادلاء بأصواتهم في الانتخابات.

وعن اتجاهاتهم السياسية قال ٣٨ ٪ من المهاجرين انهم يفضلون الاتجاه اليساري بينما يميل ١٢ ٪ الى الاتجاه اليميني ولا يهتم الباقون كثيراً بالنواحي السياسية.

ويؤكد ٦٧ ٪ من الذين سئلوا من المهاجرين ان الفرنسيين لا يميلون الى العنصرية، في حين اتهمهم بالعنصرية ٢١ ٪ من المهاجرين. وقد أجري هذا الاستفتاء في شهر مارس الحالي على عينة تضم ٧٠٠ مهاجر تبدأ اعمارهم من سن ١٨ عاماً.

الاكسبريس .... L'EXPRESS

اسئلة على النص

١) بأي لغة تصدر مجلة "الاكسبريس"؟ ٢) ماذا نشرت "الاكسبريس" مؤخّراً؟ ٣) من اين معظم المهاجرين العرب الساكنين في فرنسا؟ ٤) ماذا قال التحقيق عن ٦٦ ٪ من المهاجرين الذين لا يتمتّعون بالجنسية الفرنسية؟ ٥) كم من المهاجرين يفضّلون الاتجاه السياسي اليساري؟ ٦) والى اي اتجاه يميل ١٢ ٪ منهم؟ ٧) والباقون كيف ينظرون الى السياسة الفرنسية؟ ٨) كم في المئة من المهاجرين يتّهمون الفرنسيين بالعنصرية؟ ٩) وماذا يؤكّد ٦٧ ٪ من المهاجرين؟ ١٠) كم مهاجراً أُجْرِيَ استفتاء معهم في هذه العيّنة؟

Trivia Question: In which of the three Arab North African countries (Morocco, Algeria, or Tunisia) was French colonial rule the longest?

SELECTION #44

(Algiers AL-SHA'B 18 Jun 90, p. 2)

Celebration of 20th Anniversary of the al-Ramlah Uprising

إحياء الذكرى العشرين لانتفاضة الرملة

(و ا ج): أحيا الشعب الصحراوي امس الاحد الذكرى الـ20 لانتفاضة الرملة التاريخية بتنظيم استعراض عسكري بمخيم ولاية العيون تحت اشراف السيد محمد عبد العزيز رئيس الجمهورية العربية الصحراوية الديمقراطية والامين العام لجبهة البوليزاريو وبحضور عدد كبير من المدعوين الذين يمثلون بلداناً عديدة من اوربا وامريكا اللاتينية وآسيا وافريقيا الى جانب المنظمات والحركات العالمية المناصرة للقضية الصحراوية.

وقد انطلقت الاحتفالات صباح امس بتنظيم استعراض عسكري كبير اطلع خلاله المدعوون والجماهير الصحراوية على عينات من العتاد العسكري الضخم الذي تتوفر عليه الجمهورية الصحراوية وبعد رفع العلم الصحراوي والاستماع الى النشيد الوطني بدأ الاستعراض بظهور كوكب 19 جوان الذي يمثل مجموعة من الصحراويين الذين شاركوا في انتفاضة الرملة الواقعة بالعيون عاصمة الصحراء الغربية.

الرملة .... al-Ramlah

العيون .... El-Aaiun

البوليزاريو .... Polisario

اسئلة على النص

١) ما اسم الانتفاضة التي جرت في الصحراء الغربية قبل ٢٠ عاماً؟ ٢) في اي مدينة حدثت هذه الانتفاضة؟ ٣) مَن قام بالانتفاضة آنذاك؟ ٤) اين احتفل الشعب الصحراوي بالذكرى العشرين لهذه الانتفاضة؟ ٥) اي نوع من الاستعراضات قاموا بتنظيمه؟ ٦) مَن حضر الاستعراض، بالاضافة الى الجماهير الصحراوية؟ ٧) مَن أشرف على الاستعراض؟ ٨) كيف بدأت الاحتفالات؟ ٩) وكيف بدأ الاستعراض؟ ١٠) ماذا شاهد الحضور ايضاً في الاستعراض؟

Trivia Question: What is the full name represented by the acronym "Polisario"?

SELECTION #45

(Cairo AL-AHRAM 18 Jul 87, p. 5)

Products of 15 Egyptian Firms in Two Exhibits in Australia Which Open End of July

منتجات ١٥ شركة مصرية في معرضين بأستراليا يفتتحان نهاية يوليو

تشارك مصر في المعرضين الصناعيين الدوليين اللذين ستتم اقامتهما في مدينتي سيدني وملبورن بأستراليا في نهاية هذا الشهر، وتعرض مصر فيهما ٢٠٠ سلعة من انتاج ١٥ شركة صناعية، تعمل مجالات الصناعات الغذائية والهندسية والغزل والنسيج والملابس الجاهزة والمنسوجات والسجاد والمعلبات الغذائية.

صرح الدكتور حسني معوض رئيس شركة طنطا للكتان والزيوت بأنه سيرأس وفداً صناعياً مصرياً الى استراليا قبل نهاية شهر يوليو لحضور افتتاح المعرضين، ولعقد عدة اتفاقيات مع عدد من المؤسسات الاقتصادية والتجارية في استراليا لتصدير منتجات مصرية مختلفة اليها.

وقال: ان الوفد الصناعي المصري سيعمل خلال فترة افتتاح المعرضين على الاتفاق مع رجال الاعمال المصريين الذين يمتلكون مؤسسات تجارية في مختلف المدن الاسترالية على ان تعمل مؤسساتهم كوكيل للمصنوعات والمنتجات المصرية في استراليا.

سيدني .... Sydney

ملبورن .... Melbourne

حسني معوض .... Husni Mu'awwad

اسئلة على النص

١) ماذا سيفتتح في استراليا قريباً؟ ٢) في اي مدينتين سيحدث هذا؟ ٣) متى بالضبط سيفتتح المعرضان؟ ٤) كم شركة مصرية ستشترك في المعرضين؟ ٥) وكم سلعة ستعرض هذه الشركات؟ ٦) مَن الدكتور حسني معوض؟ ٧) اي نوع من الوفود سيرأسه الى استراليا؟ ٨) لماذا يريد هذا الوفد ان يعقد اتفاقيات مع مؤسّسات تجارية في استراليا؟ ٩) مع مَن بالضبط يريد الوفد ان يعمل على الاتفاق معهم؟ ١٠) ماذا يريد الوفد ان تفعل مؤسّساتهم؟

<u>Trivia Question</u>: Australia used to have an immigration policy based on admitting only persons who are white or of European ancestry. But in 1973 this policy was changed to allow Asians and others to immigrate. By 1989, what percentage of Australia's population--not counting aborigines--consisted of Asians and others not of European ancestry?

EXERCISE - IX

Instructions: After rereading Selections 41 through 45, look at the paragraphs below which are extracted from the selections and which contain occasional blank spaces representing omitted words. Try to remember which words belong in these blank spaces and then write these words in the blank spaces. The correct answers are given in the Key to Exercises section at the back of the book.

SELECTION #41

وقالت صحيفة "_____" الكويتية امس ان سائقي _____ في شارع جمال _____ الناصر احد الشوارع الرئيسية في _____ فوجئوا بتساقط عشرات _____ على سياراتهم دون معرفة مصدرها ثم تنبهوا الى تطاير الدنانير من _____ الخلفي لسيارة شخص كان قد _____ لتوه من احد _____ التجارية القريبة.

SELECTION #42

وبعد ان _____ الى ان الحديث تناول كذلك الدورة العادية _____ للجمعية العمومية للامم _____ عبر عن _____ في ان تجري على هامش اشغال هذه _____ اتصالات بين السيد القليبي والوفد _____ الذي سيكون برئاسة وزير _____ السيد ادوارد شيفاردنادزه.

SELECTION #43

و_____ ٦٧ ٪ من الذين سئلوا من المهاجرين ان _____ _____ لا يميلون الى _____، في حين اتهمهم بالعنصرية ٢١ ٪ من _____. وقد _____ هذا الاستفتاء في شهر مارس _____ على عينة تضم ٧٠٠ مهاجر _____ اعمارهم من سن ١٨ _____.

58

EXERCISE - IX (contd.)

SELECTION #44

وقد ______ الاحتفالات صباح امس بتنظيم ________ عسكري كبير اطلع خلاله المدعوون والجماهير ________ على عينات من العتاد العسكري ______ الذي تتوفر عليه ________ الصحراوية وبعد رفع ______ الصحراوي والاستماع الى النشيد ________ بدأ الاستعراض بظهور ______ 19 جوان الذي يمثل مجموعة من __________ الذين شاركوا في انتفاضة ________ الواقعة بالعيون ______ الصحراء الغربية.

SELECTION #45

تشارك _____ في المعرضين الصناعيين _________ اللذين ستتم اقامتهما في مدينتي ________ وملبورن بأستراليا في ______ هذا الشهر، وتعرض مصر فيهما ٢٠٠ _______ من انتاج ١٥ شركة صناعية، تعمل في مجالات الصناعات الغذائية و________ والغزل والنسيج والملابس ________ والمنسوجات والسجاد والمعلبات _________.

SELECTION #46

(Cairo AL-AHRAM 5 Dec 88, p. 1)

Najib Mahfuz's Two Daughters Fly to Sweden Today

كريمتا نجيب محفوظ تطيران الى السويد اليوم

تغادر القاهرة صباح اليوم كريمتا الاديب الكبير نجيب محفوظ الى ستوكهولم عاصمة السويد وذلك لتسلّم جائزة نوبل للادب نيابة عن والدهما من ملك السويد مساء السبت القادم.

ويرافق كريمتي الاديب الكبير سفير السويد بالقاهرة.

ومن جانب آخر طلب نجيب محفوظ من ثروت اباظة رئيس اتحاد الكتّاب التدخل رسمياً لوقف نشر روايته "اولاد حارتنا" في احدى الصحف المسائية اليومية والتي بدأت في نشرها دون استئذان الكاتب الكبير.

وقال نجيب محفوظ في تصريح لمندوب "الاهرام" انه من غير المعقول ان يحدث هذا في مصر ودون الرجوع للمؤلف او صاحب الحق في نشر الرواية خاصة وان هذه الرواية لم تنشر في مصر طبقاً للحظر عليها من الازهر الشريف.

وفي الوقت نفسه اعلن امس فضيلة الدكتور عبد الفتاح بركة الامين العام لمجمع البحوث الاسلامية ضرورة الالتزام بقرار حظر تداول ونشر رواية "اولاد حارتنا" وهو القرار الذي كان الازهر الشريف قد اصدره عام ١٩٦٨.

---

in another development .... ومن جانب آخر
al-Azhar .... الأزهر الشريف
Abd al-Fattah Barakah .... عبد الفتاح بركة

اسئلة على النص

١) مَن نجيب محفوظ؟ ٢) اي جائزة فاز بها؟ ٣) متى وأين ستقدّم الجائزة؟ ٤) هل سيذهب الى هناك لتَسلّم الجائزة؟ ٥) مَن سيرافقهما في الرحلة الى هناك؟ ٦) اي رواية لنجيب محفوظ بدأت تنشرها جريدة مسائية؟ ٧) لماذا يريد المؤلّف وقف نشر الرواية في الجريدة؟ ٨) لِمَن قال نجيب محفوظ انه من غير المعقول ان يحدث هذا في مصر؟ ٩) اي مؤسّسة دينية وتعليمية مشهورة حظرت نشر الوراية؟ ١٠) في اي سنة أصدر قرار حظر نشر الرواية؟

Trivia Question: Many historians consider al-Azhar to be the oldest university in the world. In what century was it founded?

SELECTION #47

(Amman AL-DUSTUR 12 Mar 90, p. 17)

Moscow Says Moslems in USSR Enjoy Religious and Political Rights (I)

موسكو: المسلمون في الاتحاد السوفياتي يتمتعون بحقوقهم الدينية والسياسية (١)

نيقوسيا - رويتر: قال فلاديمير بولياكوف رئيس ادارة الشرق الاوسط وشمال افريقيا في وزارة الخارجية السوفياتية الذي يزور المملكة العربية السعودية حالياً ان مسلمي الاتحاد السوفياتي يتمتعون بكل الحقوق الدينية والسياسية والاقتصادية.

ونسبت وكالة الانباء السعودية التي يُستلم ارسالها في قبرص امس الى السيد بولياكوف قوله لتلفزيون المملكة مساء السبت الماضي "ان المسلمين في الاتحاد السوفياتي يتمتعون الآن بكل الحقوق والحريات والامكانات لأداء واجباتهم الدينية كما يتمتعون بحق حماية الفكر الاسلامي وبكل الحقوق السياسية والاقتصادية والاجتماعية بقدر المساواة مع بقية الشعوب في الاتحاد السوفياتي".

وكان السيد بولياكوف قد وصل الى السعودية الاسبوع الماضي وأجرى محادثات مع وزير الخارجية السعودي الامير سعود الفيصل بشأن هجرة اليهود السوفيات الى اسرائيل.

فلاديمير بولياكوف .... Vladimir Polyakov

سعود الفيصل .... Sa'ud al-Faysal

اسئلة على النص

١) من اين هذا الخبر؟ ٢) من اي بلد السيد بولياكوف؟ ٣) ما منصبه هناك؟ ٤) اي بلد يزور حالياً؟ ٥) متى وصل الى هذا البلد؟ ٦) مع مَن أجرى محادثات؟ ٧) عَمَّ تحدّث معه خلال المحادثات؟ ٨) ماذا قال عن حقوق المسلمين الدينية في الاتحاد السوفياتي؟ ٩) وماذا قال عن حقوقهم الأخرى؟ ١٠) ما هي وكالة الأنباء التي نشرت اقوال السيد بولياكوف هذه؟

Trivia Question: Name at least three of the six Soviet republics in which the indigenous population consists mostly of Moslems.

SELECTION #48

(Amman AL-DUSTUR 12 Mar 90, p. 17)

Moscow Says Moslems in USSR Enjoy Religious and Political Rights (II)

موسكو: المسلمون في الاتحاد السوفياتي يتمتعون بحقوقهم الدينية والسياسية (٢)

وأوضح المبعوث السوفياتي للامير سعود موقف الاتحاد السوفياتي من القضية الفلسطينية وهجرة اليهود السوفيات الى اسرائيل والاراضي المحتلة والحرب العراقية - الايرانية وقضية افغانستان.

وقال السيد بولياكوف انه في "ظل مرحلة التحول الحاسم الذي يعيشه الآن الاتحاد السوفياتي ازدادت وتوسعت امكانات دراسة الفكر الاسلامي في الاتحاد السوفياتي بما في ذلك دراسة القرآن في المدارس وخارج المدارس وبخاصة في الجمهوريات الاسلامية".

وأضاف يقول ان مسلمي الاتحاد السوفياتي والذين يقدّرون بنحو ٥٠ مليون نسمة حسب التعداد الاخير لديهم ممثلوهم في مجلس السوفيات الاعلى وفي الهيئات القيادية لهذا المجلس كما ان لهم ممثليهم في المجالس على مستوى الجمهوريات والمقاطعات والمحافظات.

ونسبت وكالة الانباء السعودية الى السيد بولياكوف قوله "اننا نرى دوراً ايجابياً للمسلمين في العمل الوطني لأن المسلمين السوفيات شأنهم شأن المسلمين في العالم يدعون الى حل المسائل والمشكلات بأساليب متوازنة وبوسائل سلمية وهادئة".

وقد غادر السيد بولياكوف الرياض امس في ختام زيارته للسعودية.

في ظلّ .... during

اسئلة على النص

١) عَمَّ تحدّث المبعوث السوفياتي بالاضافة الى موضوع هجرة اليهود السوفيات الى الشرق الاوسط؟ ٢) ماذا يعيش الاتحاد السوفياتي حالياً، حسب قول السيد بولياكوف؟ ٣) ماذا حدث لامكانات دراسة الفكر الاسلامي في الاتحاد السوفياتي؟ ٤) اين يمكن ان يُدرَّس القرآن الآن؟ ٥) كم مسلماً في الاتحاد السوفياتي الآن حسب التعداد الأخير؟ ٦) اين للمسلمين ممثّلون في الحكومة السوفياتية؟ ٧) اي نوع من الأدوار يرى السيد بولياكوف للمسلمين في العمل الوطني السوفياتي؟ ٨) كيف يريد مسلمو العالم حلّ المسائل والمشكلات، حسب السيد بولياكوف؟ ٩) متى أنهى السيد بولياكوف زيارته للسعودية؟ ١٠) من اين غادر السعودية؟

Trivia Question: As of 1989, the USSR had a minority population of possibly as many as 50 million Moslems, out of a total population of about 290 million. Another country had a minority population of about 90 million Moslems, out of a total population of about 840 million. What country would that be?

SELECTION #49

(London AL-HAYAT 18 Sep 89, p. 16)

Student of Veterinary Medicine Is Miss America

طالبة طب بيطري ملكة جمال الولايات المتحدة

اتلانتيك سيتي (نيو جيرزي) - رويتر: اجهشت ملكة جمال ميسوري مساء اول من امس بالبكاء بعدما اصبحت ثالث ملكة جمال سوداء تفوز بلقب ملكة جمال الولايات المتحدة.

وملكة جمال الولايات المتحدة التي تُدعى ديبي ترنير (٢٣ عاماً) طالبة في السنة النهائية في كلية الطب البيطري في ولاية ميسوري. وقد توّجت على عرش ملكة جمال الولايات المتحدة في المهرجان السنوي الثامن والستين الذي اقيم في اتلانتيك سيتي. وحصلت على ٤٣ الف دولار وفرصة الحصول على ١٠٠ الف دولار آخر في مقابل الظهور في اعلانات.

وكانت ديبي ترنير ملكة جمال الولايات المتحدة لسنة ١٩٩٠ من اوائل المرجح فوزهن باللقب بعدما فازت في مسابقة عرض لباس السباحة مساء الثلاثاء الماضي. وكانت فانيسا وليامز ملكة جمال نيويورك اول سوداء تفوز بلقب ملكة جمال الولايات المتحدة عام ١٩٨٤، ثم تنازلت عن اللقب عام ١٩٨٥ عندما نُشرت لها صور عارية.

Debbye Turner .... ديبي ترنير

Vanessa Williams .... فانيسا وليامز

اسئلة على النص

١) من اين هذا الخبر؟ ٢) ما اسم ملكة الجمال الجديدة للولايات المتحدة؟ ٣) من اي ولاية هي؟ ٤) اين تدرس الآن؟ ٥) هل هي بيضاء أم سوداء؟ ٦) كم من النقود حصلت عليها بفوزها لهذا اللقب؟ ٧) وكيف تستطيع ان تحصل على ١٠٠ الف دولار آخر اذا أرادت ان تنتهز الفرصة؟ ٨) كم مسابقة سنوية اقيمت حتى الآن لاختيار ملكة جمال الولايات المتحدة؟ ٩) مَن كانت أول سوداء تفوز بلقب ملكة جمال الولايات المتحدة وفي اي سنة؟ ١٠) لماذا تنازلت عن اللقب فيما بعد؟

<u>Trivia Question</u>: As of 1990, which state had had the highest number of winners of the Miss America title?

SELECTION #50

(Beirut AL-NAHAR 29 Dec 87, p. 12)

Abu Nidal Group Distributed Names of Five Persons Whom It Executed

جماعة "ابو نضال" وزعت اسماء لخمسة نفذت فيهم حكم الاعدام

وزعت امس حركة "فتح - المجلس الثوري" (جماعة ابو نضال) اسماء خمسة اشخاص اعلنت انها اعدمتهم اخيراً، متهمة اياهم "بالعمالة" للاستخبارات الاردنية او الاسرائيلية. واوضحت في بيان اصدرته ان الخمسة هم:

١ - جاسر عمر مصطفي الديسه واسمه الحركي جاسر ابو المأمون ووُصف بأنه "مقدّم في الاستخبارات العسكرية الاردنية".

٢ - محمد محمود سلمان خير الدين واسمه الحركي نور محارب وُصف بأنه "عضو قيادة ساحة لدى الموساد الصهيوني".

٣ - مصطفي ابرهيم علي عمران واسمه الحركي عبد السلام احمد صالح ووُصف بأنه "منسّق نشاطات الموساد مع الاستخبارات الاردنية واجهزة نظام كمب ديفيد والكثير من الاجهزة العربية الاخرى".

٤ - خالد احمد سليم عبد الله ابو حمد واسمه الحركي رائد العزيز ووُصف بأنه "نقيب في الاستخبارات الاردنية".

٥ - رائدة راتب عودة واسمها الحركي رشا المغربي ووُصفت بأنها "رائد في الاستخبارات الاردنية".

---

working as an agent or client (for someone) .... العمالة
al-Disah .... الديسه
(he is) known in the movement as; alias .... اسمه الحركي
the Mossad .... الموساد
Umran .... عمران
coordinator .... منسّق
Hamad .... حمد
Rasha .... رشا

SELECTION #50

(Beirut AL-NAHAR 29 Dec 87, p. 12)

Abu Nidal Group Distributed Names of Five Persons Whom It Executed (contd.)

اسئلة على النص

١) ماذا حدث للأشخاص الخمسة الذين وُزّعت أسماؤهم امس؟

٢) اي جماعة أعدمتهم؟

٣) لماذا أعدمتهم؟

٤) ماذا يعني "اسم حركي"؟

٥) ماذا كان الاسم الحركي لمحمد محمود سلمان خير الدين؟

٦) بِمَ وصفت الجماعة جاسر عمر مصطفى الديسه؟

٧) وبِمَ وصفت خالد احمد سليم عبد الله ابو حمد؟

٨) مَن وُصف بأنه عميل للموساد الاسرائيلي؟

٩) فيمَ اختلفت رائدة راتب عودة عن المُعْدَمين الآخرين؟

هل تعرف

١) ما هو المقضود بـ"نظام كمب ديفيد"؟

Trivia Question: *There are two reasons why the Arabic word "Fatah" was used as the name of the PLO's military arm. One reason is that one of the word's meanings is "conquest" or "triumph." What is the other reason?*

EXERCISE - X

Instructions: Below is a list of persons, mentioned in Selections 46 through 50, who either undertook certain actions or were on the receiving end of such actions. Directly under the list of persons there is a list of the actions associated with these persons. Reread the selections, then match the actions with the corresponding persons by writing the appropriate letter in the blank space next to each statement of action. The correct answers are given in the Key to Exercises section at the back of the book.

PERSONS

ابو نضال(a)　نجيب محفوظ(b)　فلاديمير بولياكوف(c)　ديبي ترنير(d)

مسلمو الاتحاد السوفياتي(e)　فانيسا وليامز(f)　مصطفى ابرهيم على عمران(g)　عبد الفتاح بركة(h)

خالد احمد سليم عبد الله ابو حمد(i)　ثروت اباظة(j)　كريمتا نجيب محفوظ(k)　سعود الفيصل(l)

محمد محمود سلمان خير الدين(m)　ملك السويد(n)　رشا المغربي(o)

ACTIONS

١) اعلن ضرورة الالتزام بقرار حظر تداول ونشر "اولاد حارتنا". ____

٢) يرأس حركة "فتح - المجلس الثوري". ____

٣) أعدم لأنه كان "نقيباً في الاستخبارات الأردنية". ____

٤) يزور السعودية حالياً بصفته مسؤولاً كبيراً في وزارة الخارجية السوفياتية. ____

٥) تقومان برحلة الى ستوكهولم لتسلّم جائزة نوبل للأدب نيابة عن ابيهما. ____

٦) تحدّث مع السيد بولياكوف بشأن هجرة اليهود السوفيات الى اسرائيل. ____

٧) كتب رواية "اولاد حارتنا". ____

٨) أعدم لأنه كان "عضو قيادة ساحة للموساد". ____

٩) سيسلّم جائزة نوبل للأدب لكريمتي نجيب محفوظ. ____

١٠) تنازلت عن لقب ملكة جمال الولايات المتحدة بسبب نشر صور عارية لها. ____

١١) أعدم لأنه كان "منسّق نشاطات الموساد مع الاستخبارات الأردنية. ____

١٢) استلم طلباً من نجيب محفوظ للتدخّل لوقف نشر "اولاد حارتنا" في جريدة مسائية. ____

١٣) أعدمت لأنها كانت "رائداً في الاستخبارات الأردنية". ____

١٤) يتمتّعون بكل الحقوق والحرّيات والامكانات لأداء واجباتهم الدينية. ____

١٥) فازت بلقب ملكة جمال الولايات المتحدة. ____

SELECTION #51

(Casablanca AL-ITTIHAD AL-ISHTIRAKI 29 Jul 88, p. 8)

Rise in the Nile's Water Level

ارتفاع منسوب مياه نهر النيل

ارتفع منسوب مياه نهر النيل امام السد العالي بأسوان مؤخراً الى 150,15 متراً بزيادة تسع سنتيمترات عن منسوبه قبل يومين.

وذكرت الصحف المصرية ان المخزون من المياه في بحيرة ناصر قد بلغ 38 ملياراً وتسعمائة مليون متر مكعب من المياه بينما بلغ التصرف خلف خزان اسوان 210 ملايين متر مكعب من المياه يومياً.

وجدير بالذكر ان هذه الزيادة تشير الى زيادة مناسيب مياه الفيضان بعد هطول الامطار بغزارة هذا العام على الهضبة الاثيوبية مما يبشر بزيادة ايرادات مياه نهر النيل بعد سبع سنوات من الجفاف الا ان الارقام الحقيقية لمناسيب الفيضان لن تتضح الا خلال الايام العشرة القادمة ومن المقرر ان يعلنها وزير الري المصري في مؤتمر صحفي يوم 8 غشت القادم.

وكانت مصر تخشى انخفاض مياه الفيضان هذا العام ايضاً، اذ ان محطات توليد الكهرباء بالسد العالي قد تتوقف كليةً عن العمل اذا وصلت مناسيب المياه الى 147 متراً كما ان سنوات الجفاف ادت الى انخفاض كميات المياه المخزونة في بحيرة ناصر من 50 مليار متر مكعب الى نحو 38 مليار مكعب.

بحيرة ناصر .... Lake Nasser

اسئلة على النص

١) اين يقع السد العالي؟

٢) ماذا حدث مؤخّراً لمنسوب مياه نهر النيل أمام السد؟

٣) ما اسم البحيرة التي تقع وراء السد حيث تُخزن مياه النيل؟

٤) لماذا ارتفع منسوب مياه النيل؟

٥) مَن سيعلن الأرقام الحقيقية لمناسيب فيضان النيل في مؤتمر صحفي؟

٦) متى سيعلن هذه الأرقام؟

٧) لماذا كانت مناسيب المياه منخفضة؟

٨) ماذا حدث لو انخفضت مناسيب المياه الى ١٤٧ متراً؟

SELECTION #51

(Casablanca AL-ITTIHAD AL-ISHTIRAKI 29 Jul 88, p. 8)

<u>Rise in the Nile's Water Level</u> (contd.)

<u>هل تعرف</u>

١) اي رئيس مصري أمَر ببناء السد العالي؟

٢) ما هي الدولة الأجنبية التي ساعدت مصر في بناء السد بإرسال مهندسيها وخبرائها الى مصر للعمل عليه؟

<u>Trivia Question</u>: *Two rivers, one of which originates in Lake Victoria and the other of which arises in Ethiopia, come together at Khartoum (Sudan) to form a single river, called the Nile, which then flows north through Egypt to the Mediterranean. What are the names of these two rivers?*

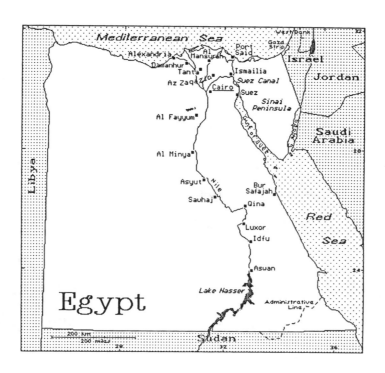

Courtesy of Electromap, Inc.

SELECTION #52

(Jiddah AL-RIYAD 31 Jul 85, pp. 1, 19)

Prince Sultan Today Inspects King Fahd Air Base in al-Ta'if

الامير سلطان يتفقد اليوم قاعدة الملك فهد الجوية بالطائف

سموه يضع حجر الاساس لمشروع درع السلام

الطائف - فهد السليماني: يقوم صاحب السمو الملكي الامير سلطان بن عبد العزيز النائب الثاني لرئيس مجلس الوزراء ووزير الدفاع والطيران والمفتش العام صباح اليوم الاربعاء بزيارة وتفقد قاعدة الملك فهد الجوية بالطائف.

وسيتفضل سموه الكريم خلال زيارته بازاحة الستار ووضع حجر الاساس لمشروع درع السلام ومشروع اقامة بعض المنشآت بالقاعدة كما سيشاهد سموه طلعة جوية لطائرات الاستطلاع الجوي الجديدة واقلاعاً فورياً لطائرات ف ١٥.

وسيتفقد سمو الامير سلطان طائرات الاستطلاع الجوي الجديدة وسيستمع سموه من قائد الشرف الى شرح عن مهام ومميزات تلك الطائرات.

كما سيفتتح سموه الكريم خلال زيارته للقاعدة مبنى السرب الرابع عشر للطائرات العمودية ثم يُشرّف سموه حفل تخريج بعض من طياري الاستطلاع الجوي والطائرات العمودية وسيتفضل سموه بتوزيع الجوائز والشهادات على البارزين في برنامج السعودة بالقاعدة يلي ذلك تشريف سموه حفل الغداء الذي تقيمه القاعدة على شرف سموه الكريم.

---

flight, takeoff .... طلعة جوية

to attend .... شرّف - يشرّف

attending .... تشريف

Saudiization .... سَعْوَدَة

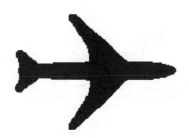

SELECTION #52

(Jiddah AL-RIYAD 31 Jul 85, pp. 1, 19)

Prince Sultan Today Inspects King Fahd Air Base in al-Ta'if (contd.)

اسئلة على النص

١) ما هي المناصب الرسمية للامير سلطان بن عبد العزيز؟ ٢) اين هو اليوم؟ ٣) لماذا سافر الى هناك؟ ٤) لأي مشروع سيضع حجر الأساس؟ ٥) ماذا سيشاهد ايضاً خلال الزيارة؟ ٦) مَن سيشرح للأمير مهام ومميزات الطائرات الجديدة؟ ٧) اي مبنى سيفتتح خلال الزيارة؟ ٨) مَن سيتخرّج من برنامج تدريبي خلال زيارة الأمير؟ ٩) على مَن سيوزّع الأمير الجوائز والشهادات؟ ١٠) ماذا سيفعل الأمير بعد توزيع هذه الجوائز والشهادات؟

Trivia Question: At present (1990), one of the sons of the Saudi minster of defense, Prince Sultan ibn Abd al-Aziz, is a former lieutenant colonel and combat pilot in the Saudi air force and has been the Saudi ambassador to the U.S. since 1984. What is his name?

Courtesy of Electromap, Inc.

SELECTION #53

(Beirut AL-NAHAR 27 Oct 87, p. 12)

Egypt Receives 3 Early Warning Planes Less Advanced Than AWACS

مصر تسلمت ٣ طائرات للانذار اقل تطوراً من الـ"اواكس"

القاهرة - رويتر: تسلمت امس القوات المسلحة المصرية ثلاث طائرات استطلاع جديدة اميركية الصنع من طراز "هوك آي - اي - ٢ سي" هي الدفعة الاخيرة من خمس طائرات اوصت عليها.

وكانت مصر تسلمت في تشرين الثاني ١٩٨٦ اول طائرتين من طراز "اي - ٢ سي" وهو طراز اقل تقدماً عن طائرات الانذار المبكر ومركز المراقبة المحمول جواً "اواكس".

وصرح اللواء علاء الدين بركات قائد القوات الجوية للصحافيين ان الطائرات التي اقلعت من ايطاليا الى قاعدة في الصحراء الغربية ستدخل الخدمة في نهاية السنة الجارية. وقال ان الطائرات ستقلل الاعتماد على الرادار الارضي والطائرات الاعتراضية وتقدّم دعماً قوياً للقوات المسلحة براً وبحراً. وأوضح ان طائرة "اي - ٢ سي" تُعتبر اكثر طائرات الانذار المبكر ملاءمة للاجواء المصرية، فضلاً عن انها اقتصادية في التشغيل والجهد البشري. وأعلن ان هذه الطائرة تكشف الاهداف الجوية التي تحلق على مستوى مخفوض والتي لا تستطيع الرادارات الارضية كشفها وانها قادرة على كشف اهداف من مسافة ٥٠ كيلومتراً.

هوك آي - اي - ٢ سي .... Hawkeye E-2C

اواكس .... AWACS

علاء الدين بركات .... Ala' al-Din Barakat

اسئلة على النص

١) اي نوع من الطائرات الاميركية الجديدة تسلّمت مصر امس؟ ٢) كم طائرة تسلّمت امس؟ ٣) وكم طائرة تسلّمت في تشرين الثاني ١٩٨٦؟ ٤) ما الفرق بين هذه الطائرات وطائرات "اواكس"؟ ٥) اين نزلت الطائرات في مصر بعد إقلاعها من ايطاليا؟ ٦) ومتى سيبدأ المصريون استخدام هذه الطائرات؟ ٧) من اي ناحية تُعتبر هذه الطائرة اقتصادية؟ ٨) ما هي الأهداف التي تستطيع هذه الطائرة ان تكشفها والتي لا يستطيع الرادار الأرضي كشفها؟ ٩) من اي مسافة تستطيع هذه الطائرة ان تكشف اهدافها؟ ١٠) مَن اعطى هذه المعلومات كلها للصحافيين؟

Trivia Question: What well-known Egyptian was a combat pilot and an air force general before going into politics?

SELECTION #54

(Beirut AL-NAHAR 29 Oct 87, p. 12)

Alarm in Congress About Possibility That Abu Nidal Is in Poland

قلق في الكونغرس من احتمال وجود "ابو نضال" في بولونيا

واشنطن - رويتر: طلبت مجموعة من ٢٥ عضواً في الكونغرس من وزير الخارجية السيد جورج شولتز التحقق من تقارير مفادها ان الزعيم الفلسطيني "ابو نضال" يقيم في بولونيا ويدير عملياته من هناك.

وتناول افراد المجموعة، الذين يمثلون اكثر من نصف اعضاء لجنة الشؤون الخارجية التابعة لمجلس النواب، في رسالة الى شولتز، التقارير الصحافية التي قالت ان "ابو نضال" يتخذ فرصوفيا مقراً لادارة عملياته وانه فتح فيها مكتباً. ومما جاء في الرسالة ان الهدف من المكتب هو "تمويل هجمات ارهابية وحشية وابرام صفقات اسلحة سرية على مستوى العالم".

ونفت الحكومة البولونية هذه التقارير التي تحدثت عن وجود صلة مع "ابو نضال" الذي تتهمه الولايات المتحدة بتدبير خطف الباخرة الايطالية "اشيل لورو" قبل سنتين.

وقالت المجموعة في رسالتها: "بصفتنا اعضاء في لجنة الشؤون الخارجية التابعة لمجلس النواب، نرى ان هذه التقارير مقلقة للغاية خصوصاً في ضوء التحسن في العلاقات الاميركية - البولونية في الآونة الاخيرة".

Foreign Relations Committee .... لجنة الشؤون الخارجية

Warsaw .... فرصوفيا

Achille Lauro .... اشيل لورو

اسئلة على النص

١) من اين هذا الخبر؟ ٢) لِمَن كتب أعضاء الكونغرس رسالة؟ ٣) ماذا طلبوا منه في الرسالة؟ ٤) في اي لجنة في مجلس النواب يخدم أفراد المجموعة؟ ٥) ما هدف مكتب ابو نضال في فرصوفيا، حسب ما جاء في الرسالة؟ ٦) ماذا تقول الحكومة البولونية عن هذه التقارير؟ ٧) بماذا تتّهم الولايات المتحدة ابو نضال؟

٨) متى حدث خطف هذه الباخرة؟ ٩) كيف وصف كاتبو الرسالة شعورهم عند سماعهم هذه التقارير؟

١٠) وكيف تغيّرت العلاقات الأميركية - البولونية في الآونة الأخيرة؟

<u>Trivia Question</u>: The hijackers of the "Achille Lauro" committed one crime which was particularly shocking to much of world public opinion. What was it?

SELECTION #55

(Cairo AKHBAR AL-YAWM 31 Mar 90, p. 6)

Jerusalem Transformed into Ghost Town, 22 Palestinians Arrested in West Bank

القدس تحولت الى مدينة اشباح، القبض على ٢٢ فلسطينياً في الضفة الغربية

القدس المحتلة - وكالات الانباء: في اول رد فعل عنيف من سلطات الاحتلال الاسرائيلية ازاء اضراب الفلسطينيين في ذكرى يوم الارض وقعت مصادمات عنيفة بين القوات الاسرائيلية والمواطنين الفلسطينيين استشهد على اثرها الشاب الفلسطيني محمد عبد الفتاح سلامة (٢٠ سنة) وتم القبض على ٢٢ مواطناً.

وكان الاضراب العام قد ساد كافة مدن وقرى الضفة الغربية وقطاع غزة وهضبة الجولان بمناسبة الذكرى ١٤ ليوم الارض. وقد فرضت سلطات الاحتلال الاسرائيلي حصاراً عسكرياً وحظر التجول في هذه المناطق.

وذكرت وكالة "رويتر" ان القدس الشرقية "المحتلة" بدت وكأنها مدينة اشباح بعد ان توقفت حركة المواصلات العامة واغلقت كافة المحال التجارية ابوابها.

وقد استجاب ٢ مليون من الفلسطينيين والعرب الاسرائيليين الى النداء الذي وجّهته قيادة الانتفاضة الوطنية وحركة المقاومة الاسلامية "حماس" ومنظمات عرب اسرائيل للمشاركة في الاضراب حول الخط الاخضر الفاصل بين اسرائيل والاراضي المحتلة.

هضبة الجولان .... the Golan Heights

اسئلة على النص

١) من اين هذا الخبر؟ ٢) في ذكرى اي يوم اقام الفلسطينيون اضراباً؟ ٣) كيف كان أول ردّ فعل من سلطات الاحتلال الاسرائيلية إزاء هذا الاضراب؟ ٤) ماذا حدث بين القوات الاسرائيلية والفلسطينيين؟ ٥) مَن قُتل نتيجة المصادمات؟ ٦) وكم من الفلسطينيين تمّ القبض عليهم؟ ٧) متى كان "يوم الأرض" الاول؟ ٨) ماذا فرضت سلطات الاحتلال الاسرائيلية في الضفّة الغربية وقطاع غزّة وهضبة الجولان؟ ٩) وماذا فعلت المحالّ التجارية في القدس الشرقية "المحتلّة"؟ ١٠) ما هي المنظّمات العربية التي دعت الى الاضراب؟

Trivia Question: In the early nineteenth century, members of a Moslem ethnic group native to the northern Caucasus area fled conquest by an expanding Russia and migrated south. About 100,000 of them live in Syria and about 25,000 live in Jordan, where they have played a very important role in the life of the country. Who are they?

EXERCISE - XI

Instructions: After rereading Selections 51 through 55, match the Arabic words and phrases below with their equivalents in English by writing the appropriate letters in the blank spaces next to the Arabic words and phrases. The correct answers are given in the Key to Exercises section at the back of the book.

interceptor planes (a)	١) مناسيب مياه الفيضان ___
inspector general (b)	٢) وجدير بالذكر ___
lays the corner stone (c)	٣) سنوات الجفاف ___
floodwater levels (d)	٤) وزير الري ___
existence of a connection (e)	٥) المخزون من المياه ___
resulted in the death of (f)	٦) حفل تخريج ___
at low altitudes (g)	٧) المفتّش العامّ ___
reconnaissance planes (h)	٨) يضع حجر الأساس ___
it should be mentioned (i)	٩) طائرات الاستطلاع ___
total amount of water accumulated (j)	١٠) سموّه الكريم ___
seemed like (k)	١١) اقتصادية في التشغيل ___
reports to the effect that (l)	١٢) الطائرات الاعتراضية ___
responded (m)	١٣) الأهداف الجويّة ___
economical to operate (n)	١٤) الدفعة الأخيرة ___
His Noble Highness (o)	١٥) على مستوى مخفوض ___
alarming (p)	١٦) تقارير مفادها انّ ___
violent reaction (q)	١٧) خطف ___
graduation ceremony (r)	١٨) في الآونة الأخيرة ___
aerial targets (s)	١٩) وجود صلة ___
hijacking (t)	٢٠) مقلقة ___
minister of irrigation (u)	٢١) بدت وكأنّها ___
years of drought (v)	٢٢) ردّ فعل عنيف ___
ghost town (w)	٢٣) مدينة اشباح ___
in recent times (x)	٢٤) استجاب ___
last batch (y)	٢٥) استشهد على اثرها ___

SELECTION #56

(Cairo AKHBAR AL-YAWM 17 Mar 90, p. 1)

Britain Does Not Cut Relations with Iraq, Journalist Spy Had Been in Prison for Burglary

بريطانيا لا تقطع علاقاتها مع العراق والصحفي الجاسوس سجين سابق بسبب السطو

ذكر راديو لندن امس ان الحكومة البريطانية لن تمضي في اجراءاتها ضد العراق الى حد قطع العلاقات الدبلوماسية بين البلدين.

وقال الراديو انه بالرغم من ان وزير الخارجية البريطاني دوجلاس هيرد قرر استدعاء السفير البريطاني في بغداد مساء امس الاول - احتجاجاً على اعدام الصحفي الايراني الاصل والبريطاني الجنسية فرزاد بازوفت بتهمة التجسس لصالح اسرائيل وبريطانيا - الا انه لم يتقرر إبعاد السفير العراقي من لندن او اتخاذ عقوبات اقتصادية ضد العراق.

وفي لندن صرح روبيرت الاسون وهو خبير شئون المعلومات بمجلس العموم البريطاني اننا نعرف الآن ان بازوفت عرض نفسه ٤ مرات على البوليس البريطاني في الاشهر الاخيرة للعمل كمخبر وهناك احتمال اكبر بأن يكون قد عرض نفسه على الاسرائيليين.

وفي نفس الوقت اكدت مصادر بريطانية مسئولة ان احدى المحاكم البريطانية كانت قد حكمت على بازوفت بالسجن لمدة ١٨ شهراً في عام ١٩٨١ لادانته بتهمة السطو وأمضى بازوفت عاماً واحداً في السجن.

Farzad Bazoft .... فرزاد بازوفت

Robert Allison .... روبيرت الاسون

اسئلة على النص

١) اي جريدة نشرت هذا الخبر؟ ٢) مَن وزير الخارجية البريطاني؟ ٣) ماذا قرّر هذا الوزير مؤخّراً؟ ٤) لماذا أقدمت الحكومة البريطانية على هذا الاجراء؟ ٥) لماذا أعدمته الحكومة العراقية؟ ٦) مَن روبيرت الاسون؟ ٧) حسب معلوماته، كم مرّة عرض بازوفت نفسه على الشرطة البريطانية كمخبر؟ ٨) على اي جهة اخرى عرض نفسه ايضاً؟ ٩) لماذا حُكم على بازوفت بالسجن؟ ١٠) كم من الوقت أمضى في السجن؟

<u>Trivia Question</u>: About 20 miles southeast of Baghdad are the ruins of a city that was the capital of the once powerful Persian Sassanian empire. What was the name of this city?

SELECTION #57

(Baghdad AL-THAWRAH 12 Jun 87, pp. 1, 7)

Our Victorious Forces Inflict New Losses on the Enemy (I)

قواتنا الظافرة تلحق بالعدو خسائر جديدة (١)

لجوء عدد من الايرانيين الى وحداتنا الامامية

الطغمة الباغية تقصف مدينتي البصرة والعزير وقصبة بشدر

اصدرت القيادة العامة للقوات المسلحة بيانها المرقم (٢٧٠٥) اجملت فيه فعاليات جحافل العراق في قواطع العمليات ضد قوات الفئة الخمينية الباغية ليلة امس الاول ونهار امس. وفي ما يلي نص البيان:

بيان رقم (٢٧٠٥) صادر من القيادة العامة للقوات المسلحة

بسم الله الرحمن الرحيم

الحقت قواتنا المسلحة الظافرة المزيد من الخسائر بين صفوف العدو من خلال فعالياتها القتالية لمساء امس ونهار اليوم وعلى النحو التالي:

١ - نفذت وحدات من قطعاتنا في قاطع عمليات شرق دجلة (الفيلق السادس) ضربات مؤثرة بالمدفعية والهاونات على مناطق وجود العدو امامها مكبّدة المعتدين خسائر بالأفراد والمعدات فضلاً عن تدمير طوافتين وقتل من فيهما وتفجير كدس للعتاد.

٢ - تمكنت تشكيلاتنا في القاطع الاوسط من ساحة العمليات (الفيلق الثاني) من اسكات عدد من مصادر نيران العدو وتدمير موضع رشاشة وموضعين للمشاة وقتل من فيها.

---

al-Uzayr	العزير
Qasabat Pushdar	قصبة بشدر
troops	قطعات
(ammunition) dump	كدس
machine-gun emplacement	موضع رشاشة

SELECTION #57
(Baghdad AL-THAWRAH 12 Jun 87, pp. 1, 7)

Our Victorious Forces Inflict New Losses on the Enemy (I) (contd.)

اسئلة على النص

١) ما هما الطرفان في هذه الحرب؟   ٢) مَن أصدر هذا البيان عن عمليات الحرب؟   ٣) ما هو رقم البيان؟

٤) حسب نص البيان متى كانت العمليات القتالية المشار اليها؟   ٥) اين قاتلَ الفيلق السادس؟   ٦) اي نوع

من الأسلحة استعمل الفيلق السادس ضد العدو؟   ٧) ماذا حدث لكدس العتاد الايراني؟   ٨) وماذا حدث

للأفراد في الطوافتين الايرانيتين؟   ٩) من قاتلَ في القاطع الأوسط من ساحة العمليات؟   ١٠) ماذا دمّر

العراقيون في القاطع الأوسط؟

Trivia Question: Iran is a larger country than Iraq both in terms of area and population. About how much larger is it?

Courtesy of Electromap, Inc.

77

SELECTION #58

(Baghdad AL-THAWRAH 12 Jun 87, pp. 1, 7)

Our Victorious Forces Inflict New Losses on the Enemy (II)

قواتنا الظافرة تلحق بالعدو خسائر جديدة (٢)

٣ - قتل احد الاوغاد وتدمير موضع رشاشة والاستيلاء على كميات من الاسلحة والتجهيزات تركها العدو سابقاً في قاطع عمليات (الفيلق الاول الخاص) قوات الله اكبر.

٤ - تفجير كدسين للعتاد وقتل عدد من افراد العدو وإحداث حرائق في مواضعه في جبهة الفيلق السابع.

٥ - لجأ الى احدى وحداتنا الامامية في جبهات القتال عدد من العسكريين الايرانيين وتم اخلاؤهم الى الخطوط الخلفية من الجبهة سالمين.

٦ - قصفت الطغمة الخمينية الباغية وتنفيساً عن احقادها تجاه شعبنا الصامد وتعبيراً عن اخفاقها في سوح النزال امام جحافلنا الظافرة قصفت الأحياء السكنية في مدينتي البصرة والعزير وقصبة بشدر في محافظة السليمانية بالمدفعية بعيدة المدى وقد ادى القصف المعادي الى إحداث اضرار في الممتلكات المدنية والدور السكنية لمواطنينا المدنيين في مدينتي البصرة والعزير والى استشهاد احد من مواطنينا المدنيين وجرح اربعة آخرين من مواطنينا المدنيين ايضاً في قصبة بشدر لشهيدنا الرحمة ولجرحانا الشفاء العاجل باذن الله.

القيادة العامة للقوات المسلحة

١١ حزيران ١٩٨٧

---

staunch .... صامد

al-Sulaymaniyah .... السليمانية

SELECTION #58

(Baghdad AL-THAWRAH 12 Jun 87, pp. 1, 7)

Our Victorious Forces Inflict New Losses on the Enemy (II) (contd.)

اسئلة على النص

١) ماذا ترك العدو في قاطع عمليات الفيلق الأول الخاص؟

٢) اين أحدث العراقيون حرائق؟

٣) ماذا فعل عدد من العسكريين الايرانيين في جبهات القتال؟

٤) وماذا حدث لهم بعد ذلك؟

٥) اي نوع من الأهداف قصفها الايرانيون في البصرة والعزير؟

٦) اين تقع قصبة بشدر؟

٧) بأي نوع من السلاح قصف الايرانيون تلك الأماكن؟

٨) كم مواطناً مدنياً قُتل وجُرح نتيجة قصف العدو؟

٩) اين حدث هذا؟

١٠) ما هو تاريخ هذا البيان العسكري؟

Trivia Question: The people living in the Iraqi town of Qasabat Pushdar, in the province of al-Sulaymaniyah, are not Arabs. What are they?

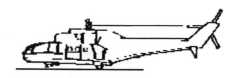

SELECTION #59

(Baghdad AL-THAWRAH 10 Jun 87, p. 5)

Cypriot and Hungarian Delegations Visit Babylon

الوفدان القبرصي والهنغاري يزوران بابل

زار مدينة بابل الآثارية امس الوفد القبرصي برئاسة السيد قسطنطين ميخائيلذس وزير الداخلية ووفد حزب العمال الاشتراكي الهنغاري برئاسة الرفيق جيولا فارغا عضو اللجنة المركزية للحزب للاطلاع على معالمها الحضارية.

وكان باستقبال الوفدين في منطقة آثار بابل السيد هاشم حسن المجيد محافظ المحافظة الثانية بابل والرفيق امين سر قيادة فرع بابل لحزب البعث العربي الاشتراكي وعدد من المسؤولين بالمحافظة.

واستعرض السيد المحافظ للوفدين الضيفين النهضة الشاملة التي تشهدها المحافظة في ظل القيادة الفذة للسيد الرئيس القائد صدام حسين والاستعدادات الكبيرة الجارية لاقامة مهرجان بابل الدولي.

وتجول الوفدان في ارجاء مدينة بابل الآثارية وشاهدا بقايا الحضارة البابلية الشاخصة.

كما زار السيد قسطنطين ميخائيلذس وزير الداخلية القبرصي والوفد المرافق له امس مدينة المدائن واطلعا على معالمها الآثارية والحضارية.

كما زار الوفد الضيف مرأى القادسية الذي يجسّد المآثر البطولية التي سطرها العرب في معارك القادسية الاولى والتي دحروا فيها الفرس العنصريين.

Constantinos Michaelides	قسطنطين ميخائيلذس
Gyula Varga	جيولا فارغا
informed	استعرض
Ctesiphon	المدائن
cultural	حضاري
the scene of [the battles of] al-Qadisiyah	مرأى القادسية
is the site of	يجسّد
achieved	سطر
racist	عنصري

80

SELECTION #59
(Baghdad AL-THAWRAH 10 Jun 87, p. 5)

Cypriot and Hungarian Delegations Visit Babylon (contd.)

اسئلة على النص

١) من اين كان الوفدان اللذان زارا العراق؟

٢) مَن كان رئيس الوفد القبرصي؟

٣) وماذا كان اسم رئيس الوفد الهنغاري؟

٤) لماذا جاء الوفدان الى العراق؟

٥) مَن استقبل الوفدين في بابل؟

٦) اي مهرجان سيجري في بابل في المستقبل القريب؟

٧) ما هي الأماكن الأخرى التي زارها الوفد القبرصي؟

٨) ماذا حدث في القادسية؟

٩) مَن انتصر في تلك المعارك؟

١٠) بِمَ يصف كاتب المقال الفرس؟

Trivia Question: Who was the ancient Babylonian king who is famous for the code of laws which he enacted, and which included the concept of "an eye for an eye, and a tooth for a tooth"?

SELECTION #60

(Beirut AL-NAHAR 29 Oct 87, p. 1)

Fire in Pipeline Which Serves Largest Offshore Oil Field

حريق في خط الانابيب يخدم اكبر حقل بحري

نقلت وكالة "رويتر" عن مصادر ملاحية في منطقة الخليج ان حريقاً شب امس في خط سعودي للانابيب يخدم اكبر حقل بحري للنفط في العالم.

وافاد احد المصادر ان الحريق امتد على سطح البحر مسافة ميلين في حقل السفّانية في شمال الخليج بعدما اصطدمت به سفينة امداد خطأً على ما يُعتقد مما ادى الى احداث كسر في الخط.

وقال طيار في ميناء رأس تنورة النفطي الرئيسي في المملكة ان الحريق الذي اوضحت مصادر ملاحية انه شب في الخامسة بعد الظهر (١٤,٠٠ بتوقيت غرينيتش) أخمد تماماً في ساعة متقدمة ليلاً.

وينتج حقل السفّانية البحري نحو ٢٠٠ الف برميل يومياً من الانتاج النفطي للسعودية البالغ ٤,٢ ملايين برميل يومياً.

في واشنطن صرح ناطق باسم شركة الزيت العربية - الاميركية (ارامكو) التي تتولى تشغيل الحقل ان سفينة امداد صغيرة اصطدمت خطأً بخط انابيب للشركة على مسافة ١٢ كيلومتراً شمال شرق رصيف السفّانية على الساحل السعودي.

ولم يَرِد بعد اي تقرير عن وقوع ضحايا او حجم الاضرار التي احدثها الحريق او الاثر الذي قد يترتب على عمليات تشغيل خط الانابيب.

السفّانية .... al-Saffaniyah

على ما يُعتقد .... apparently

المملكة .... Saudi Arabia

ارامكو .... Aramco

اسئلة على النص

١) ماذا حدث في خطّ الأنابيب؟ ٢) اين خطّ الأنابيب هذا؟ ٣) لأي دولة ينتمي خطّ الأنابيب؟ ٤) لماذا شبّ الحريق؟ ٥) في اي ساعة شبّ الحريق؟ ٦) ومتى أُخمد الحريق؟ ٧) مَن مصدر المعلومات عن شبوب الحريق وإخماده؟ ٨) ما هو الانتاج النفطي لحقل السفّانية البحري؟ ٩) اي شركة نفط مسؤولة عن تشغيل هذا الحقل؟ ١٠) اي نوع من التقارير ينتظرونه الآن؟

Trivia Question: Since the mid-1970's, which country has consistently been the world's leading producer of oil?

EXERCISE - XII

<u>Instructions</u>: Below is a list of nouns--mostly personal names and names of cities--taken from Selections 56 through 60, that are of a particular nationality. In the spaces next to these nouns, write in Arabic the nationality of each. The correct answers are given in the Key to Exercises section at the back of the book.

١) دوجلاس هيرد _____

٢) فرزاد بازوفت _____

٣) مدينة لندن _____

٤) مدينة بغداد _____

٥) روبرت الاسون _____

٦) مدينة العزير _____

٧) مدينة قصبة بشدر _____

٨) محافظة السليمانية _____

٩) مدينة بابل الأثرية _____

١٠) قسطنطين ميخائيلذس _____

١١) جيولا فارغا _____

١٢) هاشم حسن المجيد _____

١٣) المحافظة الثانية بابل _____

١٤) صدام حسين _____

١٥) مدينة المدائن _____

١٦) مرأى القادسية _____

١٧) مدينة رأس تنّورة _____

١٨) مدينة واشنطن _____

١٩) مدينة غرينيتش _____

٢٠) شركة ارامكو _____

83

SELECTION #61

(Cairo AL-AHRAM 18 Jul 87, p. 1)

Israel Criticizes Invitation to Waldheim to Visit Egypt!

اسرائيل تنتقد دعوة فالدهايم لزيارة مصر!

القدس - ي. ب. ا: انتقد اسحق شامير رئيس وزراء اسرائيل قرار مصر بدعوة الرئيس النمساوي كورت فالدهايم لزيارتها. وقال شامير ان الدول العربية تريد ان تكرم فالدهايم وتدين اسرائيل في وقت واحد وذكر ان هذه الدعوة تعبّر بشكل ما عن كراهية العرب لاسرائيل. واشار الى ان فالدهايم سبق ان زار الاردن.

الاهرام:

ان قرار مصر بدعوة فالدهايم لزيارتها هو قرار ينبع من سيادتها ولا تقبل فيه اي تدخل من اي دولة اخرى تحت اي ذريعة. ولقد سبق لاسرائيل ان تبادلت الزيارات مع دول ذات انظمة عنصرية مثل جنوب افريقيا التي تقاطعها معظم دول العالم، وتستنكر الامم المتحدة تصرفاتها ومع ذلك فان اسرائيل لا تكتفي بالاحتفاظ بعلاقات دبلوماسية كاملة مع هذه الحكومة العنصرية فحسب وانما ايضاً تزودها بالسلاح والخبراء العسكريين وفي حين ان فالدهايم كان اميناً عاماً للمنظمة الدولية لمدة ثماني سنوات لعب فيها دوراً هاماً في خدمة السلام والتفاهم بين الشعوب قبل ان ينتخبه الشعب النمساوي الصديق رئيساً. فانه لم يُثبَت عليه حتى الآن ان له ماضياً نازياً او عنصرياً.

اسحق شامير .... Yitzhak Shamir

كورت .... Kurt

ينبع من سيادتها .... made by a sovereign nation

اسئلة على النص

١) مَن اسحق شامير؟ ٢) ماذا كان ردّ فعله بشأن هذه الدعوة؟ ٣) في نظر شامير، ماذا تعبّر عنه هذه الدعوة؟ ٤) اي دولة عربية اخرى زارها فالدهايم؟ ٥) كيف تعتبر "الأهرام" الانتقاد الأسرائيلي لقرار مصر بهذه الدعوة؟ ٦) مع اي دولة تبادلت اسرائيل الزيارات؟ ٧) كيف تصف "الأهرام" موقف معظم دول العالم تجاه جنوب افريقيا؟ ٨) كيف تساعد اسرائيل جنوب افريقيا، حسب قول "الأهرام"؟ ٩) لمدّة كم سنة كان فالدهايم الأمين العام للأمم المتحدة؟ ١٠) ماذا لم يُثبَت عليه، في رأي "الأهرام"؟

__Trivia Question__: Two of the most infamous Nazis both grew up in Linz, a large provincial city in Austria. Who were they?

SELECTION #62

(Cairo AL-AHRAM 8 Dec 88, p. 4)

Increase in Temperature Is Leading to Stronger Hurricanes and Destructive Floods (I)

ارتفاع درجة الحرارة يؤدي لزيادة قوة الاعاصير وفيضانات مدمرة (١)

واشنطن - وكالات الانباء: اطلق خبراء الطقس في العالم صرخة حذير من ان ارتفاع درجة الحرارة بمعدلات كبيرة في جميع انحاء العالم سوف يؤدي الى زيادة الاعاصير وارتفاع مستوى البحار بصورة تهدد باغراق البلاد والاراضي المنخفضة - بالاضافة الى تأثيرات مدمرة للبيئة ومظاهرها في العالم، وذكر العلماء الذين شاركوا في مؤتمر عقد بالعاصمة الامريكية واشنطن لبحث التغيرات المناخية ان حركة التصنيع المكثفة في العالم والغازات والعوادم الناتجة عنها ادت الى تآكل طبقة الاوزون المحيطة بالكرة الارضية مما ادى الى ارتفاع درجة الحرارة بمعدلات خطيرة خلال السنوات الماضية.

وقال العلماء ان ارتفاع درجة حرارة مياه البحار والمحيطات سوف يؤدي الى زيادة قوة الاعاصير بنسبة ٥٠ ٪ وانه اذا كانت اقصى سرعة للرياح المصاحبة للاعاصير في الوقت الحالي تصل الى ٢٨٠ كيلومتبراً في الساعة فانها قد تصل الى ٣٥٠ كيلومتراً في منتصف القرن القادم، واشار العلماء الى ان من بين النتائج المتوقعة لارتفاع درجة الحرارة حدوث انخفاض هائل في محصول الارز الذي يُعتبر المصدر الاساسي للغذاء في دول العالم الثالث وتآكل مئات الامتار من شواطئ الساحل الشرقي والقضاء على مساحات هائلة من الغابات في جنوب الولايات المتحدة.

اسئلة الى النص

١) اين عُقد مؤتمر مؤخّراً؟

٢) مَن شارك في المؤتمر؟

٣) لماذا عُقد هذا المؤتمر؟

٤) ماذا يحدث لدرجة الحرارة في العالم؟

٥) كيف سيؤثّر هذا الارتفاع على الأعاصير؟

٦) وكيف سيؤثّر على مستوى البحار؟

٧) كم ستكون سرعة رياح الأعاصير في منتصف القرن القادم؟

٨) ما سبب الارتفاع في درجة الحرارة في العالم؟

٩) ما هي اسباب الضرر الذي يلحق بطبقة الأوزون المحيطة بالكرة الأرضية؟

١٠) اي محصول زراعي سينخفض انخفاضاً هائلاً بسبب ارتفاع درجة الحرارة هذا؟

<u>Trivia Question</u>: The world's record rainfall for one year is 1,041.7 inches, and the year was 1860-61. Where did it take place?

SELECTION #63
(Cairo AL-AHRAM 8 Dec 88, p. 4)

Increase in Temperature Is Leading to Stronger Hurricanes and Destructive Floods (II)

ارتفاع درجة الحرارة يؤدي لزيادة قوة الاعاصير وفيضانات مدمرة (٢)

واكد العالم البريطاني "نورتن هولدجيت" مدير الاتحاد الدولي للحفاظ على البيئة والموارد الطبيعية ان الارتفاع التدريجي لدرجة حرارة الارض والناتج عن الغازات الملوثة للغلاف الجوي هو اسوأ كارثة سببها الانسان للبيئة خاصة وانه قد يكون من الصعب مواجهتها.

وقال انه في عام ٢٠٢٠ من المتوقع ان ترتفع درجة الحرارة بحوالي خمس درجات "سنتيجراد" نتيجة تراكم الغازات في الغلاف الجوي وخاصة ثاني اكسيد الكربون وغاز الميثان الناتجة عن حركة التصنيع وعوادم السيارات وموت الغابات.

وقال العالم البريطاني ان الظروف المناخية في الارض قد تغيرت كثيراً خلال الـ١٢٠ الف عام الماضية الا ان معدلات التغير الحالية معدلات لم يسبق لها مثيل، واشار الى ان من النتائج المتوقعة ذوبان المناطق الجليدية مما سيؤدي الى تمدد المحيطات والبحيرات وارتفاع مستوى البحار بحوالي ٢٠ سنتيمتراً، وسيؤدي ذلك الى فيضانات مدمرة وقال العالم البريطاني ان ذلك سيمثل تهديداً لنحو نصف السكان الذين يعيشون في المناطق الساحلية وان المشكلة بالنسبة للدول التي تقع تحت مستوى البحر مثل هولندا ستكون خطيرة للغاية، فضلاً عن ان معدلات الحرارة المرتفعة من الممكن ان تغير من معدلات سقوط الامطار حيث ستزداد في مناطق وتجعلها خصبة للغاية وتقل في مناطق اخرى وتجعل منها ارضا بوراً.

Norton Holdgate .... نورتن هولدجيت

اسئلة على النص

١) مَن السيد نورتن هولدجيت؟ ٢) ماذا قال عن ارتفاع درجة حرارة الأرض؟ ٣) بكم درجة سترتفع الحرارة في الأرض في سنة ٢٠٢٠؟ ٤) ما هي الغازات التي تتراكم في الغلاف الجوي والتي تسبّب ارتفاع درجة الحرارة؟ ٥) وما هي بعض الأسباب لتراكم هذه الغازات في الغلاف الجوي للأرض؟ ٦) ماذا سيحدث للمناطق الجليدية؟ ٧) وكيف سيؤثّر هذا على مستوى البحار وماذا ستكون النتيجة؟ ٨) اي بلد اوروبي سيكون مهدّداً بصورة خاصة؟ ٩) لماذا ذلك البلد بالذات؟ ١٠) ماذا سيحدث لمعدلات سقوط الأمطار؟

Trivia Question: The world's highest temperature recorded in the shade was 136.4 degrees Fahrenheit in 1922. Where did it happen?

SELECTION #64

(Amman AL-DUSTUR 14 Mar 90, pp. 14, 20)

In Return for Freeing Hostages, Iran Demands from Washington a Guarantee of Its Role in the Gulf, the Arab World, and Lebanon!

مقابل الافراج عن الرهائن ايران تطالب واشنطن بضمان دورها في الخليج والعالم العربي ولبنان!

بيروت - رويتر: قال دبلوماسيون كبار امس ان ايران تطالب بثمن سياسي اكبر مما ترغب الولايات المتحدة في دفعه من اجل الافراج عن الغربيين المحتجزين رهائن في لبنان.

وابلغ دبلوماسي رفيع المستوى في القسم الغربي من بيروت وكالة رويتر قوله "يريد الايرانيون من الولايات المتحدة ان تضمن دور ايران في الخليج والعالم العربي ولبنان في مقابل تقديمهم مساعدة في تحقيق الافراج عن الرهائن".

واضاف يقول "ليس لدى طهران ما يتيح لها ممارسة ضغوط على واشنطن للحصول على تنازلات منها سوى ورقة الرهائن. ولذا فإن الايرانيين ليسوا على استعداد للتخلي عن ورقة الرهائن لقاء ثمن بخس".

وقد سرت منذ منتصف كانون الثاني الماضي تكهنات باحتمال الافراج عن الرهائن بعد ان دعت صحيفة "طهران تايمز" الوثيقة الصلة بالرئيس الايراني علي اكبر هاشمي رفسنجاني الى الافراج عنهم.

وهناك ١٧ غربياً مفقوداً في لبنان ويُعتقد انهم محتجزون لدى جماعات اسلامية متشددة موالية لايران. ولم يُعرف شيء عن قسم منهم منذ احتجازهم.

طهران تايمز .... TEHERAN TIMES

علي اكبر هاشمي رفسنجاني .... Ali Akbar Hashemi Rafsanjani

متشدد .... hard-line

اسئلة على النص

١) من اين هذا الخبر؟ ٢) في اي بلد يوجد الغربيون المحتجزون رهائن؟ ٣) اي دولة تريد الافراج عنهم؟ ٤) اي دولة تستطيع ان تساعد على الافراج عنهم؟ ٥) ما هو الثمن مقابل مساعدة ايران؟ ٦) مَن قال ان ايران تطالب بهذا؟ ٧) مَن الرئيس الايراني؟ ٨) ماذا يقال عن جريدة "طهران تايمز"؟ ٩) كم غربياً مفقوداً في لبنان؟ ١٠) ما هوية المنظّمات التي تحتجزهم كرهائن، حسب ما يُعتقد؟

Trivia Question: In the early 1980's, Iranians took over the U.S. Embassy in Teheran and held 52 Americans hostage there. The number of days they were held hostage is a three-digit number, with all three digits being the same number. How many days was it?

SELECTION #65

(London AL-HAYAT 18 Sep 89, p. 11)

Quayle Begins Asian Trip Today

كويل يبدأ اليوم جولة آسيوية

واشنطن - رويتر: سيتوجه نائب الرئيس الاميركي دان كويل اليوم الى منطقة آسيا في زيارة تستغرق ١٠ ايام يُجري خلالها محادثات مع حلفاء اميركا لحضهم على التمسك بالتجارة الحرة وتوسيع نطاق الحريات السياسية.

وسيصل كويل (٤٢ عاماً) غداً الى سيول عاصمة كوريا الجنوبية في اطار الرحلة الثانية التي يقوم بها الى آسيا خلال ستة اشهر فقط.

ويُذكر ان الرئيس جورج بوش زار ٧٤ دولة عندما كان نائباً للرئيس السابق رونالد ريغان كما زار ١١ دولة منذ وصوله الى سدة الرئاسة منذ ٨ اشهر تقريباً. واعرب غير مرة عن رغبته في ان يكتسب نائبه الخبرة نفسها.

وكان كويل اعلن الاسبوع الماضي في مؤتمر صحافي سبق جولته الى آسيا انه سيشدد خلال لقائه المسؤولين في تلك الدول "على اهمية الديموقراطية والحريات وحقوق الانسان. وانه من المهم جداً ان يكون هناك تطابق بين النظام الاميركي والانظمة الحليفة".

وتبنى كويل حتى الآن موقفاً قوياً من قضايا السياسة الخارجية. والمرجح ان يستمر على النهج نفسه خلال جولته الآسيوية. وستحتل القضايا التجارية مكاناً بارزاً في المحادثات التي سيُجريها في جولته.

سيول .... Seoul

تطابق .... conformity

اسئلة على النص

١) مَن السيد دان كويل؟ ٢) الى اين يسافر اليوم؟ ٣) كم يوماً ستستغرق زيارته هناك؟ ٤) ما هما السياستان اللتان سيحضّ المسؤولين من حلفاء اميركا على التمسك بهما؟ ٥) كم عمر نائب الرئيس كويل؟ ٦) الى اين سيصل غداً؟ ٧) متى كانت آخر رحلة قام بها الى آسيا؟ ٨) كم دولة زارها الرئيس بوش عندما كان نائباً للرئيس ريغان؟ ٩) كيف يصف كاتب المقال موقف السيد كويل من قضايا السياسة الخارجية؟ ١٠) ما هي القضايا التي ستحتلّ مكاناً بارزاً في المحادثات التي سيُجريها في آسيا؟

<u>Trivia Question</u>: Vice-President Dan Quayle's name may or may not be derived from the type of bird called "quail." However, another very important person in the Bush administration does have a last name which is the same as that of a bird, and he is of Arab descent. Who is he?

EXERCISE - XIII

Instructions: Based on your knowledge of the contents of Selections 61 through 65, complete the statements below by selecting the correct words or phrases from the choices given, then write these answers in the blank spaces. The correct answers are given in the Key to Exercises section at the back of the book.

١) قرّرت مصر دعوة الرئيس ________ كورت فالدهايم لزيارتها.

١ - الألماني

٢ - السويسري

٣ - النمساوي

٢) تنتقد "الأهرام" اسرائيل لأنّها تحتفظ بالعلاقات الدبلوماسية والعسكرية مع ________.

١ - جنوب افريقيا

٢ - الولايات المتحدة

٣ - ايران

٣) ربّما ستصل اقصى سرعة رياح الأعاصير الى ٢٥٠ كيلومتراً في الساعة في ________ القرن القادم.

١ - منتصف

٢ - بداية

٣ - نهاية

٤) لقد حدث مؤخّراً تآكل في طبقة ________ المحيطة بالكرة الأرضية.

١ - الغابات

٢ - الأوكسجين

٣ - الأوزون

٥) ستهدّد الفيضانات المدمّرة بصورة خاصة البلاد مثل ________ التي هي تحت مستوى البحر.

١ - فرنسا

٢ - بريطانيا

٣ - هولندا

٦) تتراكم الغازات المختلفة في غلاف الأرض الجوّي وهذه الغازات ناتجة عن المصانع وعوادم السيارات و________.

١ - موت الغابات

٢ - تلوّث البحار

٣ - انحطاط المدن الكبيرة

<u>EXERCISE - XIII</u> (contd.)

٧) الجماعات الاسلامية التي تحتجز الرهائن هي معروفة بآرائها ________________.

١ - المعتدلة

٢ - المتشدّدة

٣ - المتقدّمة

٨) ستعمل ايران اذا ضمنت امريكا دوراً لها في الشرق الأوسط على ________________

________ الرهائن الغربيين في بيروت.

١ - تحقيق اطلاق سراح

٢ - اعتقال ومحاكمة

٣ - ممارسة الضغط على

٩) نائب الرئيس كويل في ________________ من عمره.

١ - الثلاثينات

٢ - الأربعينات

٣ - الخمسينات

١٠) ستتعلق محادثات نائب الرئيس كويل في آسيا بالشؤون ________________

________________.

١ - التجارية والسياسية

٢ - العسكرية والصناعية

٣ - الاجتماعية والثقافية

SELECTION #66
(Baghdad AL-THAWRAH 12 Jun 87, p. 1)

Israeli Pilots Participated in the Iranian War Against Iraq (I)

طيارون "اسرائيليون" شاركوا في الحرب الايرانية ضد العراق (١)

العديد من قوات الاحتياط الصهيونية تعمل في جيش وجهاز امن خميني

الكويت - ١١ - و ا ع: قالت اذاعة جيش العدو باللغة العبرية في نبأ التقطته صحيفة "الرأي العام" الكويتية من بيروت امس ان ثلاثة طيارين "اسرائيليين" في سلاح الجو "الاسرائيلي" وصلوا الى فلسطين المحتلة صباح امس بعد قضاء اكثر من سنتين في ايران حيث شاركوا في الحرب العراقية - الايرانية الى جانب الجيش الايراني.

وكان الطيارون "الاسرائيليون" الثلاثة وهم قادة طائرات فانتوم في سلاح الجو "الاسرائيلي" الذين احيلوا الى الاحتياط في عام ١٩٨٢ قد غادروا فلسطين المحتلة في منتصف عام ١٩٨٤ متوجهين الى طهران عبر المانيا الاتحادية حيث تم انضمامهم على الفور الى سلاح الجو الايراني وبنفس الرتب العسكرية التي كانوا يحملونها.

وقد شارك الطيارون الصهاينة الثلاثة في المعارك الجوية ضد طائرات سلاح الجو العراقي، كما شاركوا في قصف اهداف مدنية داخل الاراضي العراقية.

وقالت لقد تمكن العراقيون خلال عام ١٩٨٥ من اسقاط طائرتي اثنين من هؤلاء الطيارين فسقطا داخل الاراضي الايرانية مما ادى الى اصابتهما بجروح خطيرة اما الطيار الثالث فقد استمر في القيام بمهامه الجوية الموكولة اليه.

قادة	pilots
فانتوم	Phantom
المانيا الاتحادية	West Germany

SELECTION #66

(Baghdad AL-THAWRAH 12 Jun 87, p. 1)

Israeli Pilots Participated in the Iranian War Against Iraq (I) (contd.)

اسئلة على النص

١) مَن أذاع هذا الخبر وبأي لغة؟ ٢) مَن التقط الخبر؟ ٣) ماذا حدث في عام ١٩٨٣ للطيارين الثلاثة الذين كانوا في سلاح الجو الاسرائيلي؟ ٤) كيف وصل الطيارون الاسرائيليون الى ايران؟ ٥) متى سافروا الى ايران؟ ٦) لماذا سافروا الى هناك؟ ٧) ماذا كانت رتبهم العسكرية في سلاح الجو الايراني؟ ٨) اي اهداف قصفوها خلال العمليات الحربية؟ ٩) ماذا حدث لاثنين من هؤلاء الطيارين في سنة ١٩٨٥؟ ١٠) اين الطيارون الثلاثة الآن؟

Trivia Question: Toward the end of the last century, Hebrew was revived as an everyday spoken language, mainly through the efforts of one man, Eliezer Ben Yehuda. Before this was done, how long had it been since Hebrew had been used as a normal means of everyday communication?

SELECTION #67

(Baghdad AL-THAWRAH 12 Jun 87, p. 1)

Israeli Pilots Participated in the Iranian War Against Iraq (II)

طيارون "اسرائيليون" شاركوا في الحرب الايرانية ضد العراق (٢)

واضاف ان الطيارين المصابين تلقيا علاجاً مكثفاً ومستمراً في احد المستشفيات الايرانية بضواحي طهران.

وفي مطلع عام ١٩٨٦ حاول الطيارون الثلاثة مغادرة ايران الى جنوب افريقيا بعد ان تعهدوا للسلطات الايرانية بالعودة الى الخدمة في سلاح الجو الايراني.

وذكرت الاذاعة انه في اواخر نيسان من العام الماضي تمكن الطيارون "الاسرائيليون" الثلاثة من مغادرة ايران الى تركيا وتوجهوا بعدها الى الولايات المتحدة حيث قاموا بالتوقيع على عقود عمل جديدة مع احدى الشركات الجوية الصغيرة.

وقال احد هؤلاء الطيارين ويُدعى ادبور بأنه التقى في ايران بالعديد من الشبان "الاسرائيليين" من قوات الاحتياط الذين يعملون في الجيش الايراني خاصة في سلاحي المدفعية والطيران وجهاز الامن.

في غضون ذلك صرح الجنرال امنون شاحاق رئيس المخابرات العسكرية "الاسرائيلية" بأن "اسرائيل" لا تواجه حالياً اي تهديد عسكري عربي ملموس ولا يساورها اي تفكير باحتمال اندلاع اية حرب.

مكثف .... intensive

ادبور .... Edbor

امنون شاحاق .... Amnon Shahak

اسئلة على النص

١) اين تلقّى الطياران المصابان علاجاً طبّياً؟ ٢) الى اين اراد الطيارون ان يسافروا في مطلع سنة ١٩٨٦؟ ٣) وبِمَ تعهّدوا للسلطات الايرانية؟ ٤) متى غادروا ايران اخيراً؟ ٥) الى اين سافروا؟ ٦) ماذا فعلوا في امريكا؟ ٧) حسب قول احد الطيارين، في اي الأسلحة يعمل الاسرائيليون في الجيش الايراني؟ ٨) مَن الجنرال امنون شاحاق؟ ٩) ماذا قال عن التهديدات العسكرية العربية لاسرائيل؟ ١٠) وماذا قال عن احتمال اندلاع حرب بين العرب واسرائيل؟

Trivia Question: After young Israeli men and women have completed their active duty military service, till what age do they serve in the reserves and continue to train on a regular basis?

SELECTION #68

(Amman AL-DUSTUR 14 Mar 90, pp. 1, 14)

Bush Not Sorry for His Condemnation of Israeli Settlement in Jerusalem

بوش غير آسف على ادانته للاستيطان الاسرائيلي في القدس

واشنطن - رويتر: قال الرئيس الاميركي جورج بوش امس انه غير آسف على تصريحاته التي ادان فيها الاستيطان الاسرائيلي في القدس الشرقية والتي ساعدت على اثارة ازمة كان من نتائجها انهيار الائتلاف الحاكم في اسرائيل.

وقال الرئيس بوش في مؤتمر صحفي "لست آسفاً عليها. واعتقد ان جميع التكهنات والتعليقات في الايام العشرة الماضية ضخمت الامر".

واضاف قوله انه لا يريد ان يعلق على انهيار الحكومة الاسرائيلية. وكانت الازمة قد تفجرت عندما رفض رئيس الوزراء الاسرائيلي اسحق شامير الرد على المقترحات الاميركية الرامية الى اجراء محادثات سلام فلسطينية - اسرائيلية.

وقال الرئيس الاميركي "هناك تطورات داخلية تحدث في المجال السياسي في اسرائيل الآن ولا اريد ان اتدخل في الشؤون الداخلية لاسرائيل بأي شكل".

ومضى يقول "ان المسألة حساسة للغاية ... واعتقد ان اي اقاويل اخرى بشأن هذه المسألة لن تفيد بالتأكيد".

وسوى الرئيس بوش بين معارضة الولايات المتحدة للاستيطان الاسرائيلي في الضفة الغربية وبين موقفها من اقامة مستعمرات يهودية على ضواحي القدس الشرقية.

اسئلة على النص

١) مَن رئيس الولايات المتحدة؟ ٢) هل هذا الخبر من امريكا؟ ٣) ماذا أدان الرئيس بوش في تصريحاته امس؟ ٤) وماذا حدث للحكومة الاسرائيلية نتيجة الأزمة التي ساعدت هذه التصريحات على إثارتها؟ ٥) وماذا قال الرئيس بوش فيما بعد عن التكهّنات والتعليقات بخصوص تصريحاته؟ ٦) وماذا قال عن انهيار الحكومة الاسرائيلية؟ ٧) عَلامَ رفض رئيس الوزراء الاسرائيلي ان يردّ؟ ٨) ما اسم رئيس الوزراء الاسرائيلي؟ ٩) ماذا قال الرئيس الأمريكي عن الشؤون الداخلية الاسرائيلية؟ ١٠) اين تعارض السياسة الأمريكية الاستيطان الاسرائيلي، حسب قول الرئيس بوش؟

Trivia Question: Before becoming Vice-President and later President of the U.S., George Bush was the head of one of the major organizations of the U.S. government. What organization was this?

SELECTION #69

(Cairo AKHBAR AL-YAWM 10 Mar 90, p. 6)

Najib Mahfuz Has Become a Prisoner of the Nobel Prize

نجيب محفوظ اصبح سجين جائزة نوبل

نشرت مجلة "نيوزويك" الامريكية في عددها الاخير تحقيقاً عن الاديب المصري الكبير نجيب محفوظ بمناسبة صدور اول اجزاء ثلاثيته الشهيرة وهي رواية "بين القصرين" باللغة الانجليزية عن دار نشر "دابل داي" الامريكية حيث يبلغ ثمن النسخة حوالى ٢٢ دولاراً امريكياً.

ويقول التحقيق الذي كتبه الصحفي الامريكي كريستوفر ديكي ان نجيب محفوظ استطاع في الثلاثية ومن خلال تتبعه لثلاثة اجيال في اسرة السيد عبد الجواد ان يرصد حركة تطور المجتمع المصري على المستويين الاجتماعي والسياسي.

وعن حياة نجيب محفوظ بعد حصوله على جائزة نوبل للادب يقول كاتب التحقيق ان الاديب المصري الكبير بدأ يشكو من انه اصبح "سجين الجائزة" حيث يطارده الصحفيون والاكاديميون الذين يطلبون مقابلته للاستزادة من آرائه في اعماله الادبية.

ويشير كريستوفر ديكي الى ان الاديب الكبير الذي تلقى مؤخراً تهديدات بالقتل بسبب روايته "اولاد حارتنا" يؤكد دائماً انه لا يهتم اطلاقاً بمثل هذه التهديدات ولا يأبه بها. كما يرفض ان تخصص له حراسة خاصة ويقول: ان من كان في سني لا يخيفه كثيراً تهديد بالقتل. فقد اتلقى تهديداً بالقتل يوم الاحد واموت في فراشي يوم الاثنين لاسباب طبيعية!

اسئلة على النص

١) اي كتاب لنجيب محفوظ صدر موخّراً باللغة الانكليزية؟ ٢) مَن نشر الكتاب بالانكليزية؟ ٣) كم ثمن الكتاب؟ ٤) مَن كتب تحقيقاً عن نجيب محفوظ بمناسبة صدور الكتاب بالانكليزية؟ ٥) حسب هذا التحقيق, ما هو موضوع ثلاثية نجيب محفوظ؟ ٦) بعد حصول الأديب الكبير على جائزة نوبل للأدب، مَن دائماً يريد ان يقابله؟ ٧) لماذا يريدون ان يقابلوه؟ ٨) كيف يصف نجيب محفوظ نفسه بسبب هذه الطلبات الكثيرة لمقابلته؟ ٩) ماذا حدث للأديب الكبير بسبب صدور روايته "أولاد حارتنا"؟ ١٠) لماذا لا يخاف من هذه التهديدات؟

Trivia Question: "Bayn al-Qasrayn" (Between the Two Palaces) is the first of the three novels constituting Najib Mahfuz's famous trilogy. What are the other two?

SELECTION #70

(Kuwait AL-QABAS 23-24 Sep 89, p. 19)

Indian Lives for 15 Years, and His Mind Does Not Function

هندي يعيش وعقله لا يعمل منذ ١٥ عاماً

ما فائدة الانسان اذا كان عقله الذي يجعله يميز بين الاشياء لا يؤدي وظائفه على النحو الطبيعي ... وهذا ينطبق على مواطن هندي يرقد في احد المستشفيات في مدينة احمد اباد بولاية جوجارت الهندية منذ خمسة عشر عاماً حيث ان حالته الجسمانية سليمة جداً غير ان عقله لا يعمل بصورة طبيعية.

وكان المواطن الهندي ويُدعى كاسام (٥٠ سنة) يعمل اطفائياً في بلدية مدينة احمد اباد وقد اصيب بهذه العاهة المستديمة بينما كان يقاوم النيران المشتعلة في مبنى ضخم عام ١٩٧٤ حيث سقط من علو مما ادى الى اصابته بشرخ في جمجمته وكسور في اليد اليسرى.

وقد اصيب كاسام بنوبة قلبية وراح في غيبوبة خلال اجراء عملية جراحية له ومنذ ذلك الوقت والى يومنا هذا فان كاسام يرقد في المستشفى وهو فاقد الوعي.

واعلن الاطباء الذين يشرفون على علاج المواطن الهندي ان كاسام يمكنه ان يظل على هذه الحالة لعدة اعوام اخرى.

ويضيف الاطباء ان بقاء هذا المريض على قيد الحياة وهو في غيبوبة لمدة خمس عشرة سنة يُعتبر من الحالات النادرة في العالم وانها تستحق ان تسجل في "كتاب جينز للارقام القياسية".

احمد اباد .... Ahmadabad

جوجارت .... Gujarat

جينز .... Guinness

اسئلة على النص

١) ما اسم الهندي الذي يرقد في مستشفى لمدّة طويلة؟ ٢) اين المستشفى؟ ٣) كم سنة وهو يرقد في المستشفى؟ ٤) كيف حالته الجسمانية والعقلية؟ ٥) ماذا كانت مهنته سابقاً؟ ٦) ماذا كان يفعل عندما سقط من علو؟ ٧) بِمَ أُصيب نتيجة سقوطه؟ ٨) وماذا حدث له خلال عملية جراحية له؟ ٩) ماذا يقول الأطباء عن مستقبله؟ ١٠) لماذا يقول الأطباء ان هذه الحالة يجب ان تُسجّل في "كتاب جينز للأرقام القياسية"؟

Trivia Question: In the 7th and 8th centuries, some Persian Zoroastrians went to India to escape Moslem persecution, and their descendants, many of whom live in Bombay, still practice this ancient religion. What are they called?

EXERCISE - XIV

Instructions: Reread Selections 66 through 70, then indicate whether the statements below are "true" (صواب) or "false" (خطأ) by writing صواب or خطأ in the spaces next to them. The correct answers are given in the Key to Exercises section at the back of the book.

١) تصدر جريدة "الرأي العام" في بيروت. _____ _____

٢) شارك ثلاثة طيارين اسرائيليين في الحرب الايرانية - العراقية ضد العراق. _____

٣) رجع الطيارون من ايران رأساً الى اسرائيل بعد انتهاء الحرب. _____

٤) أُصيب اثنان من الطيارين بجروح فعولجا في مستشفى ايراني. _____

٥) اراد الطيارون ان يسافروا من ايران الى جنوب افريقيا. _____

٦) قال رئيس المخابرات العسكرية الاسرائيلية ان العرب يشكّلون تهديداً جدّياً لاسرائيل الآن. _____

٧) يعارض الرئيس بوش بناء مستوطنات اسرائيلية جديدة في القدس الشرقية. _____

٨) عبّر بوش عن آرائه بخصوص هذا الاستيطان الاسرائيلي في مؤتمر صحفي. _____

٩) قال بوش ان سياسة امريكا تميّز بين الاستيطان في الضفة الغربية والاستيطان في القدس. _____

١٠) يرحّب نجيب محفوظ دائماً بحضور الصحفيين الى بيته لمقابلته بخصوص مؤلّفاته. _____

١١) تلقّى نجيب محفوظ تهديدات بالقتل بسبب صدور احدى رواياته. _____

١٢) يخاف نجيب محفوظ من الموت لأنه كبير السنّ. _____

١٣) إنّ الهندي الذي في غيبوبة منذ ١٥ عاماً يتمتّع بصحة جيدة بصورة عامة. _____

١٤) أُصيب هذا الهندي بجروح عندما سقط من بناية خلال عمله كإطفائي. _____

١٥) من المتوقّع ان يموت الهندي قريباً لأن العيش في غيبوبة لمدة اكثر من ١٤ او ١٥ سنة غير ممكن. _____

SELECTION #71

(Damascus AL-THAWRAH 13 Mar 90, p. 1)

Al-Bashir Announces Positive Developments for Talks About Peace in the South

البشير يعلن عن تطورات ايجابية لمباحثات السلام في الجنوب

الخرطوم - مراسل سانا: اعلن الفريق عمر البشير رئيس مجلس قيادة الثورة السودانية ان الايام القادمة ستشهد تطورات ايجابية بشأن قضية السلام في جنوب السودان.

وقال الفريق البشير في تصريحات صحفية لدى عودته الليلة قبل الماضية من العاصمة الزائيرية كنشاسا بعد زيارة لها استمرت يوماً واحداً انه بحث مع الرئيس الزائيري موبوتو سيسيسيكو العلاقات بين البلدين وقضية السلام في جنوب السودان التي تقوم زائير فيها بدور الوساطة واشار الى انه اوضح للرئيس الزائيري وجهة نظر الحكومة السودانية تجاه السلام وقال ان المشاورات ما زالت مستمرة بين السودان وزائير من جهة وبين زائير وحركة جون قرنق من جهة اخرى وقد صدر في ختام الزيارة بيان مشترك اوضح ان المباحثات بين الجانبين تمت في جو ودي واخوي وتناولت العديد من القضايا الثنائية اضافة الى القضايا ذات الاهتمام المشترك.

وجاء في البيان ان الرئيس الزائيري وعد ببذل كل الجهود الممكنة لايجاد حل للنزاع الحالي في جنوب السودان ودعا الجانبين لالقاء السلاح والاتفاق على وقف اطلاق النار تمهيداً للمفاوضات الجارية من اجل السلام في السودان وذكر البيان ان الرئيسين اعربا عن ارتياحهما لاستمرار عمليات اعادة اللاجئين المدنيين السودانيين في زائير الى بلادهم.

Kinshasa .... كنشاسا

Mobutu Sese Seko .... موبوتو سيسيسيكو

John Garang .... جون قرنق

اسئلة على النص

من اين هذا الخبر؟ مَن الفريق عمر البشير؟ ٣) ماذا أعلن بشأن قضية السلام في جنوب السودان؟

٤) اي بلد زار موخّراً؟ ٥) بِمَن اجتمع هناكَ؟ ٦) ماذا بحث معه؟ ٧) ماذا يفعل الرئيس موبوتو خدمةً لقضية السلام في جنوب السودان؟ ٨) بِمَ وعد الرئيس موبوتو بخصوص النزاع الحالي في جنوب السودان؟

٩) إلامَ دعا الجانبين؟ ١٠) ماذا يحدث الآن للاجئين المدنيين السودانيين الذين في زائير؟

Trivia Question: *Mobutu Sese Seko, the president of Zaire, has been the leader of his country for a very long time--since 1965. In fact, he was the one who, in 1971, changed the name of the country. What did Zaire used to be called?*

SELECTION #72

(Jiddah AL-RIYAD 31 Jul 85, p. 24)

Wadi al-Dawasir Is an Area of Civilization, Springs, and Farms

وادي الدواسر منطقة الحضارة والعيون والمزارع

وادي الدواسر - ناصر الحمدان: منطقة وادي الدواسر كانت مزارع فقط على جنبات الوادي تتغذى بمياه السيول والامطار والعيون الكثيرة المنتشرة في انحاء المنطقة كان جميع اهلها يشتغلون بالزراعة وبعض الاعمال التجارية المحدودة. وهي مشهورة بزراعتها الجيدة والمتنوعة وبكثرة مزارع النخيل التي تنتج اجود انواع التمور. هكذا كانت وادي الدواسر مزارع ومياه وعيون فقط تشكل مناظر طبيعية جميلة. ولكن من يزور وادي الدواسر حالياً لن يعرفها ولن يصدق هذا التغيير والتطور الكبير فما شهدته من تطور عمراني وحضاري واقتصادي ونهضة شاملة في مختلف المجالات واكب عصر النهضة الشاملة التي عمت اجزاء وانحاء المملكة نقل وادي الدواسر من منطقة زراعية تشتهر بمزارعها وعيونها ومياهها العذبة الدائمة الى منطقة حضارية تنعم بكل اسباب الحياة العصرية الى جانب تطوير النواحي الزراعية لكون الجانب الزراعي حظي هو الآخر بتطويره ضمن التطوير والنهضة الشاملة.

وادي الدواسر المتسعة بكل مدنها وقراها باتت شعلة من النشاط والحيوية لم تعد مزارع ساكنة هادئة تنام مع الغروب فقد دبت فيها الحياة فوصلتها الكهرباء والعمران والشوارع والطرق الحديثة المرصوفة المضاءة والمزروعة. والمشاريع الحضارية المختلفة من مبان حكومية أنشئت على احدث طراز فأصبحت هذه المنطقة بما وهبها الله من مناظر طبيعية وعيون تتدفق دوماً بالمياه ومزارع كثيرة تنتج اجود الانواع الزراعية المختلفة وبما حظيت به من تطوير شامل في عهد النهضة المباركة من اجمل مناطق المملكة.

اسئلة على النص

١) مَن كاتب هذا المقال؟

٢) اين كُتِبَ المقال؟

٣) في اي بلد وادي الدواسر؟

٤) كيف كانت منطقة وادي الدواسر سابقاً؟

٥) ماذا كان مصدر المياه للمزارع؟

٦) ماذا كانت تنتج مزارع النخيل؟

٧) ماذا حدث للمنطقة في السنوات الأخيرة؟

٨) كيف الشوارع والطرق هناك الآن؟

٩) ما هي المباني التي أُنشئت على احدث طراز؟

١٠) كيف يصف الكاتب وادي الدواسر في آخر مقاله؟

Trivia Question: One of the world's most desolate and forbidding sand deserts is located in southeastern Saudi Arabia. What is it called?

SELECTION #73

(Beirut AL-NAHAR 23 Jun 87, p. 12)

Fred Astaire Dies at 88, He Was the World's Most Famous Dancer

وفاة فرد استير عن ٨٨ عاماً: كان اشهر راقص في العالم

توفي امس عن ٨٨ عاماً في مستشفى سنتشوري سيتي في لوس انجلس الراقص والمغني والممثل فرد استير اثر اصابته بنزلة صدرية.

ولد فرد استير الذي اشتهر في كل انحاء العالم في ١٠ ايار ١٨٩٩ في اوماها (ولاية نبراسكا) وكان يعتبره كثيرون افضل راقص في العالم واسطورة من اساطير هوليوود. ومع ان اسمه ارتبط بعدد من الممثلات منذ ادى اول ادواره السينمائية عام ١٩٣٣ الى جانب جون كروفورد في فيلم "دانسينغ لايدي"، فان الادوار التي بقيت في ذاكرة الناس هي تلك التي كانت فيها الى جانبه جنجر روجرز وسيد تشاريس.

وادى فرد استير سلسلة من الادوار الراقصة مع روجرز ساهمت في جعل الاميركيين ينسون الازمة الاقتصادية الكبرى في الثلاثينات واحداث الحرب العالمية الثانية. وعندما بلغ الـ٥٠ انتقل الى ادوار اكثر جدية.

في ١٩٨١ مُنح جائزة المعهد الاميركي للسينما تقديراً لمنجزاته. وعلق راقص الباليه السوفياتي المشهور ميخائيل باريشنيكوف على ذلك قائلاً ان "استير بلغ درجة الكمال في الرقص الى درجة انه كان يتسبب في عقد للراقصين الآخرين".

كانت لفرد استير مغامرات غرامية عدة في حياته، لكن اشهرها كانت عند بلوغه الـ٨١ اذ احب فتاة تصغره بـ٤٦ عاماً هي الفارسة روبن سميث وتزوجها.

Joan Crawford .... جون كروفورد

Ginger Rogers .... جنجر روجرز

Cyd Charisse .... سيد تشاريس

Mikhail Baryshnikov .... ميخائيل باريشنيكوف

such a degree ...... that he .... الى درجة انه ...... درجة

SELECTION #73

(Beirut AL-NAHAR 23 Jun 87, p. 12)

Fred Astaire Dies at 88, He Was the World's Most Famous Dancer (contd.)

اسئلة على النص

١) متى وأين تُوُفّي فرد استير؟ ٢) كم كان عمره؟ ٣) مَن كان فرد استير؟ ٤) متى وأين وُلد؟ ٥) ماذا كان يعتبره كثير من الناس؟ ٦) متى أدّى أول أدواره السينمائية؟ ٧) الى جانب اي الممثّلات أدّى أدواره السينمائية؟ ٨) ماذا كان تأثير أفلامه مع جنجر روجرز على الأمريكيين في الثلاثينات والأربعينات؟ ٩) مَن قال ان فرد استير بلغ درجة الكمال في رقصه؟ ١٠) ماذا فعل فرد استير في الحادي والثمانين من عمره؟

Trivia Question: Until her death in 1975, the best known singer of popular songs in the Arab world was a big, heftily-built Egyptian lady who would sometimes give song concerts lasting as long as five or six hours. What was her name?

SELECTION #74

(Beirut AL-NAHAR 23 Jun 87, p. 12)

Al-Qadhdhafi Urges Arabs to Acquire Nuclear Bombs

القذافي حضّ العرب على امتلاك قنابل نووية

حضّ العقيد معمر القذافي العرب على امتلاك قنابل نووية للدفاع عن انفسهم، مكرّراً الدعوة الى القضاء على اسرائيل.

وافادت "وكالة الجماهيرية للانباء" الليبية ان القذافي كان يتحدث اول من امس في احدى الجامعات وعرض الحلول اللازمة "لمعالجة كل المعضلات" التي يواجهها العرب. قال: "ما لم يكن العرب اقوياء ويملكوا قنابل نووية للدفاع عن انفسهم سيكونون مهانين في هذا الكون. ان الصين التي تُعتبر من الدول الفقيرة استطاعت ضماناً لكرامتها ان تمتلك القنبلة الذرية وان تفرض احترامها على الدول التي تمتلك مثل هذا السلاح". واضاف: "انني ادقّ نواقيس الخطر للوطن العربي بأسره حكاماً ومؤسساتٍ. ان مستقبل الامة العربية سيبقى مهدداً ما لم تحصل المعجزة. ان المعجزة تكمن في سيطرتنا على كل مصادر الطاقة. ان نجاحنا في ذلك سيحقق لنا المعجزة وسيجعلنا قادرين على تحويل مياه البحر مياهاً صالحة للشرب والري".

ونادى بإلغاء كل برامج تحديد النسل قائلاً: "لا خطر من زيادة عدد السكان في الوطن العربي الى مليار نسمة فهي زيادة مطلوبة ولا بد منها كحلّ اولي لمشاكل الوطن العربي". و"من ابرز المهمات التي يجب على الامة العربية القيام بها تحرير فلسطين والقضاء على الكيان الصهيوني المغتصب الذي استحدث في المنطقة ليمتصّ مياهها". ورأى ان لا بد لذلك "من قيام الوحدة العربية الشاملة وتحويل الامة دولة واحدة". (رويتر)

Mu'ammar .... معمر

Jamahiriyah .... الجماهيرية

one of the most important .... من ابرز

SELECTION #74

(Beirut AL-NAHAR 23 Jun 87, p. 12)

Al-Qadhdhafi Urges Arabs to Acquire Nuclear Bombs (contd.)

اسئلة على النص

١) عَلامَ حضّ معمّر القذّافي العرب؟ ولماذا؟ ٢) وما الذي دعا اليه ايضاً؟ ٣) بِمَ سمّى القذّافي اسرائيل؟

٤) اي وكالة للأنباء أفادت بهذه الخبر؟ ٥) متى وأين قال القذّافي هذه الكلام المشار أعلاه؟

٦) اي بلد فقير حصل على القنبلة الذرّية وكسب بذلك احترام الدول الاخرى، حسب قول القذّافي؟

٧) ما هي المعجزة التي يتمنّى القذّافي ان تحصل للعرب؟ ٨) ما فائدة هذه المعجزة، في نظر القذّافي؟

٩) وماذا قال القذّافي عن برامج تحديد النسل بالنسبة للعرب؟ ١٠) اي بلد يريد القذّافي تحريره؟

Trivia Question: In what way is there a special link between Mexico, Libya, and the U.S. Marine Corps?

SELECTION #75

(London AL-HAYAT 18 Sep 89, p. 10)

Rafsanjani Says: "We Prefer War to Giving Up Our Land"

رفسنجاني: نفضل الحرب على التنازل عن ارضنا

نيقوسيا - رويتر: قال الرئيس الايراني علي اكبر هاشمي رفسنجاني امس الاحد ان ايران تفضل خوض الحرب مرة اخرى كملاذ اخير على التنازل عن اراضٍ للعراق.

وقال الرئيس رفسنجاني في مؤتمر لقادة الحرس الثوري في طهران "ليست لنا مطامح توسعية ولكننا في الوقت نفسه لن نتنازل عن شبر واحد من ارضنا الاسلامية".

واضاف "ان ايران لا تسعى الى الحصول على اي تنازل غير منطقي من العراق كما انها لن تقدم اي تنازل للعدو حتى اذا استمر الوضع الحالي عشر سنوات".

وقال "اذا اصبحنا يوماً على يقين من ان العدو غير مستعد لاعادة ارضنا فسنجعله يتراجع بالقوة".

ونشرت "وكالة الجمهورية الاسلامية للانباء" الايرانية الرسمية كلمة الرئيس رفسنجاني في ارسال أُستقبل في قبرص.

ويسري وقف النار بين العراق وايران منذ آب (اغسطس) عام ١٩٨٨ ولكن الجمود يكتنف محادثات السلام بين الجانبين. وتريد ايران ان ينسحب العراق من ارض مساحتها ٢٦٠٠ كيلومتر مربع الى حدود كان قد تم الاتفاق عليها عام ١٩٧٥.

وقال الزعيم الروحي آية الله علي خامنئي لضباط الحرس الثوري ان قواتهم يجب ان تبقي مستعدة معنوياً "للذود عن الاسلام والثورة الاسلامية".

Ali Akbar Hashemi Rafsanjani .... علي اكبر هاشمي رفسنجاني
inch .... شبر
unreasonable .... غير منطقي
has characterized .... يكتنف
Ayatollah Ali Khamenei .... آية الله علي خامنئي

SELECTION #75

(London AL-HAYAT 18 Sep 89, p. 10)

Rafsanjani Says: "We Prefer War to Giving Up Our Land" (contd.)

اسئلة الى النص

١) مَن هو علي اكبر هاشمي رفسنجاني؟ ٢) الى مَن تحدّث في مؤتمر يوم الأحد؟ ٣) في اي مدينة كان المؤتمر؟ ٤) ماذا قال في مؤتمره هذا؟ ٥) ماذا ستفعل ايران اذا اصبحت على يقين من ان العراق غير مستعدّ لاعادة الأرض الايرانية؟ ٦) مَن نشر كلمة الرئيس رفسنجاني؟ ٧) اين استُقبل ارسال هذا الخبر؟ ٨) كم كيلومتراً مربّعاً من الأرض الايرانية يحتلّها العراق حالياً؟ ٩) في اي سنة اتفقت الدولتان سابقاً على الحدود بينهما؟ ١٠) مَن قال لضباط الحرس الثوري ان قواتهم يجب ان تبقى مستعدّة "معنوياً" للقتال؟

Trivia Question: What was the name of the now deceased Iranian religious leader who inspired Iran's revolution and was its chief authority from 1979 to 1989?

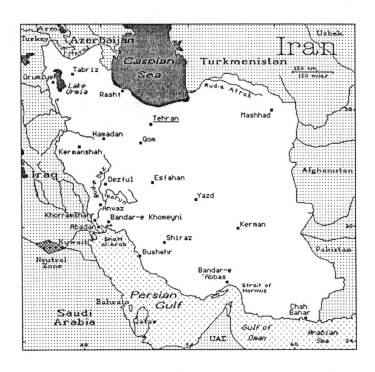

Courtesy of Electromap, Inc.

EXERCISE - XV

Instructions: The following words and phrases are found in Selections 71 through 75. After rereading these selections, translate the words and phrases into English, writing their English equivalents in the blank spaces next to them.

١) قيادة ____________

٢) المشاورات ____________

٣) في جوّ ودّي وأخوي ____________

٤) تَناولَتْ ____________

٥) وقف إطلاق النار ____________

٦) السُيول ____________

٧) مزارع النخيل ____________

٨) كل أسباب الحياة العصرية ____________

٩) باتَتْ ____________

١٠) تطوير شامل ____________

١١) تُوُفّي ____________

١٢) إثْرَ ____________

١٣) الأدوار ____________

١٤) انتقَلَ الى ____________

١٥) الفارسة ____________

١٦) القضاء على ____________

١٧) المعضلات ____________

١٨) مُهانين ____________

١٩) مصادر الطاقة ____________

٢٠) استُحْدِثَ ____________

٢١) كملاذ أخير ____________

٢٢) مطامح توسّعية ____________

٢٣) لا تسعى الى ____________

٢٤) بالقوة ____________

٢٥) الجمود ____________

SELECTION #76

(Amman AL-DUSTUR 11 Sep 90, p. 9)

A New Tennis Champion: Sampras Crushes Agassi, Wins $350,000

بطل جديد في التنس: سمبراس اكتسح اغاسي وفاز بـ٣٥٠ الف دولار

فاز الامريكي بيت سمبراس المصنّف الثاني عشر ببطولة الولايات المتحدة المفتوحة للتنس لفردي الرجال اثر تغلّبه على مواطنه اندريه اغاسي المصنّف الرابع ٦-٤ و٦-٣ و٦-٢.

وتمكن سمبراس من كسر ارسال اغاسي في الشوطين السادس والثامن لينهي المباراة في ساعة و٤٢ دقيقة فقط ولم يخسر سوى تسعة اشواط.

بهذا يصبح سمبراس الذي بلغ التاسعة عشرة في الشهر الماضي اصغر لاعب يفوز بهذه البطولة.

وسيحصل سمبراس على ٣٥٠ الف دولار بينما تبلغ جائزة اغاسي ١٧٥ الف دولار. وهذه اول مرة يكون فيها طرفا المباراة النهائية امريكيين منذ بطولة ١٩٧٩.

وكان سمبراس قد وصل الى النهائي بعد ان أخرج في دور الثمانية ايفان لندل الفائز بالبطولة ثلاث مرات كما تغلب في الدور قبل النهائي على جون ماكنرو الفائز بها اربع مرات.

واعترف اغاسي بتفوق سمبراس عليه قائلاً: جئت لأقدّم عرضاً طيباً ولكن اللاعب الافضل بالتأكيد هو الذي فاز. وعندما تكون سرعة ضربة الارسال ١٢٠ ميلاً (١٩٣ كيلومتراً) في الساعة فليس باستطاعة احد ان يفعل الكثير.

وعند تسلّم الجائزة قال سمبراس في فرحة غامرة: هذه قمة التنس. ومهما فعلت في حياتي بعد هذا فسوف ابقى بطل بطولة الولايات المتحدة المفتوحة.

Pete .... بيت

seeded .... مصنّف

Andre .... اندريه

serve .... إرسال، ضربة إرسال

quarterfinals .... دور الثمانية

Ivan Lendl .... ايفان لندل

John McEnroe .... جان ماكنرو

SELECTION #76

(Amman AL-DUSTUR 11 Sep 90, p. 9)

A New Tennis Champion: Sampras Crushes Agassi, Wins $350,000 (contd.)

اسئلة على النص

١) بِمَ فاز بيت سمبراس مؤخّراً؟ ٢) على مَن تغلّب في الدور النهائي؟ ٣) ماذا كانت نتيجة المباراة؟
٤) كيف كان اللاعبان مصنّفين؟ ٥) كم من المال بلغت جائزة سمبراس بعد الفوز بالبطولة؟ ٦) متى كانت
آخر مرة التقى فيها لاعبان امريكيان في الدور النهائي لهذه البطولة؟ ٧) كم شوطاً كسب اغاسي في المباراة؟
٨) كم عمر بيت سمبراس؟ ٩) ما سرعة ضربة إرساله؟ ١٠) متى قال سمبراس ان هذا الفوز "قمّة
التنس"؟

Trivia Question: In 1948 and 1949, the U.S. Open Tennis champion was a young Mexican-American from Los Angeles who, like Pete Sampras, was tall and had a very powerful serve that overwhelmed his opponents. Who was he?

SELECTION #77

(Cairo AKHBAR AL-YAWM 10 Mar 90, p. 12)

Teacher Accused of Tossing His Wife Out the Window!

اتهام مدرس بالقاء زوجته من النافذة!

دمنهور - لطفي عبد الشافي: تلقى العميد محمد الدسوقي مأمور مركز كفر الدوار بلاغاً من احد المواطنين يتهم فيه زوج شقيقته المدرس - ٣٢ سنة - بالقائها من الطابق الثالث والتسبب في قتلها.

فأسرع الى هناك الرائد عبد الرءوف الصيرفي رئيس مباحث المركز ومعاونه النقيب محمد ابراهيم وكشفت تحرياتهما باشراف العميد محمد الذهبي رئيس المباحث الجنائية ان خلافات حادة نشبت بين المدرس وزوجته مشرفة التمريض - ٢٥ سنة - والتي تتمتع بقسط كبير من الجمال وذلك بسبب البخل الشديد الذي يتميز به زوجها المدرس الذي حصل على اجازة بدون مرتب ليدير ورشة للادوات الصحية. وكان رغم ثرائه يثور عليها بسبب مطالبتها له بأن يبسط يديه قليلاً لمواجهة نفقات المعيشة واحتياجات الصغير - ٥ سنوات.

وفي يوم الحادث نشبت بينهما مشادة عندما طالبته بزيادة المصروف الشهري من ٣٠ جنيهاً كل ١٥ يوماً الى ١٠٠ جنيه في الشهر. وجن جنونه وهجم عليها وحملها بين يديه ثم القى بها من الطابق الثالث. وقبل وصولها المستشفى فارقت الحياة.

وامام عصمت عبد اللطيف وكيل نيابة المركز انكر قتلها وقرر انها اثارته بشدة فأخذ يضربها على صدرها فألقت بنفسها من الشباك المجاور. كما ان حماته - ٦٥ سنة - تسببت في زيادة الخلاف بينه وبين زوجته.

قرر وكيل النيابة حبسه ٤ ايام ووجه اليه تهمة القتل العمد وانتداب الطبيب الشرعي لتشريح الجثة وبيان اسباب الحادث.

Damanhur .... دمنهور

al-Disuqi .... الدسوقي

Kafr al-Dawwar .... كفر الدوار

Ismat .... عصمت

public prosecutor .... وكيل نيابة

the cause of death .... اسباب الحادث

SELECTION #77

(Cairo AKHBAR AL-YAWM 10 Mar 90, p. 12)

Teacher Accused of Tossing His Wife Out the Window! (contd.)

اسئلة على النص

١) بِمَ اتّهم احد المواطنين زوج اخته؟

٢) مَن تلقّى البلاغ بخصوص هذا الحادث؟

٣) ما عمر الشخص المتّهم بالجريمة وما مهنته؟

٤) ماذا كان عمر زوجته وماذا كانت مهنتها؟

٥) كم طفلاً كان لهما؟

٦) بِمَ كانت الزوجة تطالب زوجها ولماذا؟

٧) ماذا كان ردّ فعل الزوج على مطالبتها بالمال؟

٨) ماذا قال الزوج لوكيل النيابة عن التهمة بأنه ألقى بزوجته من النافذة؟

٩) مَن تسبّب في زيادة الخلاف بين الزوج والزوجة، حسب قول الزوج؟

١٠) اي تهمة وجّه وكيل النيابة اليه بعد سماع القضية؟

Trivia Question: One cause of the Thirty Years War in Europe (1618-48) was a Czech revolt against the Hapsburg dynasty during which some Czechs threw two Hapsburg representatives out of a castle window. What is the word used to describe this type of action, and how is the event known in history?

SELECTION #78

(New York AL-HUDA 6 Jul 90, p. 1)

Lebanon Is Not a "Beggar," and the Lebanese Are Not "Beggars" (I)

لبنان ليس "شحاداً" ولا اللبنانيون "شحادين" (١)

يتباكى بعض اشباه المسؤولين حاملين دموعاً واكياس ذل، بأن لبنان وطن منكوب، وأن الدمار فيه فوق طاقته على الاعمار الذاتي، وأن اللبنانيين شعب غرق في الفقر، وأنه لا بد من انشاء "صندوق دولي لاعمار لبنان".

ومع اشباه المسؤولين هؤلاء، يتبرع "اخوة" و"أشقّاء" و"أصدقاء" وسائر ليستة "الاعدقاء" الذين اعتادوا، بكل وقاحة سافلة واجرام حقير ان يقتلوا القتيل ويمشوا في جنازته متباكين مقدّمين التعازي و"الخدمات"، فيعلنون بكل نذالة وصفاقة انهم "مستعدون للتبرع بالمال والاعانات الطبية والغذائية والاجتماعية انما ... متى عاد الهدوء الى لبنان".

هيك؟ نعم، هيك ونصّ.

هذا هو الذي جرى ويجري باسمكم ايها اللبنانيون ، يا الذين عمرهم ستة آلاف سنة من الكرامة والعنفوان، ايها المردة الابطال الذين فتّتوا الجبال وسكنوا المغاور كي لا تمر على عزتهم نعال الجيوش المحتلة وحوافر الخيل الغريبة، ايها المطلّعون الماء من الصخر والقمح من الارض اليباب.

نعم يا شعب لبنان العظيم، هؤلاء الاشباه الذين ارتجلوا انفسهم مسؤولين عنكم وهم لا يملكون حتى صوتهم، يتباكون اليوم دائرين على العالم يشحدون باسمكم لانشاء "صندوق العار".

ولكن لا ... فشروا.

وفشر كذلك الذين يتبرعون انما ... متى عاد الهدوء الى لبنان.

العكس هو صحيح.

فالذين كسروا يدهم ويشحدون عليها، لا يمثلون شعب لبنان.

"friends" who are more like enemies .... "الاعدقاء"

ask if "there is anything they can do" .... "الخدمات"

is this true? (Lebanese dialect) .... هيك؟

it is true--and how (Lebanese dialect) .... هيك ونصّ

dug into the mountainsides .... فتّتوا الجبال

(New York AL-HUDA 6 Jul 90, p. 1)

Lebanon Is Not a "Beggar," and the Lebanese Are Not "Beggars" (I) (contd.)

اسئلة على النص

١) مَن يقول انه لا بد من إنشاء "صندوق دولي لاعمار لبنان"؟ ٢) ما رأيك، مَن "القتيل" في الكلمات "... ان يقتلوا القتيل ويمشوا في جنازته ..."؟ ٣) يخترع الكاتب كلمة "الاعدقاء". من اي كلمتين تتكوّن؟ ٤) كيف تترجم "هيك؟ نعم، هيك ونصّ" - وهي كلمات من العاميّة اللبنانية - الى العربية الفصحى؟ ٥) كم عمر تاريخ اللبنانيين؟ ٦) لماذا اللبنانيون "فتّتوا الجبال وسكنوا المغاور"؟ ٧) ماذا طلّع اللبنانيون من الصخر والأرض اليباب، وما معنى ذلك؟ ٨) كيف يفضّل الكاتب ان يسمّي "الصندوق الدولي لاعمار لبنان"؟ ٩) لماذا يسمّيه بهذا الاسم؟ ١٠) مَن، في رأي الكاتب، لا يمثّل شعب لبنان؟

Trivia Question: Lebanon has the highest literacy rate in the Arab world. What percentage of the Lebanese are literate?

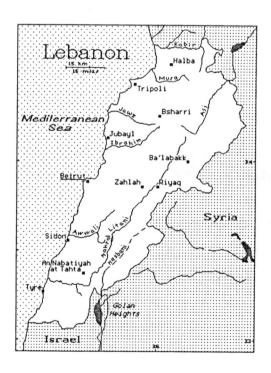

Courtesy of Electromap, Inc.

SELECTION #79

(New York AL-HUDA 6 Jul 90, p. 1)

Lebanon Is Not a "Beggar," and the Lebanese Are Not "Beggars" (II)

لبنان ليس "شحاداً" ولا اللبنانيون "شحادين" (٢)

والذين يتبرعون بـ"انشاء صندوق دولي لاعمار لبنان"، فليتبرعوا بأن يرفعوا اخطبوطهم عن عملائهم في لبنان، ويرفعوا دعمهم لبعض الكركوزيين التافهين الذين يمارسون التفشيخ في لبنان مرة باسم السلطة ومرة باسم المسؤولية ومرات ومرات باسم الشعب، وعندها لا خوف على إعمار لبنان.

اللبنانيون ليسوا فقراء. وايام حرب الاربعتعش والجراد العثماني ولت الى غير رجعة.

الطاقات اللبنانية في الاغتراب - ومن حسن حظ لبنان انها اليوم او في السنوات الاخيرة باتت في الاغتراب - لديها من الارصدة المالية التي يمكّنها ان تنشئ صناديق إعمار لكل اوطان الدنيا وليس فقط لاعمار لبنان. انما هذه الطاقات اللبنانية هي التي هذه المرة، وبكل حق وعدل ومنطق، هي التي تنتظر ان يعود الهدوء الى لبنان، وان يعود لبنان الى لبنان، وان تخرج المؤامرة من لبنان، وان يصار الى طرد اليوضاسيين من لبنان، حتى يعيدوا رساميلهم الى لبنان، وبسرعة، وبعزم، وبأرقام لا يحدّها عقل، ويعيدوا، بأقلّ من سنة، ما تهدّم في لبنان منذ ١٦ سنة.

ولكن اللبنانيين يريدون اعادة رساميلهم وتوظيفها في لبنان الامن والامان والتأمين والامانة، لا في غابة ادغال ليس يدرون من يحكمها ومن سيحكمها غداً. وهم يريدون توظيف اموالهم في ظل دولة قوية طالعة من القاعدة وتمثل الشعب، لا دولة دمى متحركة بخيوط من الخارج.

لبنان ليس شحاداً، واللبنانيون ليسوا شحادين، وشعب لبنان وحده سيعيد بناء لبنان، بصموده في الداخل ضد العاصفة وعودته من الخارج بعد انحسار العاصفة.

ولم تعد بعيدة ابداً هزيمة العاصفة وعودة اللبنانيين.

هنري زغيب

أخطبوطهم	their tentacles ("their octopus")
الكركوزيين	shadow-play puppets
يمارسون التفشيخ	stride around
عندها	if this is done
اربعتعش	fourteen (Lebanese dialect)
في الاغتراب	abroad
طالعة من القاعدة	has a popular base
هنري زغيب	Henri Zoghaib

SELECTION #79

(New York AL-HUDA 6 Jul 90, p. 1)

Lebanon Is Not a "Beggar," and the Lebanese Are Not "Beggars" (II) (contd.)

اسئلة على النص

١) كيف يصف كاتب المقال الناس الذين يستخدمهم المتبرّعون بـ"إنشاء صندوق دولي لاعمار لبنان" حتى يمارسوا نفوذهم في لبنان؟

٢) كيف تُسمّى "حرب الاربعتعش" عادةً؟

٣) ماذا يقصد الكاتب بـ"الجراد العثماني"؟

٤) ماذا يقصد الكاتب بـ"الطاقات اللبنانية في الاغتراب"؟

٥) متى بدأت عملية "تهدّم" لبنان؟

٦) في خلال كم سنة يستطيع اللبنانيون في الخارج ان يعيدوا بناء لبنان اذا كان الجو هادئاً ومناسباً، في رأي الكاتب؟

٧) كيف يصف الكاتب جو لبنان في الوقت الحالي؟

٨) ما هي الدولة التي يراها الكاتب ضرورية لتعود "الطاقات اللبنانية" من الخارج لتوظّف أموالها في لبنان مرة اخرى؟

٩) كيف تعرف ان الكاتب متفائل بخصوص إعمار لبنان في المستقبل القريب؟

هل تعرف

١) كم مجساً (ذراعاً) للأخطبوط؟

Trivia Question: Prior to the outbreak of its civil war in 1975, Lebanon, because of its small size, mountainous terrain, high degree of progress, abundance of political freedom, tolerance of diverse ethnic and religious groups within its society, and prominence in the field of international banking, was often compared to a country in Europe which has all these characteristics. Which European country is this?

SELECTION #80

(London AL-HAYAT 18 Sep 89, p. 7)

English-French Dictionary on Personal Computer

قاموس انكليزي - فرنسي على الكومبيوتر الشخصي

انزلت الشركة الفرنسية "لا ديكو سيستمز" (Le Dico Systems) الى الاسواق قاموساً انكليزياً - فرنسياً يعمل على كومبيوترات آي بي ام الشخصية والمتوافقة معها، اطلقت عليه اسم "لا ديكو" (Le Dico).

البرنامج الجديد عبارة عن اربعة قواميس انكليزي - فرنسي وفرنسي - انكليزي: القاموس الاول يشمل ١٥٥٠٠ مصطلح عام، والثاني يشمل ١٣٠٠ مصطلح تجاري، والثالث يشمل ٦٠٠ مصطلح كومبيوتري، بينما يشمل الرابع ٣٠٠ مصطلح شعبي شائع.

يمكن البحث عن احد المصطلحات بإدخال جزء من المصطلح، فيقوم البرنامج بعرض كل المصطلحات التي تحتوي على هذا الجزء. ويوفر البرنامج ايضاً امكان البحث في سلسلة من النصوص (string search) ويعرض معاني لجميع المصطلحات التي وردت فيها. ويمكن البحث في اكثر من قاموس للحصول على معانٍ مختلفة للمصطلح الواحد.

يوفر "لا ديكو" مجال اضافة مدخلات جديدة لأي من القواميس الاربعة وتحرير محتوياتها. كما يمكن انشاء قواميس جديدة او مزج ملفات خارجية فيها.

يمكن ان يشتغل "لا ديكو" كبرنامج مستقل او كبرنامج مستقر في الذاكرة (TSR) مما يتيح استعمال وظائف القص والالصاق من داخل اي برنامج لمعالجة الكلمات.

زُوّد هذا البرنامج بنظام خاص للمساعدة الفورية، ويستعمل اسلوب اللوائح والنوافذ السهلة الاستعمال والمكتوبة بالانكليزية والفرنسية.

يعمل البرنامج على كومبيوترات آي بي ام الشخصية ويحتاج الى ٢٥٦ كيلوبايت من ذاكرة الاستعمال رام (RAM)، والى سواقة اسطوانات ثابتة. ويبلغ سعره ٥٩٥ فرنكاً فرنسياً. للمزيد من المعلومات يمكن الاتصال بـ:

Le Dico Systems International
57 Rue Blaise
75020 Paris, France

شعبي .... colloquial
يوفّر مجال .... makes it possible
مدخلات .... entries
لوائح .... menus
سواقة اسطوانات ثابتة .... hard-disk drive

SELECTION #80

(London AL-HAYAT 18 Sep 89, p. 7)

English-French Dictionary on Personal Computer (contd.)

اسئلة على النص

١) ما هي الشركة التي أنزلت الى الأسواق قاموساً جديداً يعمل على الكومبيوترات الشخصية؟ ٢) ما عنوان هذه الشركة (بالعربية)؟ ٣) ما هما اللغتان اللتان يعمل بهما القاموس الجديد؟ ٤) كم قاموساً في البرنامج الجديد؟ ٥) اي نوع من المصطلحات يوجد في القواميس؟ ٦) ما اسم البرنامج الجديد؟ ٧) على اي نوع من الكومبيوترات الشخصية يعمل هذا البرنامج الجديد؟ ٨) اي أسلوب سهل الاستعمال يُستخدم في هذا البرنامج؟ ٩) كم كيلوبايت من ذاكرة الاستعمال رام يحتاج هذا البرنامج؟ ١٠) وكم سعر البرنامج؟

Trivia Question: The first person to invent a machine which was able to compute complicated tables was an English mathematician who lived during the nineteenth century. What was his name?

EXERCISE - XVI

Instructions: The following words and phrases are translations of Arabic words and phrases found in Selections 76 through 80. Reread the selections and, while doing so, find their Arabic equivalents. Then write these Arabic equivalents in the spaces next to them.

1. seeded 12th _____

2. his fellow-countryman _____

3. reached the finals _____

4. (the) serve _____

5. the peak of tennis _____

6. (the) brigadier general _____

7. the criminal investigation department _____

8. (the) sanitary instruments _____

9. he (had) started beating her _____

10. the forensic physician _____

11. (the) semi-leaders _____

12. rebuilding Lebanon _____

13. the boots of (the) occupying armies _____

14. they were (just) full of hot air _____

15. the "fund of shame" _____

16. let them contribute _____

17. in the name of authority _____

18. decisively _____

19. a government of puppets _____

20. after the storm disappears _____

21. (the) IBM personal computers _____

22. commercial terms _____

23. (to) edit their contents _____

24. the cut and paste functions _____

25. word-processing program _____

SELECTION #81

(Tunis AL-HURRIYAH 16 Sep 89, p. 24)

Japanese Change Their Type of Food

اليابانيون يغيرون نمط غذائهم

يسجل استهلاك الفرد الياباني من الارز وهو القوام الرئيسي لطعامه انخفاضاً مستمراً في حين يزداد استهلاكه للخبز واللحوم ومنتجات الالبان وبعض الاطعمة غير المحلية.

وحتى عهد قريب جداً كانت وجبات الطعام الياباني تتكون من الارز المسلوق وحساء الميسو واطباق جانبية اخرى تكون مكملة للوجبة.

وعلى سبيل المثال فإن وجبة الافطار النموذجية تحتوي على الارز وحساء ميسو والخضار.

اما وجبة الغداء التي تعتبر اهم وجبة يومية عند اليابانيين فإنها غالباً ما تحتوي على طبق من السمك والخضار المطبوخ بالاضافة الى الارز والحساء.

ونظراً لأن اليابان محاطة بالمياه فمن الطبيعي ان تتوفر فيها الاسماك والأحياء البحرية لذلك فإن المائدة اليابانية تضم نسبة كبيرة من الاطباق الجانبية المُعدّة من هذه المقومات.

وحسب دراسة أجرتها رئاسة الوزراء في اليابان فإن اطباق المأكولات ذات النظم الصينية والغربية اصبحت في الوقت الحاضر طعاماً اساسياً في معظم البيوت اليابانية مما جعل الرغبة التي تولدت لدى الياباني تجاه اطعمة الدول الآسيوية الاخرى وباقي دول العالم تتعمق لتعكس تزايداً في عدد اليابانيين المسافرين الى الخارج وعدد الاجانب الوافدين الى اليابان.

واظهرت الدراسة ان هناك الكثير من الاسر اليابانية اصبحت الآن تتناول طعام العشاء خارج البيت حيث لم تَعُد وجبات الطعام يُنظر اليها كمصدر للتغذية فقط بل اصبحت مصدر متعة عند كل اليابانيين.

---

is decreasing .... يسجّل انخفاضاً

staple .... قِوام

miso [bean paste] .... ميسو

typical .... نموذجي

SELECTION #81
(Tunis AL-HURRIYAH 16 Sep 89, p. 24)

Japanese Change Their Type of Food (contd.)

اسئلة على النص

١) ما هو القوام الرئيسي لطعام اليابانيين؟

٢) ماذا يحدث الآن لاستهلاك اليابانيين للأرزّ؟

٣) وماذا يحدث لاستهلاك الخبز واللحوم ومنتجات الألبان؟

٤) مما كانت تتكوّن وجبات الطعام الياباني، حتى عهد قريب؟

٥) ماذا يأكل اليابانيون في وجبة الافطار عادةً؟

٦) وماذا يأكلون في وجبة الغداء ؟

٧) اي وجبة هي أهمّ وجبة يومية في اليابان؟

٨) لماذا يأكل اليابانيون كثيراً من السمك والأحياء البحرية؟

٩) اي طعام اصبح طعاماً اساسياً في معظم البيوت اليابانية الآن؟

١٠) اين اصبحت كثير من العائلات اليابانية تأكل طعام العشاء الآن؟

Trivia Question: Life expectancy figures in the year 1990 for the world's 33 most developed countries showed Japan as being at the head of the list. Can you guess how many years Japan's average life expectancy rate was that year?

SELECTION #82

(Damascus AL-THAWRAH 11 Mar 90, p. 10)

Quayle Considers U.S. Invasion of Cuba Unlikely and Announces That Sanctions Against Nicaragua Will Soon Be Lifted

كويل يستبعد غزواً امريكياً لكوبا ويعلن قرب رفع العقوبات عن نيكاراغوا

كاراكاس - سانا: اكد دان كويل نائب الرئيس الامريكي بصورة قطعية ان ليس لبلاده نية في اجتياح الاراضي الكوبية من قبل القوات الامريكية.

وذكرت (ا ف ب) ان كويل استبعد في مؤتمر صحفي عقده هنا امس الاول بهذا الصدد هذا الامر وقال انه بالنسبة لواشنطن فإن تكرار الاجتياح الاخير للولايات المتحدة في بنما ليس وارداً.

واوضح كويل ان السلطات الامريكية تعتبر ان الظروف الملائمة لعملية عسكرية كانت مختلفة تماماً في بنما.

وقال ان عملية بنما شكلت حالة معزولة وانه لا يمكن الموازاة بين هذا البلد وكوبا.

ومن جهة اخرى اعلن كويل ان بلاده سترفع العقوبات الاقتصادية ضد نيكاراغوا وستعلن في الاسابيع المقبلة تفاصيل المساعدة لهذا البلد.

وتعليقاً على تصريحات رئيسة نيكاراغوا المنتخبة فيوليتا شامورو التي رفضت احتمال تشكيل حكومة ائتلافية مع الساندينيين صرح كويل ان القرار يعود الى شامورو فالشعب انتخبها من دون لبس ومهما كان قرارها فعلينا احترامه.

ويجتمع في كاراكاس حالياً نائب الرئيس الامريكي ووزير الحكومة الاسبانية فيليب غونزاليس ورئيس فينزويلا كارلوس اندرس بيريز وذلك لايجاد صيغة تسمح بانتقال سلمي للسلطة في نيكاراغوا والغاء حالة التعبئة لدى متمردي الكونترا والجيش النيكاراغوي على السواء.

من جهته قال الرئيس بيريز ان واشنطن تقوم بجهود لازالة منظمة الكونترا مشيراً الى ان الولايات المتحدة واسبانيا وفنزويلا مستعدة للتعاون مع نيكاراغوا لتسوية مشكلة الكونترا.

---

invasion .... اجتياح

is not forthcoming .... ليس وارداً

Violeta Chamorro .... فيوليتا شامورو

the Sandinistas .... الساندينيون

prime minister .... وزير الحكومة

Felipe Gonzalez .... فيليب غونزاليس

Carlos Andres Perez .... كارلوس اندرس بيريز

the Contra(s) .... الكونترا

SELECTION #82

(Damascus AL-THAWRAH 11 Mar 90, p. 10)

Quayle Considers U.S. Invasion of Cuba Unlikely and Announces That Sanctions Against Nicaragua Will Soon Be Lifted (contd.)

اسئلة على النص

١) من اين هذا الخبر؟ ٢) ماذا قال نائب الرئيس كويل عن نيّة بلاده بالنسبة لاجتياح كوبا؟ ٣) اي بلد اجتاحته امريكا قبل زيارة كويل لأمريكا الجنوبية؟ ٤) ماذا قال كويل عن "عملية بنما"؟ ٥) ماذا قال عن العقوبات الاقتصادية ضد نيكاراغوا؟ ٦) وماذا ستفعل امريكا ايضاً بالنسبة لنيكاراغوا؟ ٧) مَن انتُخب رئيساً لنيكاراغوا؟ ٨) ماذا رفضت الرئيسة الجديدة؟ ٩) مع مَن يجتمع نائب الرئيس كويل في كاراكاس حالياً؟ ١٠) في اي المشاكل يبحثون؟

Trivia Question: Caracas, Venezuela was the birthplace of a famous general who, in the early 19th century, led the forces which liberated a number of northern South American countries from Spanish colonial rule. In fact, one of the countries is even named after him. Who was he, and which country is named after him?

SELECTION #83

(London AL-SHARQ AL-AWSAT 23 Mar 87, p. 9)

The Choice Facing Israel

الخيار امام اسرائيل

(افتتاحية) الجولة التي يستعد خافيير بيريز دي كويلار الامين العام للامم المتحدة للقيام بها لمنطقة الشرق الاوسط تعكس نقطتين اساسيتين الاولى هي تزايد الاهتمام العالمي بدفع الجهود لعقد المؤتمر الدولي للسلام والعمل على تخطّي العقبات التي تعوق انعقاده.

اما النقطة الثانية فتتمثل في الشعور العام بأن الوقت مواتٍ اكثر من اي وقت مضى لعقد هذا المؤتمر كما ان تأجيل انعقاده للمستقبل قد يقلل من احتمالات عقده على الاطلاق.

فثمة اتجاه واضح من جانب الامم المتحدة اصلاً ثم من جانب المجموعة الاوروبية للاسراع بعقد المؤتمر خلال العام الحالي نظراً لأن الولايات المتحدة وهي احدى الدول الخمس دائمة العضوية في مجلس الامن ستكون مشغولة بحملة الانتخابات في العام المقبل والذي يليه.

ومن هنا فإن دي كويلار يعلق اهمية قصوى على اجراء محادثات مباشرة مع زعماء الشرق الاوسط للتغلب على العقبات التي تواجه انعقاد المؤتمر الدولي.

ولا شك ان الامين العام للامم المتحدة على يقين كامل من ان المشاكل الرئيسية التي تعترض عقد المؤتمر تكمن في الموقف الاسرائيلي المتعنت خاصة بعد تصريح السيد ياسر عرفات رئيس اللجنة التنفيذية لمنظمة التحرير الفلسطينية الذي اعلن موافقة المنظمة على النظر في عدة بدائل تتعلق بالتمثيل الفلسطيني في المؤتمر.

ولقد لخص مصدر مطّلع في الامم المتحدة الموقف حالياً في عبارة واضحة قال فيها انه اذا وافق مجلس الامن الدولي على عقد المؤتمر وحُلّت مشكلة التمثيل الفلسطيني فإن الخيار امام الاسرائيليين سيكون ضئيلاً وعليهم قبول الواقع.

Javier Perez de Cuellar .... خافيير بيريز دي كويلار

alternatives .... بدائل

SELECTION #83

(London AL-SHARQ AL-AWSAT 23 Mar 87, p. 9)

The Choice Facing Israel (contd.)

اسئلة على النص

١) مَن السيد خافيير بيريز دي كويلار؟ ٢) الى اين يستعدّ ان يسافر؟ ٣) اي مؤتمر يعمل على انعقاده في المستقبل القريب؟ ٤) لماذا تريد الأمم المتحدة والمجموعة الاوروبية ان تعقدا المؤتمر هذه السنة؟ ٥) مع مَن سيُجري دي كويلار محادثات مباشرة في الشرق الاوسط؟ ٦) لماذا سيُجري هذه المحادثات معهم؟ ٧) بِمَ يصف كاتب المقال الموقف الاسرائيلي تجاه عقد المؤتمر؟ ٨) مَن السيد ياسر عرفات؟ ٩) ماذا أعلن بخصوص التمثيل الفلسطيني في المؤتمر؟ ١٠) كيف سيكون الخيار امام اسرائيل اذا وافق مجلس الأمن على عقد المؤتمر وحُلّت مشكلة التمثيل الفلسطيني؟

Trivia Question: Which nations are the five permanent members of the UN Security Council?

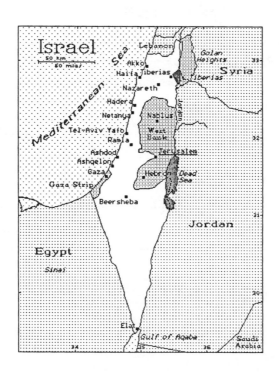

Courtesy of Electromap, Inc.

SELECTION #84

(Beirut AL-NAHAR 1 Jul 87, p. 12)

One Killed, 39 Wounded in Khartoum, and Southern Rebels Kill 11 Merchants

قتيل و٣٩ جريحاً في الخرطوم وثوار الجنوب قتلوا ١١ تاجراً

الخرطوم - رويتر: افاد مسؤولون سودانيون ان شخصاً قُتل وجُرح ٣٩ آخرون في اشتباكين منفصلين وقعا في الخرطوم اول من امس.

وأوضحوا ان شرطة مكافحة الشغب فتحت النار على متظاهرين من الطلاب رشقوها بالحجار في العاصمة السودانية فأصابت ٣ منهم بجروح خطرة. وأصيب في الاشتباك ٣٠ شرطياً. وقال مصدر امني ان الطلاب كانوا يحتجّون على السماح لألفين من رفاقهم بالالتحاق بجامعة القاهرة - فرع الخرطوم من دون اجتياز امتحان القبول المعتاد.

وعاد الطلاب الى حرم الجامعة وأعلنوا انهم سينفّذون اعتصاماً لمدة ٣ ايام. ودعا رئيس الوزراء السوداني الصادق المهدي رئيس الجامعة الى تسوية القضية. وبثّت اذاعة ام درمان ان التظاهرة الطالبية لم تحصل على ترخيص مسبّق مع ان منظّميها يعلمون ان السلطات المحلية حظرت التظاهرات.

وفي حادث آخر حاول اشخاص يعيشون في اكواخ مقامة على اراض للدولة منع الشرطة من ازالتها، فوقع اشتباك سقط فيه قتيل و٦ جرحى بينهم ٤ من رجال الامن. ومعلوم ان الخرطوم يحوط بها حزام من الاكواخ يقيم فيها مئات الآلاف ممن تشردوا نتيجة الحرب الاهلية والقحط.

من جهة اخرى، نشرت صحيفة "البنان" الصادرة في الخرطوم ان ثواراً قتلوا ١١ تاجراً سودانياً في هجوم على قافلة شاحنات في الاقليم الاستوائي في جنوب السودان. ولم تذكر متى وقع الهجوم الذي قام به ثوار "جيش تحرير الشعب السوداني"، لكنها قالت ان التجار من شمال السودان.

ويقاتل ثوار "جيش تحرير الشعب السوداني" منذ عام ١٩٨٣ في جنوب السودان الذي يغلب عليه المسيحيون والوثنيون لاطاحة حكومة الخرطوم وإنهاء سيطرة الشمال العربي المسلم على بقية انحاء البلاد.

---

sit-in	اعتصام
Omdurman	ام درمان
Equatoria province	الاقليم الاستوائي
animists	الوثنيون

SELECTION #84

(Beirut AL-NAHAR 1 Jul 87, p. 12)

<u>One Killed, 39 Wounded in Khartoum, and Southern Rebels Kill 11 Merchants</u> (contd.)

<u>اسئلة على النص</u>

١) كم اشتباكاً حدث في الخرطوم اول امس؟ ٢) مَن كان الطرفان في الاشتباك الاول؟ ٣) لماذا فتحت الشرطة النار على الطلاّب المتظاهرين؟ ٤) لماذا كان الطلاّب يتظاهرون؟ ٥) ماذا أعلن الطلاّب فيما بعد؟ ٦) مَن قاتل الشرطة في الحادث الآخر؟ ٧) لماذا قاتلوا الشرطة؟ ٨) كم شخصاً قُتل وجُرح في هذا الاشتباك؟ ٩) مَن قُتل في جنوب السودان؟ ١٠) مَن قتلهم؟

<u>Trivia Question</u>: In the movie "Khartoum," which actor played the role of General Gordon who was the British colonial governor general of Sudan during the Mahdi's uprising in 1884? If you can also say who played the role of the Mahdi, you'll really ace this one.

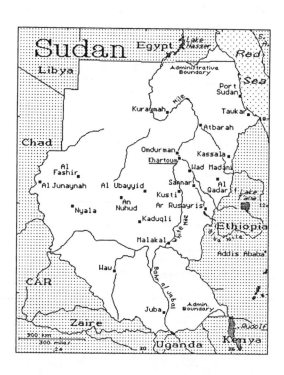

Courtesy of Electromap, Inc.

SELECTION #85

(Amman AL-DUSTUR 12 Mar 90, pp. 1, 16)

Carter Begins Mideast Trip to Encourage Peace Process in the Area

كارتر يبدأ جولة شرق اوسطية لتشجيع عملية السلام في المنطقة

واشنطن - ق ن أ: غادر الرئيس الامريكي الاسبق جيمي كارتر اتلانتا في طريقه الى القاهرة في بداية جولة بمنطقة الشرق الاوسط يزور خلالها كلاً من مصر وسوريا والاردن والاراضي العربية المحتلة والكيان الاسرائيلي وتركز مباحثات الرئيس الامريكي الاسبق خلال هذه الجولة حول التطورات الاخيرة في المنطقة والمساعي الدبلوماسية لاستئناف عملية السلام.

واعرب الرئيس كارتر في تصريح قبل مغادرته عن امله في ان نعود من الشرق الاوسط بفكرة عن آخر التطورات التي يمكن ان تؤدي الى السلام واضاف قائلاً: سوف نشجع الذين يسعون لاقرار السلام على ذلك.

وحرص كارتر على ان يذكر انه سيقوم بهذه الجولة باعتباره مواطناً امريكياً عادياً وليس ممثلاً للحكومة الامريكية وتُعتبر هذه الجولة اول جولة يقوم بها كارتر للمنطقة منذ زيارته لها عام ١٩٨٣.

وكان المسؤولون الاسرائيليون قد اعربوا عن قلقهم من زيارة الرئيس الامريكي الاسبق للاراضي المحتلة وحذروه من ابداء تعاطفه مع الانتفاضة الفلسطينية في الاراضي العربية المحتلة.

وكان مسؤولون اسرائيليون قد اعربوا عن غضبهم من اجتماع كارتر مع مسؤولين بمنظمة التحرير الفلسطينية في القاهرة عام ١٩٨٣.

وصرح يوسي تلميرت رئيس المكتب الصحفي بالحكومة الاسرائيلية اذا كان كارتر يريد ان يتوسط فعليه ان يتصرف بطريقة تجعل منه وسيطاً منصفاً فلن نقبل اي شخص يضع نفسه في موضع العداء نحو موقفنا.

وجدير بالذكر ان الرئيس كارتر الذي يرأس مركز حل الصراع في مدينة اتلانتا وهو مركز متخصص في حل الصراعات الدولية بالوسائل السلمية توسط في ابرام معاهدة كامب ديفيد بين مصر واسرائيل عام ١٩٧٩.

---

made sure that .... حرص على

is .... تُعتبر

Yossi Talmirat .... يوسي تلميرت

adopts an attitude .... يضع نفسه في موضع

SELECTION #85
(Amman AL-DUSTUR 12 Mar 90, pp. 1, 16)

Carter Begins Mideast Trip to Encourage Peace Process in the Area (contd.)

اسئلة على النص

١) مَن السيد جيمي كارتر؟

٢) ما هي البلدان التي يريد ان يسافر اليها؟

٣) الى اين يسافر اولاً؟

٤) لماذا يسافر الى الشرق الأوسط؟

٥) بأي صفة يسافر كارتر الى الشرق الأوسط؟

٦) متى كانت المرة الأخيرة التي زار فيها الشرق الأوسط؟

٧) مما حذّره المسؤولون الاسرائيليون؟

٨) مع مَن اجتمع كارتر في القاهرة في عام ١٩٨٣؟

٩) مَن السيد يوسي تلميرت؟

١٠) ما هو هدف مركز حلّ الصراع الذي يرأسه كارتر؟

Trivia Question: Who were the two leaders, from Egypt and Israel, who concluded the Camp David agreement which was mediated by former President Carter?

السلام

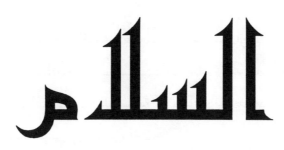

EXERCISE - XVII

<u>Instructions</u>: After rereading Selections 81 through 85, look at the paragraphs below which are extracted from the selections and which contain occasional blank spaces representing omitted words. Try to remember which words belong in these blank spaces and then write these words in the blank spaces. The correct answers are given in the Key to Exercises section at the back of the book.

SELECTION #81

وحسب _____ _____ أجرتها رئاسة الوزراء في _____ فإن اطباق المأكولات ذات النظم الصينية

و_____ اصبحت في الوقت الحاضر طعاماً _____ في معظم البيوت اليابانية ما جعل الرغبة التي

تولدت لدى الياباني تجاه اطعمة الدول _____ الاخرى وباقي دول _____ تتعمق لتعكس

تزايداً في عدد اليابانيين المسافرين الى _____ وعدد الاجانب الوافدين _____ اليابان.

SELECTION #82

_____ - سانا: اكد دان كويل _____ الرئيس الامريكي بصورة قطعية ان ليس لبلاده نية

في اجتياح _____ الكويتية من قبل _____ الامريكية.

وذكرت (ا ف ب) ان كويل _____ في مؤتمر صحفي عقده هنا امس الاول بهذا _____

هذا الامر وقال انه بالنسبة _____ فإن تكرار _____ الاخير للولايات المتحدة في بنما ليس

_____ .

واوضح كويل ان _____ الامريكية تعتبر ان الظروف الملائمة لعملية _____ كانت مختلفة

تماماً في _____ .

SELECTION #83

ولا شك ان _____ العام للامم المتحدة على يقين كامل من ان _____ الرئيسية التي

تعترض عقد المؤتمر تكمن في الموقف الاسرائيلي _____ خاصة بعد تصريح السيد ياسر _____

رئيس اللجنة التنفيذية لمنظمة _____ الفلسطينية الذي اعلن موافقة المنظمة على _____ في عدة

بدائل تتعلق _____ الفلسطيني في المؤتمر.

EXERCISE - XVII (contd.)

SELECTION #84

وأوضحوا ان ـــــ مكافحة الشغب فتحت النار على ـــــــــ من الطلاب رشقوها بالحجار في العاصمة ــــــــ فأصابت ٣ منهم بجروح خطرة. وأصيب في ــــــــ ٣٠ شرطياً. وقال مصدر امني ان الطلاب كانوا ــــــ على السماح لألفين من رفاقهم بالالتحاق بجامعة القاهرة - ــــــ الخرطوم من دون اجتياز امتحان ـــــ المعتاد.

SELECTION #85

واشنطن - ق ن أ: غادر الرئيس الامريكي ــــــ جيمي كارتر اتلانتا في طريقه الى ــــــــ في بداية جولة بمنطقة الشرق ــــــ يزور خلالها كلاً من مصر وسوريا والاردن والاراضي العربية ـــــــ والكيان ـــــــــ وتركز مباحثات الرئيس الامريكي الاسبق ـــــ هذه الجولة حول ـــــــ الاخيرة في المنطقة والمساعي الدبلوماسية لاستئناف ـــــ السلام.

SELECTION #86

(Kuwait AL-QABAS 16-17 Sep 89, p. 1)

Arab Cooperation [Council] Heads of Government Meet in Baghdad Today

رؤساء حكومات التعاون العربي يجتمعون في بغداد اليوم

بغداد - الوكالات: يجتمع رؤساء وزراء دول مجلس التعاون العربي في بغداد اليوم السبت لاقرار اتفاقات قبل مؤتمر قمة المجلس الذي يُعقد في وقت لاحق من الشهر الحالي.

ويضم مجلس التعاون العربي العراق ومصر والاردن واليمن الشمالي وأنشئ في فبراير الماضي بهدف تحقيق التكامل الاقتصادي بين دول المجلس.

واتفق وزراء دول المجلس في عدة اجتماعات عُقدت في بغداد على التعاون في مجالات الصناعة والزراعة والمالية والاعلام والاسكان والتعليم والعدل والنقل والشؤون الاجتماعية.

وسيبحث رؤساء حكومات الدول الاربع هذه الاتفاقات قبل رفعها الى مؤتمر القمة الذي سيُعقد في صنعاء لاقرارها بصفة نهائية.

وكان الدكتور حلمي نمر الامين العام لمجلس التعاون العربي قد قال في يوليو الماضي ان الدول الاربع ستتجه بحرص نحو التكامل الاقتصادي ولن تتخلى عن السيادة الوطنية.

من جهة ثانية صرح طه ياسين رمضان عضو مجلس قيادة الثورة والنائب الاول لرئيس الوزراء العراقي بأن اللجنة العليا المصرية العراقية المشتركة ستجتمع خلال شهر اكتوبر المقبل.

وقال في تصريح ادلى به لمراسل وكالة انباء الشرق الاوسط في بغداد بأنه سيبحث مع الدكتور عاطف صدقي رئيس الوزراء المصري خلال وجوده في بغداد لحضور اجتماع الهيئة الوزارية لدول مجلس التعاون العربي تحديد موعد انعقاد هذه اللجنة.

والمعروف ان اللجنة العليا يرأس الجانب المصري والعراقي فيها كل من الدكتور عاطف صدقي وطه ياسين رمضان. وتتناول في اجتماعاتها تعزيز العلاقات الاقتصادية والتجارية والعلمية والفنية بين البلدين.

Hilmi Nimr .... حلمي نمر

in addition to this .... من جهة ثانية

Taha Yasin Ramadan .... طه ياسين رمضان

Atif Sidqi .... عاطف صدقي

parties .... جانب

SELECTION #86

(Kuwait AL-QABAS 16-17 Sep 89, p. 1)

Arab Cooperation [Council] Heads of Government Meet in Baghdad Today (contd.)

اسئلة على النص

١) مَن يجتمع في بغداد اليوم؟

٢) لماذا يجتمعون؟

٣) ما هي الدول الأربع التي يضمّها المجلس؟

٤) متى أنشئ هذا المجلس؟

٥) ما هو الهدف العام للمجلس؟

٦) مَن الأمين العام لمجلس التعاون العربي؟

٧) ومَن السيد طه ياسين رمضان؟

٨) ومَن الدكتور عاطف صدقي؟

٩) متى ستجتمع اللجنة العليا المصرية العراقية المشتركة؟

١٠) من اين جاء هذا الخبر؟

Trivia Question: Of the four nations in the Arab Cooperation Council--Egypt, Iraq, Jordan, and North Yemen--how many of them share a common border?

مَجْلِسُ ٱلتَّعَاوُنِ ٱلْعَرَبِيِّ

SELECTION #87

(Cairo AKHBAR AL-YAWM 31 Mar 90, p. 4)

Political Science Professor in Korea Becomes a Moslem--Why?

استاذ العلوم السياسية بكوريا يدخل الاسلام ... لماذا؟

هذا الرجل فتح الله قلبه للاسلام ... بعد حياة طويلة في الوثنية.

انه د. احمد تشونج رئيس تحرير جريدة "الهيرالد الاسلامية" بكوريا واستاذ العلوم السياسية بالجامعات الامريكية والسكرتير العام لاتحاد مسلمي كوريا.

عن سبب اسلامه يقول:

اعتنقت الدين الاسلامي وشرح الله صدري له منذ حوالي خمسة عشر عاماً وبالتحديد في ١٩٧٥ وكان ذلك على يد صديق مسلم يسمى "عبد العزيز كيم" والذي دفعني الى الاسلام وأعجبني فيه انه هو عبادة توحيد الله سبحانه وتعالى وما وجدته من ميزات في هذا الدين لم اجده في غيره من الاديان الاخرى فمن طريق الاسلام يصل الانسان الى ثواب ربه وهو الجنة في الدار الآخرة واقول ذلك عن الاسلام خاصة لأنني درست مقارنة الاديان وألفت اكثر من عشرة كتب لمسلمي كوريا الجنوبية وبحكم عملي قمت بزيارات العديد من بلاد العالم لحضور المؤتمرات وهناك شاهدت احوال المسلمين التي تجسدت في الاخوة والمحبة وكأنهم بنيان مرصوص وان الدين الاسلامي دين ينتشر ذاتياً وان الله سبحانه عندما يهدي قلب غير المسلم للاسلام فقد اراد له الخير الكثير والعميم وكما ترى كل يوم على مستوى العالم يشرح الله صدور اناس كثيرين للدخول في هذا الدين الحنيف لأن شريعته عادلة للفرد وللجماعة والمجتمع وهذا ما تفتقده بعض العقائد الاخرى.

وأتمنى ان اقدم على قدر استطاعتي صورة الاسلام في اي بلد من بلدان العالم.

وانني احمد الله تعالى ان وفقني الى ترجمة بعض من المؤلفات الاسلامية للغة الكورية وهذه المؤلفات هي "الاسلام" لمحمد قطب وكتب "الدين المفترى عليه" و"الحلال والحرام في الاسلام" و"عيسى والقرآن" و"طريق الهداية" و"الاسلام والاطفال". وانني اشكر الله الذي وفقني لهذا الدين وشرح صدري له وهذا فضل ونعمة أعتز بهما طوال حياتي.

Ahmad Chung .... احمد تشونج

Abd al-Aziz Kim .... عبد العزيز كيم

the belief in .... عبادة

life .... أحوال

amply and universally blessed .... الخير الكثير والعميم

throughout .... على مستوى

allowed me to successfully translate .... وفقني الى ترجمة

led me to this faith .... وفقني لهذا الدين

SELECTION #87

(Cairo AKHBAR AL-YAWM 31 Mar 90, p. 4)

Political Science Professor in Korea Becomes a Moslem--Why? (contd.)

اسئلة على النص

١) من اين الدكتور احمد تشونج؟ ٢) ما هي الجريدة التي هو رئيس تحريرها؟ ٣) ماذا يدرّس؟

٤) ما هو المنصب الذي يحتلّه في اتّحاد مسلمي كوريا؟ ٥) متى أصبح مسلماً؟ ٦) مَن دفعه الى الاسلام؟

٧) ماذا أعجبه في حياة المسلمين في العديد من بلاد العالم؟ ٨) كم كتاباً ألّف لمسلمي كوريا الجنوبية؟

٩) كيف يصف الدكتور تشونج الشريعة الاسلامية؟ ١٠) كم من المؤلّفات الاسلامية ترجمها الى اللغة الكورية؟

Trivia Question: Out of South Korea's total population of about 44 million (1990), how many people are Christians?

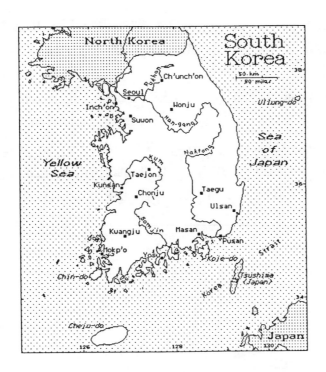

Courtesy of Electromap, Inc.

SELECTION #88

(Cairo AL-AHRAM 5 Dec 88, p. 5)

Egypt in the Nineties Will Be Stronger Economically and Militarily

مصر في التسعينات اقوى اقتصادياً وعسكرياً

علاقاتنا مع امريكا للمصلحة القومية وليست خصوصية

افكار الخرادلي: اعلن الدكتور اسامة الباز وكيل اول وزارة الخارجية ومدير مكتب الرئيس للشئون السياسية ان مصر في التسعينات ستكون اقوى مما هي عليه الآن سياسياً واقتصادياً وعسكرياً وثقافياً، وقال ان بالعالم العربي الآن نماذج للوحدة مثل مجلس التعاون الخليجي وحركة المغرب العربي، والبعض يرى انه يمكن وجود جناح ثالث وهو "وادي النيل" حيث ان الاتجاه حالياً نحو التجمعية وليس التجزيئية، وذلك خطوة على طريق التعاون العربي.

وأكد الدكتور الباز - في محاضرة القاها مساء امس الاول امام ندوة البحوث السياسية بكلية السياسة والاقتصاد - انه ليست لنا علاقة خاصة مع الولايات المتحدة، وانما هي علاقة تعاون واسعة بها مد وجزر، وأكد ان ما يجمعنا بالولايات المتحدة هو المصلحة القومية.

وأكد الدكتور الباز ان هناك حقيقة تاريخية وهي ان مصر القوية هي التي تستطيع ان تحفظ التوازن والاستقرار في العالم العربي.

وقال: اننا قطعنا شوطاً كبيراً في قضية الديمقراطية، وان مصر من اعرق الدول التي مارست الديمقراطية، وان القوة الاقتصادية لمصر في التسعينات ستأتي بعد ان نكون قد امكننا وضع صياغة بالحجم الطبيعي لمشاكلنا الكبرى مثل مشكلة الديون.

وقال انه لا بد من الاهتمام بالفكر الاسلامي كعقيدة ودين وفكر، وان الحركة الاسلامية تمر الآن بمرحلة بعث.

وقال: اننا نكون مخطئين لو تصورنا ان المعارضة لا تقوم بدور رسم السياسة الخارجية، وان الشعب في النهاية هو الذي يحدد التوجهات الاساسية والاطروحات السياسية، ولا بد من التسليم بأن الحاكم ليست له مصلحة تُغاير رؤية الجماهير، وان النظام يعبر في النهاية عن الاجماع القومي او الاغلبية القومية.

Afkar al-Kharadili .... افكار الخرادلي

Usamah al-Baz .... اسامة الباز

closer association .... تجمعية

SELECTION #88
(Cairo AL-AHRAM 5 Dec 88, p. 5)

Egypt in the Nineties Will be Stronger Economically and Militarily (contd.)

اسئلة على النص

١) مَن الدكتور أسامة الباز؟ ٢) ماذا فعل مساء امس الاول؟ ٣) من اي النواحي ستكون مصر اقوى في التسعينات، حسب قول الدكتور الباز؟ ٤) ما هي النماذج الحالية للوحدة في العالم العربي؟ ٥) كيف وصف الدكتور العلاقة بين مصر والولايات المتحدة؟ ٦) ما هو الشيء الذي يجمع مصر بالولايات المتحدة، في رأي الدكتور؟ ٧) ماذا تستطيع مصر القوية ان تفعل؟ ٨) ما هي احدى المشاكل الكبرى لمصر التي ذكرها الدكتور الباز؟ ٩) وماذا قال عن الحركة الاسلامية؟ ١٠) مَن يحدّد التوجّهات الأساسية والأُطروحات السياسية في مصر في النهاية، في رأي الدكتور؟

Trivia Question: Who was Egypt's last king, and how did his reign come to an end?

SELECTION #89

(London AL-SHARQ AL-AWSAT 20 Aug 90, p. 3)

Biggest Ever U.S. Airlift Transporting Troops to the Gulf

اكبر جسر جوي امريكي لنقل القوات الى الخليج

واشنطن - ا ف ب: قالت مصادر سلاح الجو الامريكي ان الجسر الجوي الذي اقامته الولايات المتحدة في اطار عملية "درع الصحراء" هو الاكبر على الاطلاق الذي يقيمه هذا البلد ويُفترض ان يتوسع اكثر مع الاعلان عن استدعاء قريب للاحتياطي.

وكان الرئيس الامريكي جورج بوش قد قرر في السابع من اغسطس (آب) على اثر الغزو العراقي للكويت ارسال قوة عسكرية الى الخليج يمكن ان تصل الى مئتي الف رجل.

ومنذ هذا التاريخ كرّس سلاح الجو الامريكي سبعين في المائة من قدرته في المتوسط لنقل المعدات في رحلات يومية تقوم بها طائرات شحن الى منطقة الخليج وفق ما اوضح الجنرال بوب ميتشل مسؤول الدعم اللوجستي.

ويضاف الى هذا ٣٨ طائرة تابعة لـ١٦ شركة جوية طلبتها السلطات.

ورأى الجنرال ان هذا "الجسر الجوي" هو الاكبر في تاريخ الولايات المتحدة مع وصول طائرة الى الخليج كل عشر دقائق واحياناً اقل. واضاف ان هذه الوتيرة ستزداد مع الوقت.

وأضاف ان طائرات الشحن من طراز (جلاكسي سي ٥) و(ستارليفتر سي ١٤١) و(هركوليز سي ١٣١) اضافة الى الطائرات المقاتلة يجب اعادة تزويدها بالوقود في الجو نظراً لأن المسافة اكثر من ١٣ الف كلم عن الساحل الشرقي للولايات المتحدة مما يتطلب بقاء اسطول من طائرات التزويد بالوقود في الاجواء بشكل دائم.

ولنقل فرقة مدرعة واحدة الى الخليج يجب ان تقوم الطائرات من طراز سي ٥ وسي ١٤١ (اكبر طائرات النقل) بما لا يقل عن ٢٦٩ و١٥٣٨ رحلة على التوالي.

وفي حال تكثيف الجسر الجوي فإن سلاح الجو قد يستخدم ١٨٨ طائرة مدنية. وفي مرحلة نهائية (اذا أعلنت حالة الطوارئ او اندلعت الحرب بمبادرة من الرئيس او الكونجرس) فيمكن مصادرة ٤٧٦ طائرة مدنية.

SELECTION #89

(London AL-SHARQ AL-AWSAT 20 Aug 90, p. 3)

Biggest Ever U.S. Airlift Transporting Troops to the Gulf (contd.)

shield [literally: "armor"]	درع
Mitchell	ميتشل
and sometimes more often than that	وأحياناً أقلّ
pace	وتيرة
Galaxy	جلاكسي
Starlifter	ستارليفتر
Hercules	هركوليز
respectively	على التوالي
due to a decision [literally: "initiative"] taken by	بمبادرة من

اسئلة على النص

١) ما اسم العملية العسكرية الأمريكية التي يكوّن هذا الجسر الجوي جزءاً منها؟ ٢) مِنْ وإلى اين تُنقل القوات ومعداتهم؟ ٣) مَن قرّر إرسال القوة العسكرية الى الشرق الأوسط؟ ٤) على اثر اي حادث اتّخذ هذا القرار؟ ٥) كم جندياً يمكن ان يُرسَل الى الخليج في اطار هذه العملية العسكرية؟ ٦) ما انواع طائرات الشحن التي تنقل الجنود والمعدات في هذه العملية؟ ٧) كم طائرة مدنية تشترك في الجسر الجوي؟ ٨) ماذا قال الجنرال بوب ميتشل عن حجم هذا الجسر الجوي؟ ٩) ما هي وتيرة وصول الطائرات الى الخليج؟ ١٠) ما هو الاجراء الضروري الذي تحتاج الطائرات نظراً للمسافة الكبيرة بين الساحل الشرقي الأمريكي والخليج؟

Trivia Question: Most people of the world refer to the Gulf as the "Persian Gulf." The Arabs also used to call it that, and in old Arabic books you can still see it labelled as الخليج الفارسي *. Nowadays, however, they call it the "Arabian Gulf" (* الخليج العربي *). What do the Turks call it?*

SELECTION #90

(Cairo AL-AHRAM 18 Jul 87, p. 1)

U.S. Accuses Israel of Mistreating Blacks and Americans of Arab Origin

امريكا تتهم اسرائيل بإساءة معاملة السود والامريكيين من اصل عربي

واشنطن - القدس - وكالات الانباء : اعلنت الولايات المتحدة انها تثير على نطاق واسع وباهتمام بالغ مع المسئولين الاسرائيليين حالياً مسألة التفرقة التعسفية التي يتعرض لها الامريكيون من اصل عربي والامريكيون السود عند دخولهم الى اسرائيل. وذكرت مصادر الحكومة بأن واشنطن ستصدر تحذيراً الى المواطنين الامريكيين بعدم دخول اسرائيل ما لم تتوقف هذه الممارسات.

وصرح مسئول اسرائيلي امس بأن وزارة الخارجية الامريكية استدعت اول امس القائم بالأعمال الاسرائيلي في واشنطن لمناقشة هذه المشكلة معه. وقال تشارلز ريدمان المتحدث باسم وزارة الخارجية الامريكية ان الاتصالات مع المسئولين الاسرائيليين في واشنطن استمرت امس الجمعة.

وقال ريدمان ان امريكا ما زالت تشعر بقلق عميق بسبب هذا الموضوع وانها طالبت بحل فوري للمشكلة. وأشار الى ان وزارة الخارجية تلقت منذ بداية العام الحالي ما يفيد بأن ٧٥ امريكياً تعرضوا لمشكلات خلال دخولهم اسرائيل منهم اربعون من اصل عربي والباقون من السود.

وقد طالب (عابدين جبارة) رئيس لجنة مكافحة التمييز ضد الامريكيين العرب الذي اجتمع اول امس مع احد معاوني ريتشارد ميرفي مساعد وزير الخارجية الامريكية بأن يشمل تحذير السفر المتوقع صدوره جميع الامريكيين وليس فقط مَن هم من اصل عربي والسود. وقال ان هذا الوضع اهانة لكل الامريكيين. وبعثت اللجنة التي يرأسها جبارة بوفد الى الكونجرس لطلب عقد جلسات لمناقشة هذه القضية.

وفي القدس، قال مسئول بوزارة الخارجية الاسرائيلية انه يجري بحث التقارير التي تشير الى هذه التفرقة التعسفية ولكنه وصف هذه التقارير بأنها مبالغ فيها للغاية.

وتشير المصادر الامريكية الى ان المعاملة التعسفية تتمثل في احتجاز الامريكيين العرب والسود في نقاط الدخول وتفتيشهم ذاتياً ومصادرة جوازات وتذاكر السفر الخاصة بهم وإرغامهم على ايداع مبلغ يزيد على عشرة آلاف دولار لكل منهم في شكل سندات قبل السماح لهم بمغادرتهم المطار.

تشارلز ريدمان	Charles Redman
عابدين جبارة	Abdeen Jabara
ريتشارد ميرفي	Richard Murphy
سندات	bonds

SELECTION #90

(Cairo AL-AHRAM 18 Jul 87, p. 1)

U.S. Accuses Israel of Mistreating Blacks and Americans of Arab Origin (contd.)

اسئلة على النص

١) بِمَ تتّهم امريكا اسرائيل؟

٢) اين ومتى تحدث إساءة المعاملة هذه؟

٣) حسب التقارير، كم امريكياً عربياً واسود تعرّض للمشاكل خلال الدخول الى اسرائيل منذ بداية السنة؟

٤) ماذا ستعمل الحكومة الأمريكية اذا لم يتوقّف هذا؟

٥) مَن هو تشارلز ريدمان؟

٦) بِمَ طالبت امريكا، حسب قول السيد ريدمان؟

٧) ما هي العبارة التي يستعملها كاتب المقال لوصف إساءة المعاملة التي يكتب عنها؟

٨) مَن هو السيد عابدين جبارة؟

٩) ماذا قال عن هذا الوضع؟

١٠) فِيمَ تتمثّل المعاملة التعسّفية للأمريكيين العرب والسود عند دخولهم اسرائيل؟

Trivia Question: As of 1989, what percentage of the population of Israel (not counting the occupied territories) was Arab?

EXERCISE - XVIII

Instructions: Below is a list of persons, mentioned in Selections 86 through 90, who either undertook certain actions or were on the receiving end of such actions. Directly under the list of persons there is a list of the actions associated with these persons. Reread the selections, then match the actions with the corresponding persons by writing the appropriate letter in the blank space next to each statement of action. The correct answers are given in the Key to Exercises section at the back of the book.

PERSONS

افكار الخرادلي(a) احمد تشونج(b) ريتشارد ميرفي(c) عاطف صدقي(d) عابدين جبارة(e)

جورج بوش(f) مراسل وكالة أنباء الشرق الأوسط(g) تشارلز ريدمان(h) عبد العزيز كيم(i)

حلمي نمر(j) بوب ميتشل(k) طه ياسين رمضان(l) أسامة الباز(m) محمد قطب(n)

ACTIONS

١) يرأس لجنة مكافحة التمييز ضد الأمريكيين العرب. ــــ

٢) أجرى مقابلة مع السيد طه ياسين رمضان في بغداد. ــــ

٣) اجتمع مع عابدين جبارة بخصوص الأمريكيين المسافرين الى اسرائيل. ــــ

٤) قال ان مصر ستكون اقوى في التسعينات. ــــ

٥) قال ان امريكا تشعر بقلق عميق بسبب إساءة معاملة السود والأمريكيين العرب في اسرائيل. ــــ

٦) ساعد صديقه احمد تشونج على ان يُسْلِم. ــــ

٧) كتب مقالاً عن حالة مصر في التسعينات. ــــ

٨) يرأس الجانب المصري في اللجنة العليا المصرية العراقية المشتركة. ــــ

٩) قال ان "الجسر الجوي" الى الخليج هو الأكبر في تاريخ امريكا. ــــ

١٠) ألّف كتاباً اسمه "الاسلام". ــــ

١١) يمثّل العراق في اللجنة العليا المصرية العراقية المشتركة. ــــ

١٢) قال ان الدول الأعضاء في مجلس التعاون العربي ستتّجه الى التكامل الاقتصادي. ــــ

١٣) أسلم وأصبح رئيس تحرير جريدة اسلامية. ــــ

١٤) قرّر إرسال قوة عسكرية الى الخليج بعد الغزو العراقي للكويت. ــــ

SELECTION #91

(Damascus AL-THAWRAH 13 Mar 90, pp. 1, 11)

Arab Press Emphasizes Necessity of Unity When Facing Challenges

الصحف العربية تشدد على ضرورة الوحدة في مواجهة التحديات

شددت الصحف العربية على ضرورة مواجهة التحديات والأخطار المحدقة بالأمة، من خلال موقف عربي موحد والاسراع ببناء دولة الوحدة الفاعلة والقادرة على التصدي لكل اشكال التآمر الذي يهدد الوجود والمستقبل العربي، ولجم الكيان الصهيوني عن الاستمرار في سياسة العدوان والتوسع.

وقد اكدت صحيفة "الرأي" الاردنية في افتتاحيتها امس: انه لا نجاة للعرب ازاء غياب المصداقية الاميركية وتصاعد التعنت الاسرائيلي الا بالتسارع نحو بناء كيان وحدوي معاصر يكون قادراً على التعامل مع التحديات.

وقالت الصحيفة: ان الجماهير العربية لم تَعُد تحتمل الواقع العربي المترهل ولم تعد تحتمل المحصلة السلبية التي تتبدى وتتفاقم بسببه.

وخلصت الصحيفة الى التأكيد بأنه اذا كان اعداء الأمة العربية قد دأبوا على تصوير هذه الدعوة لبناء الكيان الوحدوي وكأنها حلم يستحيل تحقيقه، فإن الجماهير العربية تدرك ان لديها الطاقات وان لدى قياداتها الامكانات التي تُعِينها في ذلك.

من جانبها قالت صحيفة "الرأي العام" الكويتية في افتتاحيتها امس ان اسرائيل قد تعمد في سبيل تحقيق اهدافها الى التمسك بالتطرف من اجل ادخال تغيير في السياسة الاميركية.

وذكرت (كونا) ان الصحيفة سلطت الضوء على مقولات اسرائيلية واميركية بوجود نية لتعديل الخريطة السياسية في المنطقة للضغط على الدول العربية لتقديم تنازلات اضافية يمكن ان تساعد على تأييد خطة بيكر التي يرفضها رئيس وزراء العدو وتجمّع الليكود.

وأشارت "الرأي العام" الى اجتماع حكومة العدو اول امس والذي اظهر تعنتاً تجاه الطروحات الاميركية في المنطقة وقالت: كانوا سابقاً يتهموننا بالتطرف وعدم الرغبة في تحقيق السلام واليوم يقف المتطرفون في اسرائيل ويعلنون بملء افواههم رفضهم للمقترحات الاميركية على الرغم من معرفتنا المسبقة ان تلك المقترحات تخدم المصلحة الاسرائيلية ولن تؤدي بأي حال من الاحوال الى اقامة الدولة الفلسطينية المنشودة.

SELECTION #91

(Damascus AL-THAWRAH 13 Mar 90, pp. 1, 11)

Arab Press Emphasizes Necessity of Unity When Facing Challenges (contd.)

credibility	مصداقية
KUNA [Kuwaiti News Agency]	كونا
Baker	بيكر
Likud	الليكود
proposals	طروحات
we already know	معرفتنا المسبّقة

اسئلة على النص

١) لماذا يجب على العرب ان يتّخذوا موقفاً موحّداً، حسب الصحف العربية؟

٢) وماذا على العرب ان يسرعوا ببنائه ليحمي الوجود والمستقبل العربي؟

٣) كيف يصف كاتب المقال سياسة اسرائيل؟

٤) اين تصدر جريدة "الرأي"؟

٥) ما هما العاملان السلبيان بالنسبة لمصلحة العرب، حسب ما تقول جريدة "الرأي"؟

٦) ما هو الشيء الذي لم تَعُد تحتمله الجماهير العربية؟

٧) كيف يصوّر أعداء الأمّة العربية دعوة العرب لبناء كيان وحدوي؟

٨) اين تصدر صحيفة "الرأي العام"؟

٩) لماذا تتبع اسرائيل سياسة التطرّف، حسب "الرأي العام"؟

١٠) كيف كان موقف حكومة اسرائيل تجاه الطروحات الأمريكية (بخصوص إحلال السلام في الشرق الأوسط)؟

Trivia Question: One of the Arab world's most highly regarded newspapers is also its oldest one still in existence, having been founded in 1876 by two Lebanese brothers, Salim and Bishara Taqla. Which newspaper is this?

SELECTION #92

(London AL-HAYAT 18 Sep 89, p. 9)

Strike for 2nd Day in Occupied Territories, and One Palestinian Killed During Clashes in Tulkarm

اضراب لليوم الثاني في الاراضي المحتلة وسقوط فلسطيني خلال مواجهات في طولكرم

القدس المحتلة - ا ف ب: اصيبت الاراضي المحتلة امس الاحد بالشلل نتيجة الاضراب العام الذي دعت اليه "القيادة الموحدة للانتفاضة" و"حركة المقاومة الاسلامية" (حماس) في الذكرى السابعة لمجزرة مخيمي صبرا وشاتيلا للاجئين الفلسطينيين جنوب بيروت.

وكانت الاستجابة شاملة لدعوة الاضراب في غزة والضفة والاحياء العربية في القدس الشرقية كما لاحظ المراسلون المحليون.

وكانت "القيادة الموحدة" دعت السكان الفلسطينيين في بيانها السادس والاربعين الى الوقوف دقيقة صمت وانشاد النشيد الوطني الفلسطيني "بلادي - بلادي" عند الساعة العاشرة بالتوقيت المحلي.

وأفادت مصادر عسكرية ان فلسطينياً قُتل وجُرح خمسة آخرون مساء السبت خلال مواجهات عنيفة بين الجنود الاسرائيليين والمتظاهرين في مخيم اللاجئين في طولكرم (شمال الضفة الغربية).

وحسب الجيش فإن الجنود الاسرائيليين هوجموا بالحجارة والزجاجات داخل المخيم على يد نحو مئة من السكان بينهم ملثّمون كانوا يلوحون بالاعلام الفلسطينية، فردّ الجنود باطلاق رصاصات مطاطية اصابت بسام يوسف سعيد ابو تمام (٢٠ عاماً) اصابة قاتلة وجرحت خمسة فلسطينيين آخرين.

واستناداً الى مصادر فلسطينية فإن بسام ابو تمام نُقل الى مستشفى طولكرم ثم الى احد مستشفيات نابلس حيث تُوفي.

وعُلم من مصادر فلسطينية ان تسعة فلسطينيين جُرحوا برصاص الجنود الاسرائيليين بعد ظهر السبت في مواجهات عنيفة في قطاع غزة المحتل.

ووقعت المواجهات الاعنف في مخيمي اللاجئين في رفح ودير البلح حيث جُرح ثمانية اشخاص، اربعة في كل من المخيمين. وجُرح فلسطيني آخر في مدينة غزة حسب ما افادت المصادر ذاتها.

وأفادت مصادر فلسطينية ان السلطات العسكرية الاسرائيلية فرضت حظر التجول على ثمانية مخيمات للاجئين في الاراضي المحتلة، سبعة منها في الضفة الغربية وواحدة في غزة.

SELECTION #92

(London AL-HAYAT 18 Sep 89, p. 9)

Strike for 2nd Day in Occupied Territories, and One Palestinian Killed During Clashes in Tulkarm (contd.)

Hamas	حماس
Sabra	صبرا
Chatila	شاتيلا
Bassam Yusuf Sa'id Abu Tammam	بسام يوسف سعيد ابو تمام
Dayr al-Balah	دير البلح

اسئلة على النص

١) متى حدث الاضراب العام في الأراضي المحتلّة؟

٢) مَن دعا الى الاضراب؟

٣) بأي مناسبة دعوا الى الاضراب؟

٤) كيف كانت الاستجابة لدعوة الاضراب؟

٥) ما اسم النشيد الوطني الفلسطيني؟

٦) كم فلسطينياً قُتل وجُرح في طولكرم في المواجهات بين الفلسطينيين والجنود الاسرائيليين؟

٧) بِمَ هاجم الفلسطينيون الجنود الاسرائيليين؟

٨) كيف ردّ الجنود على هذا الهجوم؟

٩) اين مات بسام ابو تمام؟

١٠) اين حدثت المواجهات الأعنف بين الفلسطينيين والجنود الاسرائيليين في قطاع غزة؟

Trivia Question: Today's Palestinians are actually named after an ancient non-Semitic people whom historians believe came to Palestine from the island of Crete in about the 12th century B.C. Who were these people?

SELECTION #93

(Cairo AL-AHRAM 20 Jan 87, p. 5)

Reasons for Delay in a Child's Growth in Height

اسباب التأخر في نمو طول الطفل

ايناس عبد الغني: تحلم كل ام بإنجاب طفل جميل، ذكي خالٍ من العيوب الخلقية، لذا فهي تشعر بالقلق، وتساورها الشكوك اذا ما لاحظت اية أعراض غير عادية على طفلها. ويُعَدّ قصر القامة من الامور التي تشغل تفكير الأم على طفلها لذا فهي تلجأ الى الطبيب طلباً في المشورة.

يقول د. محمود الموجي استاذ طب الاطفال بجامعة الازهر ان قصر القامة او طولها يعتمد على مقارنة طول الطفل بأطوال الاطفال الطبيعيين، والى اي مدى يختلف طوله عن الطول المتوسط الطبيعي، آخذين في الاعتبار طول الأبوين، اما معدل الزيادة في الطول فله اهمية كبيرة، فبعد سنّ سنتين الى ما قبل سنّ المراهقة يكون معدل الزيادة في الطول ثابتاً تقريباً، وهو لا يقل عن ٥ - ٦ سم سنوياً.

بمعنى ان اي زيادة اقل من ذلك يجب ان يُنظر اليها بنظرة شك للبحث عن السبب، اما عن اسباب قصر القامة فهي كثيرة. الا ان اشهرها وأندرها في نفس الوقت هو ما يكون بسبب اضطرابات الغدد الصماء. وليس معنى قصر قامة الطفل ان هناك اضطرابات في الغدد الصماء، فذلك احتمال بعيد نوعاً.

اما الاسباب الرئيسية كما يقول د. محمود الموجي فتتركز حول العوامل الوراثية، وفيها يعتمد التشخيص على الاخذ في الاعتبار طول قامة الطفل بالمقارنة بالأبوين، كما ان الصحة العامة تكون طبيعية، ومعدل النمو في الحدود الطبيعية، وايضاً نمو العظام.

ومن الاسباب الهامة لقصر القامة هو تأخر البلوغ، فمن المعروف ان البلوغ في الجنسين مصحوب بزيادة كبيرة في الطول، فاذا تأخر البلوغ يكون الطفل بالنسبة لأقرانه قصيراً، مما يسبب الشكوى. والتشخيص في هذه الحالة يعتمد على المتابعة، ودراسة نمو وتطور العظام.

اما عن الاسباب الاخرى لقصر القامة فيقول الطبيب ان هذا يرجع الى سوء صحة الطفل، الناتجة عن مرض ما لمدة طويلة مثل الأنيميا المزمنة، امراض الصدر، امراض القلب، الجهاز الهضمي، وخلافه، كما ان هناك اسباباً اخرى نادرة الى جانب امراض الغدد الصماء. كما ان قصر القامة قد يكون نتيجة تشوّهات العظام، الا ان السبب في هذه الحالة يكون واضحاً.

الموجي .... al-Muji

SELECTION #93
(Cairo AL-AHRAM 20 Jan 87, p. 5)

Reasons for Delay in a Child's Growth in Height (contd.)

اسئلة على النص

١) أي نوع من الأطفال تحلم كل ام بإنجابه؟

٢) متى تشعر بالقلق؟

٣) مَن الدكتور محمود الموجي؟

٤) بطول مَن يجب ان يقارَن طول الطفل؟

٥) كم يجب ان يكون معدل زيادة طول الطفل سنوياً؟

٦) ما هو اشهر سبب قصر قامة الطفل؟

٧) هل اضطرابات الغدد الصماء كثيراً ما تسبّب قصر قامة الأطفال؟

٨) ماذا قال الأستاذ عن الأسباب الرئيسية لهذه الظاهرة؟

٩) ما هي الأمراض التي تستطيع ان تسبّب قصر قامة الأطفال؟

١٠) وماذا قال عن العظام؟

Trivia Question: One of the greatest doctors and philosophers during medieval times was a Moslem who lived in Central Asia and Iran and wrote in Arabic. His medical works were required reading for hundreds of years, even in the universities of Europe. What was his name?

SELECTION #94
(Amman AL-DUSTUR 12 Mar 90, pp. 16, 20)

Murphy Warns of Danger of Outbreak of Another War in Middle East

ميرفي يحذر من خطر نشوب حرب اخرى في الشرق الاوسط

لندن - رويتر: قال السيد ريتشارد ميرفي مساعد وزير الخارجية الاميركي لشؤون الشرق الاوسط السابق في حديث نُشر امس انه لا يزال هناك خطر نشوب حرب اخرى في الشرق الاوسط.

ورداً على سؤال اذا كانت تطورات اوروبا الشرقية قد حولت الانظار عن الشرق الاوسط قال السيد ميرفي في حديث لصحيفة "الشرق الاوسط" اللندنية "لا اعتقد ذلك فما زال هناك خطر كبير من حرب اخرى في الشرق الاوسط".

وأضاف قوله "ان هذا امر لا يتفق ومصالح الولايات المتحدة او اي دولة اخرى في المنطقة".

وقال ان هناك اهتماماً اميركياً بدفع عجلة حوار يؤدي الى تسوية سلمية شاملة لمشكلة الشرق الاوسط.

وقال السيد ميرفي "اعتقد اننا نعرف ما هي المشكلة وما هي أبعادها وما هي الصعوبات التي تواجهها الاطراف المعنية ازاء الاتفاق على ثمن السلام. اعتقد اننا أكثر حكمة اليوم ولكن اكثر تواضعاً".

وقال السيد ميرفي انه متفائل من امكانية عقد لقاء بين الفلسطينيين واسرائيل "ولكن ليس بمقدوري تحديد متى سيتم هذا اللقاء".

واستطرد يقول "من الواضح ان هناك انقساماً عميقاً في الجسم الاسرائيلي حول هذه المقترحات".

وعن موضوع هجرة اليهود السوفيات الى اسرائيل قال السيد ميرفي ان ١٨٫٠٠٠ يهودي سوفياتي وصلوا الى الولايات المتحدة منذ عامين كما وصل ٥٠٫٠٠٠ مهاجر يهودي في العام الماضي وانه من المقرر وصول "عدد اكبر هذا العام".

وأضاف قوله ان هذا الموضوع تقرره ادارة الهجرة في الولايات المتحدة "ولكنني اعلم ان هناك مجالاً لاستيعاب مزيد من المهاجرين".

وقال ان "تسعة من كل عشرة من اليهود السوفيات يفضلون الهجرة الى الولايات المتحدة واعتقد اننا سنحاول ايجاد حل لهذه المسألة".

وقال السيد ميرفي انه لا يعتقد ان واشنطن لديها اي مبادرة جديدة لحل الازمة اللبنانية.

SELECTION #94

(Amman AL-DUSTUR 12 Mar 90, pp. 16, 20)

Murphy Warns of Danger of Outbreak of Another War in Middle East (contd.)

Richard Murphy	ريتشارد ميرفي
promoting	دفع عجلة
when confronted with reaching an agreement	ازاء الاتفاق
the Israeli camp	الجسم الاسرائيلي
it had been decided to admit	من المقرّر وصول

اسئلة على النص

١) مَن السيد ريتشارد ميرفي؟

٢) ماذا قال في الحديث الذي نُشر امس؟

٣) اي جريدة أجرت المقابلة معه؟

٤) ما رأي السيد ميرفي في إمكانية تحويل التطوّرات في أوروبا الشرقية للأنظار عن الشرق الأوسط؟

٥) ماذا تريد امريكا، حسب قول السيد ميرفي؟

٦) وماذا قال السيد ميرفي عن إمكانية لقاء بين الفلسطينيين واسرائيل؟

٧) كم يهودياً سوفياتياً هاجر الى امريكا قبل عامين؟

٨) وكم يهودياً سوفياتياً هاجر اليها في العام الماضي؟

٩) وكم يهودياً سوفياتياً من كل عشرة يفضّل الهجرة الى امريكا (بدلاً من اي بلد آخر)؟

١٠) ما هي وكالة الأنباء التي أفادت بهذه المعلومات؟

Trivia Question: The native language of most Soviet Jews today is Russian. What was the native language of most of the Jews in Russia in the nineteenth century?

SELECTION #95

(Cairo AKHBAR AL-YAWM 31 Mar 90, p. 13)

Catch the Video Thief!

امسك حرامي الفيديو!

على مدى ثلاث ساعات كاملة دارت مناقشة ساخنة حول لصوص وقراصنة الفن. المناقشة دعا اليها الوفد الامريكي الذي حضر الى القاهرة ليحاول ايجاد حل لسرقة افلامهم والتي تتم في مصر والشرق الاقصى وتصل خسائرهم كل عام الى ٤٠٠ مليون دولار. والسرقة ليست مقصورة على الافلام الامريكية فقط، ولكنها وصلت ايضاً الى الفيديو والكومبيوتر والكتب والموسيقى.

حضر هذه المناقشة من الجانب المصري عدد من السينمائيين لمناقشة الجانب الامريكي في الخسائر التي تلحق بالسينما المصرية وسرقة افلامها وشرائط الفيديو والتي تُعْرض في الولايات المتحدة الامريكية بلا ضابط ولا رابط وخصوصاً في كاليفورنيا وتخسر السينما المصرية من هذه السرقة ملايين الجنيهات.

من الحاضرين من الجانب المصري المخرج حسام الدين مصطفى وعدلي المولّد بصفته رئيس جمعية حماية المؤلّف ومحمد المعلّم صاحب دار النشر والموسيقار محمد نوح وآخرون من وزارة الثقافة وغرفة صناعة السينما.

ويقول المخرج حسام الدين مصطفى الفكرة من وراء هذا اللقاء هو البحث عن عقوبة رادعة لقرصنة الفيديو والتي نطلق عليها الآن "مرض العصر" لأنها سهلة التداول ومربحة بلا اي تكلفة ومكسبها صافٍ ووصلت الى مليارات من الدولارات على مستوى العالم.

والدولة الوحيدة المهتمة بهذه القرصنة هي امريكا التي اعلنت حرباً شعواء على قراصنة الفن وبدأت تتحرك تحركاً سريعاً في الشرق الاوسط والاقصى للقضاء على لصوص الفيديو والسينما والكومبيوتر.

ويقول آرل سميث المستشار العام للمنظمة العالمية للملكية الفكرية الذي حضر مع الوفد الامريكي انه في العام الماضي كان حجم خسائر السينما الامريكية يصل الى ٤٠٠ مليون دولار ولما تم اتخاذ موقف حاسم ضد احدى هذه البلاد التي تشجع قراصنة الفيديو قلّت خسائر السينما الامريكية ووصلت الى ١٠ ملايين دولار.

وقال ان اي منتج مصري يستطيع ان يحمي فيلمه من السرقات مقابل ١٠ دولارات فقط يدفعها ويمضي على قرار بالحماية فيُحاط فيلمه بالحماية في امريكا كلها ولا يُسرق.

SELECTION #95
(Cairo AKHBAR AL-YAWM 31 Mar 90, p. 13)

Catch the Video Thief! (contd.)

artistic productions	الفنّ
Egyptian(s)	الجانب المصري
Husam al-Din	حسام الدين
Adli al-Muwallid	عدلي المولّد
copyright	حماية المؤلّف
association	غرفة
copyright form	قرار بالحماية

اسئلة على النص

١) ماذا كان موضوع المناقشة الساخنة التي دارت في القاهرة مؤخّراً؟

٢) مَن حضر الى القاهرة ليناقش هذه المسألة؟

٣) اين تتمّ سرقة الأفلام الأمريكية؟

٤) كم تبلغ خسائر السينما الأمريكية كل سنة بسبب هذه السرقة؟

٥) هل سرقة الفنّ هذه تقتصر على الأفلام فقط؟

٦) في اي ولاية من الولايات المتحدة تتمّ سرقة الأفلام والفيديو المصرية على نطاق واسع؟

٧) مَن قال ان قرصنة الفيديو "مرض العصر"؟

٨) بكم يقدّر المكسب الصافي لقرصنة الفيديو على مستوى العالم؟

٩) مَن هو آرل سميث؟

١٠) كيف يستطيع اي منتج مصري ان يحمي فيلمه من السرقات في امريكا؟

Trivia Question: Egypt's film industry has long been the dominant one in the Arab world. When did Egypt start making movies?

EXERCISE - XIX

Instructions: Reread Selections 91 through 95, then indicate whether the statements below are "true" (صواب) or "false" (خطأ) by writing صواب or خطأ in the spaces next to them. The correct answers are given in the Key to Exercises section at the back of the book.

١) قالت جريدة "الرأي" الأردنية ان العرب لا يزالون يثقون بسياسة الحكومة الأمريكية بالنسبة لمشاكل الشرق الأوسط. ________

٢) صحيفة "الرأي العام" هي ايضاً جريدة اردنية. ________

٣) قالت "الرأي العام" ان المقترحات الأمريكية تخدم المصلحة الأسرائيلية. ________

٤) جرى الاضراب العام الفلسطيني بمناسبة ذكرى مجزرة صبرا وشاتيلا. ________

٥) لم يَمُت احد نتيجة الاشتباكات بين المتظاهرين الفلسطينيين والجنود الاسرائيليين. ________

٦) فرضت السلطات الاسرائيلية حظر التجول في عدد من مخيمات اللاجئين في الضفة الغربية وغزّة. ________

٧) الدكتور محمود الموجي من كبار الموظفين في وزارة الصحة المصرية. ________

٨) لا يلعب تأخّر البلوغ خلال المراهقة اي دور يُذْكَر بالنسبة لقصر قامة الانسان. ________

٩) امراض الغدد الصماء في الأطفال هي من الأسباب النادرة لقصر قامتهم. ________

١٠) قال السيد ريتشارد ميرفي ان خطر نشوب حرب اخرى في الشرق الأوسط لا يزال موجوداً. ________

١١) قال السيد ميرفي ايضاً اننا لا نفهم كل أبعاد مشكلة الشرق الأوسط فهماً كاملاً. ________

١٢) اضاف السيد ميرفي ان هجرة اليهود السوفيات الى امريكا تزداد كل سنة. ________

١٣) الأمريكيون قلقون جداً بسبب سرقة افلامهم في مصر وأوربا. ________

١٤) لم تعلن اي دولة غير الولايات المتحدة "حرباً شعواء" على قراصنة الفن. ________

١٥) ثمن حماية حقوق اي فيلم في امريكا رخيص جداً. ________

SELECTION #96

(Cairo AKHBAR AL-YAWM 10 Mar 90, p. 1)

Secret of the Thief Making the Pilgrimage at the Expense of the Ministry of Interior!

سر اللص الذي يحج على نفقة وزارة الداخلية!

محمود صلاح: تسمّر امام باب وزارة الداخلية ورفض ان يتحرك.

سأله الحراس: من انت؟

قال: انا حرامي!

سألوه بدهشة: وماذا تريد؟

قال: اريد مقابلة "شيخ العرب"!

ورفض اللص الشاب ان يفصح عن غرضه. وحتى عندما التقى به اللواء دكتور بهاء الدين ابراهيم اصرّ على عدم الحديث الا مع وزير الداخلية شخصياً.

وخلال دقائق كان اللواء محمد عبد الحليم موسى وزير الداخلية يستقبل اللص الغامض ويستمع الى حكايته المثيرة.

قال: اسمي محمد راشد عبد القادر من قرية العوامية مركز ساقلته بسوهاج. نشأت في اسرة متوسطة الحال ولم اكمل تعليمي. وأغراني الشيطان فسرقت ٥٠ جنيهاً من محفظة والدي. وكانت هذه بداية طريقي للانحراف. بعدها تعلمت سرقة الشقق وارتكبت سرقات لا اعرف عددها وإن كانت حصيلة المسروقات تقدّر بحوالي نصف مليون جنيه. انفقتُ معظمها واشتريت قطعة ارض وبنيت عليها بيتاً واستأجرت "سوبر ماركت" ووضعت عدة آلاف في البنك وأخيراً تم القبض علي وصدر ضدي حكم بالحبس ٣ سنوات.

وأضاف اللص: في السجن عرفت سوء عاقبة طريق الشر. ندمت وأقسمت الاّ اعود للحرام. ولقد خرجت من السجن امس وحين رأيت اطفالي الثلاثة عاهدت الله على الاّ يعيشوا او يأكلوا من الحرام.

سأله وزير الداخلية: كيف؟

قال اللص التائب: هذه هي ١٨ الف جنيه أحضرتها من البنك وهذه هي عقود ملكية الارض والعمارة و"السوبر ماركت" لا اريدها. فقد جاءت من الحرام.

سأله وزير الداخلية: ماذا تريد؟

قال اللص التائب: لا شيء سوى عمل شريف وأن احجّ الى بيت الله.

ربت الوزير على كتف الشاب وصافحه. وقال الوزير لمساعده: يصرف له كشك سجائر، ويسافر للحجّ على نفقة وزارة الداخلية.

SELECTION #96

(Cairo AKHBAR AL-YAWM 10 Mar 90, p. 1)

Secret of the Thief Making the Pilgrimage at the Expense of the Ministry of Interior! (contd.)

al-Awwamiyyah	العوامية
Saqultah	ساقلته
set him up in business at	يصرف له

اسئلة على النص

١) اين وقف محمد راشد عبد القادر؟

٢) كيف أجاب عن سؤال الحراس: "مَن انت؟"

٣) مَن الشخص الذي أراد محمد راشد عبد القادر ان يقابله؟

٤) مَن خرج ليتكلم معه؟

٥) من اين محمد راشد عبد القادر؟

٦) ماذا فعل في بيت أسرته لأن "الشيطان أغراه"؟

٧) وماذا كان تخصّصه الاجرامي فيما بعد؟

٨) اين عرف سوء عاقبة "طريق الشرّ"؟

٩) كيف برهن انه لا يريد ان يعود الى طريق الشرّ؟

١٠) الى اين أراد اللص السابق ان يذهب؟

Trivia Question: Traditional Islamic law--which is still strictly observed in Saudi Arabia--prescribes severe punishments for many crimes. What is the maximum penalty for theft, according to this system of law?

SELECTION #97

(Amman AL-DUSTUR 12 Mar 90, pp. 1, 16)

Lithuania Secedes from USSR and Declares Itself a Sovereign Independent Nation

ليتوانيا تنفصل عن الاتحاد السوفياتي وتعلن نفسها دولة مستقلة ذات سيادة

فيلنيوس (الاتحاد السوفياتي) - رويتر: اعلنت جمهورية ليتوانيا وهي احدى جمهوريات البلطيق السوفياتية الثلاث نفسها امس دولة مستقلة ذات سيادة لتصبح اول جمهورية سوفياتية تحاول الانفصال سلمياً عن موسكو.

وقد اعلن راديو ليتوانيا هذه الخطوة التي اقرّها برلمان الجمهورية في العاصمة فيلنيوس.

وكان البرلمان قد انتخب في وقت سابق زعيماً قومياً رئيساً للجمهورية وقرر تغيير اسمها الى جمهورية ليتوانيا بدلاً من جمهورية ليتوانيا الاشتراكية السوفياتية.

وفاز السيد فيتوتاس لاندسبرجيس على الرئيس الشيوعي الحالي الجيرداس برازوسكاس في اقتراع أجري في اول جلسة للبرلمان الجديد الذي من المتوقع ان يعلن في وقت لاحق استقلال ليتوانيا عن الاتحاد السوفياتي.

وحصل السيد لاندسبرجيس وهو استاذ للموسيقى وزعيم حركة ساجوديس المطالبة بالاستقلال على ٩١ صوتاً بينما حصل الرئيس الشيوعي الحالي على ٣٨ صوتاً فقط.

وجاء فوز السيد لاندسبرجيس بعد اسبوعين من فوز مرشّحي حركة ساجوديس على مرشّحي الحزب السيوعي ليحتلّوا غالبية مقاعد البرلمان الليتواني.

وأكد لاندسبرجيس في تصريح نقلته صحيفة "لا فانغارديا" الصادرة في برشلونة امس ان موسكو "تريد تركيع ليتوانيا وخنقها على الصعيد الاقتصادي".

وقال ان "لجاناً عديدة في موسكو حسبت ثمن استقلالنا بشكل مفصّل (.....) تريدنا ان نشتري حريتنا وهذا يثير في ذهني فكرة فدية عن مخطوف".

وقال اعلان الاستقلال ان جمهورية ليتوانيا دولة مستقلة ذات سيادة على اساس دستورها قبل الحرب العالمية الثانية.

وكانت ليتوانيا مثلها في ذلك مثل جمهوريتي البلطيق الاخريين لاتفيا واستونيا جزءاً من الامبراطورية الروسية. ثم حصلت على الاستقلال عام ١٩١٨. لكنها فقدت هذا الاستقلال مرة اخرى عام ١٩٤٠ بعد ان احتلّها الجيش الاحمر السوفياتي في ظل جوزيف ستالين.

SELECTION #97
(Amman AL-DUSTUR 12 Mar 90, pp. 1, 16)

Lithuania Secedes from USSR and Declares Itself a Sovereign Independent Nation (contd.)

Vilnius	فيلنيوس
Vytautas Landsbergis	فيتوتاس لاندسبرجيس
Algirdas Brazauskas	الجيرداس برازوسكاس
Sajudis	ساجوديس
LA VANGUARDIA	لا فانغارديا
Joseph Stalin	جوزيف ستالين

اسئلة على النص

١) ماذا أعلنت ليتوانيا امس؟

٢) الى اي دولة كانت تنتمي قبل هذا الاعلان؟

٣) اي هيئة حكومية في ليتوانيا اقرّت هذه الخطوة؟

٤) ما هي عاصمة ليتوانيا؟

٥) مَن رئيس الجمهورية الجديدة؟

٦) ما اسم الحركة المطالبة باستقلال ليتوانيا؟

٧) ماذا تريد موسكو ان تفعل، حسب قول السيد لاندسبرجيس؟

٨) متى حصلت ليتوانيا على استقلالها عن الامبراطورية الروسية؟

٩) ومتى فقدت هذا الاستقلال مرة اخرى؟

١٠) كيف فقدت استقلالها في ذلك الوقت؟

Trivia Question: One of the top ranking U.S. tennis players from about 1975 to 1985 had shoulder-length blond hair, was extremely fast on his feet, was known as a great party-goer, and is the son of Lithuanian immigrants. What is his name?

SELECTION #98

(Damascus AL-THAWRAH 16 Mar 90, pp. 1, 11)

Libya Does Not Rule Out U.S.-Israeli Act of Sabotage at the al-Rabitah Plant (I)

ليبيا لا تستبعد عملاً تخريبياً اميركياً - اسرائيلياً في مصنع الرابطة (١)

طرابلس - سانا: اعلنت الجماهيرية الليبية امس ان حريقاً اندلع في مصنع الرابطة الذي يقع على بعد ثمانين كيلومتراً جنوب طرابلس.

وقال متحدث من وكالة الجماهيرية الليبية الرسمية ان الحريق بدأ صباح اول امس ولم يستبعد عملاً تخريبياً اميركياً او اسرائيلياً.

وقد اكدت الجماهيرية ان الحملة الاميركية ضد مصنع الادوية في الرابطة هي مؤامرة تستهدف هذا الانجاز الاستراتيجي الهام الذي سيوفّر ادوية لكل الامة العربية وسيحطّم الاحتكار الاجنبي لها.

ونقلت (ا ف ب) عن راديو طرابلس الغرب في بث له التُقِط في تونس: ان منظمات عربية ودولية اعربت عن تضامنها ودعمها لشعب الجماهيرية الذي يتعرض لحملة عدوانية تشنّها الامبريالية الاميركية.

وقد اتّهم العقيد معمر القذافي قائد ثورة الفاتح من ايلول في الجماهيرية العربية الليبية امس بشكل غير مباشر المخابرات الالمانية الغربية بقيامها بعمل تخريبي داخل اراضي الجماهيرية العربية الليبية.

وقال العقيد القذافي في تصريح لوكالة الجماهيرية للانباء بثّه راديو طرابلس بعد ظهر امس اذا اثبتت التحقيقات الجارية ضلوع المخابرات الالمانية الغربية في عمل داخل ليبيا فإن وجود المانيا الاقتصادي سيصفّى من ليبيا وستخسر تلك الدولة الضالعة في التجسس والتخريب لصالح الامبريالية والصهيونية.

وحول ما يُزْعَم بأن ليبيا تنتج اسلحة كيماوية وغيرها من اسلحة الدمار الشامل قال العقيد القذافي ان ليبيا لو تستطيع صناعتها لما ترددت لأنه لا يوجد قانون ما يمنع اي دولة من انتاج تلك الاسلحة للأسف، ولكن ليبيا بمفردها وبجهدها الذاتي تحتاج الى عشرين سنة اخرى حتى تنتج القنابل الكيماوية.

وأضاف العقيد القذافي ان ليبيا دولة متحضرة ومسلمة تحترم المواثيق والقوانين الدولية وانها موقّعة على كل الاتفاقيات التي تحرم انتشار اسلحة الدمار الشامل وعدم استخدامها ولا يحقّ لأحد ان ينبّه ليبيا لذلك.

وأشاد العقيد القذافي بموقف فرنسا التي زال سوء التفاهم معها كما حيّا موقف ايطاليا حيال ليبيا.

SELECTION #98

(Damascus AL-THAWRAH 16 Mar 90, pp. 1, 11)

Libya Does Not Rule Out U.S.-Israeli Act of Sabotage at the al-Rabitah Plant (I) (contd.)

Libya; the Jamahiriyah	الجماهيرية
Mu'ammar al-Qadhdhafi	معمر القذافي
involvement	ضلوع
involved	ضالع
no one has any reason	لا يحقّ لأحد
praised	حيّا

اسئلة على النص

١) من اين هذا الخبر؟

٢) اين يقع مصنع الرابطة؟

٣) ماذا حدث هناك اول امس؟

٤) ومَن قد يكون المتسبّب في الحريق، في رأي المتحدّث الليبي الرسمي؟

٥) ماذا ينتج المصنع؟

٦) لماذا هذا المصنع مهمّ، في رأي الحكومة الليبية؟

٧) اي دولة اتّهم العقيد معمّر القذّافي مخابراتها بقيام عمل تخريبي في ليبيا؟

٨) ماذا سيحدث للوجود الاقتصادي لهذه الدولة في ليبيا اذا أثبتت التحقيقات انها قامت بعمل تخريبي؟

٩) ماذا يُزْعَم بأن ليبيا تنتج؟

١٠) كيف وصف العقيد القذّافي ليبيا؟

Trivia Question: Libya is not the only Arab country having a major city called "Tripoli." Which other Arab country also does?

SELECTION #99

(Damascus AL-THAWRAH 16 Mar 90, pp. 1, 11)

Libya Does Not Rule Out U.S.-Israeli Act of Sabotage at the al-Rabitah Plant (II)

ليبيا لا تستبعد عملاً تخريبياً اميركياً - اسرائيلياً في مصنع الرابطة (٢)

وقال العقيد القذافي: ان العدوان على ليبيا لن يزيدها الا قوة وتحدّيا ويُكسبها تعاطف الشعوب والثوار. كما ان العدوان من جهة اخرى ينشر العنف مرة ثانية على نطاق واسع ولن يخسر الا الامبرياليون.

وأكد ان سياسة الولايات المتحدة المعادية للوحدة العربية اصبحت مفضوحة وجمعت العنف ضدها في كل شارع عربي. وقال اننا مصمّمون على الوحدة العربية وسنحقّقها.

وحول حقوق الانسان اكد العقيد القذافي ان امريكا لا يحقّ لها التحدث عن حقوق الانسان في الصومال مثلاً او حتى في تشاد دون ان تعطي الامة السوداء استقلالها وتعطي الهنود الحمر استقلالهم في اقامة دولة مستقلة لهم في امريكا الشمالية.

وحيّا العقيد القذافي في تصريحه موقف الامة العربية الذي توحّد للمرة الثانية خلال ثلاثة عشر شهراً حيث وقفت الامة العربية وقفة رجل واحد مع الشعب العربي الليبي الذي استعدّ مليون مقاتل من افراده لحمل السلاح دفاعاً عن الاراضي الليبية.

كما اشاد بالوقفة القومية الشجاعة ضد الطغيان الاستعماري الامريكي.

هذا وقد نفى مسؤولون في وزارة الداخلية التونسية امس الانباء التي زعمها مسؤولون اميركيون حول قيام ليبيا بإغلاقها الحدود مع تونس.

وأكدت مصادر امنية تونسية لوكالة رويتر في موقع رأس جدير الحدودي: ان الحدود البرّية بين ليبيا وتونس بقيت مفتوحة بصورة عادية وان الحركة بالاتجاهين طبيعية.

وكان ناطق باسم البيت الابيض الاميركي قد زعم ان ليبيا اقفلت حدودها مع تونس في اطار الحملة الاميركية المعادية للجماهيرية اثر الحريق الذي اندلع في مصنع الادوية الليبي في الرابطة.

في نيقوسيا ابرزت الصحف القبرصية الصادرة امس انباء الحريق الذي تعرّض له مصنع الرابطة الليبي.

ونشرت الصحف ما اوردته وكالة الانباء الليبية من احتمال وجود عمل تخريبي اميركي او اسرائيلي وراء هذا الحريق الذي وصفته بأنه هجوم تدميري.

وربطت بعض الصحف بين تدمير المصنع والتهديد الذي جاء قبل ايام على لسان الناطق باسم وزارة الدفاع الاميركية بأن واشنطن تعمل على اغلاق المصنع بكل الوسائل بحجة انه معدّ لانتاج الاسلحة الكيماوية.

SELECTION #99

(Damascus AL-THAWRAH 16 Mar 90, pp. 1, 11)

Libya Does Not Rule Out U.S.-Israeli Act of Sabotage at the al-Rabitah Plant (II) (contd.)

Ra's Jadir	رأس جدير

اسئلة على النص

١) مَن يتعاطف مع ليبيا في هذه القضية، حسب قول العقيد القذّافي؟

٢) سياسة اي دولة تُعتبر معادية للوحدة العربية في كل شارع عربي؟

٣) مَن في امريكا يستحقّ الاستقلال، في رأي القذّافي؟

٤) كم مقاتلاً من أفراد الشعب الليبي مستعدّ للدفاع عن الأراضي الليبية؟

٥) ماذا زعم مسؤولون امريكيون بخصوص الحدود الليبية - التونسية؟

٦) وكيف ردّت مصادر أمنية تونسية على هذا الزعم؟

٧) اين حصلت وكالة رويتر على هذه المعلومات من مصادر أمنية تونسية؟

٨) كيف وصفت الصحف القبرصية الحريق في مصنع الرابطة؟

٩) مَن في امريكا قال ان واشنطن تعمل على إغلاق هذا المصنع؟

١٠) ماذا تزعم واشنطن بخصوص المصنع؟

Trivia Question: What is the name of the island in the Mediterranean, not far from Libya, where the people are all Roman Catholics, but whose native language is a dialect of Arabic written in the Latin alphabet?

SELECTION #100

(Cairo AKHBAR AL-YAWM 31 Mar 90, p. 1)

The Sphinx in a Plastic Restoration Chamber!

ابو الهول ... في غرفة انعاش بلاستيك!

امال عثمان: تقدم معهد امريكي بمشروع جديد لانقاذ "ابو الهول" من امراض الشيخوخة. يتم تغطية التمثال بالكامل بغطاء من البلاستيك الشفّاف يشبه الصوبة الزراعية، لعزله عن العوامل الجوية من الرياح والامطار والرطوبة والشمس وبحيث يمكن فتحه صباحاً واغلاقه مساء لحماية التمثال.

وسيتم اختبار الغطاء الجديد لمدة عام، تجري بعده دراسات لمعرفة مدى تأثير حالة ابو الهول بعد عملية العزل.

وصرح فاروق حسني وزير الثقافة: انه يدرس المشروع حالياً مع معهد "بول جيتي" الامريكي، ويبحث امكانية تطبيقه من الناحية العلمية والاثرية والجمالية مع المتخصصين، وفي حالة الموافقة على المشروع سيبدأ التنفيذ بعد الانتهاء من الترميمات الاساسية للتمثال.

ويقول د. سيد توفيق رئيس هيئة الآثار: ان المشروع يتضمن عدة اشكال للغطاء المقترح وهو عبارة عن "خيمة" او غطاء ليلي غير مستديم يُفتح ويُغلق اتوماتيكياً. وبالتالي سيظل "ابو الهول" مكشوفاً نهاراً ابتداء من العاشرة صباحاً، ولن يؤثر هذا المشروع على "بانوراما" المنطقة.

ويقول د. زاهي حواس مدير آثار الجيزة: ان المشروع ليس الاول من نوعه، فقد تقدم معهد "ستانفورد" بكاليفورنيا بمشروع مماثل عام ١٩٧٨. ويقول انه لا بد من البحث عن حل آخر، ولا يعقل ان تقف التكنولوجيا الحديثة عاجزة عن ايجاد حل آخر. وأكد انه يرفض ان يُسجن ابو الهول بعد ان ظل طليقاً حارساً لمصر حوالي ٥ آلاف عام.

ويؤكد د. سيد توفيق: ان الابحاث العلمية والتقارير اوضحت ان التلوث والعوامل البيئية المحيطة هما السبب في تدهور حالة "ابو الهول"، ولكنها لم تشر الى حلول لحماية التمثال الا عن طريق بناء حوائط او مصدات بجوار التمثال، واقترح البعض تغطية التمثال بساتر زجاجي او ردمه بالرمال، كما كان طوال اغلب فترات التاريخ.

ويضيف د. حواس ان العمل جار في تنفيذ "الروشتة" التي وصفها العلماء المتخصصون لأبو الهول، وسيصل في نهاية الشهر القادم "ابريل" احدث جهاز علمي في العالم ليوضع فوق ظهر التمثال ويتصل بجهاز كمبيوتر يسجل لأول مرة بيانات علمية دقيقة عن اتجاه الرياح والرطوبة والحرارة طوال ٢٤ ساعة.

كما يقوم حالياً جهاز الامان النووي بهيئة الطاقة الذرية بعمل قياسات لكمية الاوزون المحيطة بالتمثال لمعرفة كمية التلوث التي تصيب التمثال، وذلك ضمن دراسة البيئة للقاهرة الكبرى.

كذلك يقدم المعهد القومي للبحوث الفلكية والجيوفيزيقية بعمل ٦ حفرات حول التمثال لوضع مجموعة من الاجهزة السماعية لرصد الهزات والزلازل الارضية، وبيان التتابع الطبقي ومعرفة الخواص الديناميكية للطبقات المكونة الصخرة الأم.

SELECTION #100
(Cairo AKHBAR AL-YAWM 31 Mar 90, p. 1)

The Sphinx in a Plastic Restoration Chamber! (contd.)

وتم هذا الاسبوع عمل تحاليل ميكروسكوبية على عينات من سطح التمثال والرقبة والجوانب لمعرفة درجة تآكل الصخور، ولم تظهر نتائجها بعد. كما سيصل هذا الاسبوع خبراء من "اليونسكو" لعمل اول قياسات علمية على رأس ابو الهول لمعرفة مدى اتزانها ومدى تحمل الرقبة للرأس.

وبخصوص المياه فالتقارير الحالية افادت ان المياه تحت الارض لا تصل لأعلى جسم التمثال.

Faruq Husni .... فاروق حسني

Paul Getty .... بول جيتي

Sayyid Tawfiq .... سيد توفيق

temporary .... غير مستديم

Zahi Hawwas .... زاهي حواس

have not been made public .... لم تظهر

اسئلة على النص

١) من اي نوع من الأمراض يشكو ابو الهول؟ ٢) ما هي العوامل الجوية التي تؤثّر على ابو الهول؟ ٣) بِمَ يقترح المعهد الأمريكي لانقاذ ابو الهول؟ ٤) كم من الوقت سيجري اختبار الغطاء الجديد؟ ٥) ماذا سيجري بعد هذا الاختبار؟ ٦) اي معهد امريكي تقدّم بهذا المشروع؟ ٧) مَن ضد هذه الطريقة لانقاذ ابو الهول؟ ٨) منذ كم سنة وابو الهول "حارس مصر"؟ ٩) ما هي الحلول الاخرى المقترحة لانقاذ ابو الهول؟ ١٠) ماذا سيفعل الخبراء من "اليونسكو"؟

Trivia Question: How tall and how long is the Sphinx?

EXERCISE - XX

Instructions: After rereading Selections 95 through 100, match the Arabic words and phrases below with their equivalents in English by writing the appropriate letters in the blank spaces next to the Arabic words and phrases. The correct answers are given in the Key to Exercises section at the back of the book.

the repentant thief (a)	١) الحراس ___
transparent (b)	٢) بدهشة ___
Communist (c)	٣) نشأتُ ___
involvement (d)	٤) اللصّ التائب ___
(the) pollution (e)	٥) عقود ملكية ___
civilized (f)	٦) ذات سيادة ___
the guards (g)	٧) الشيوعي ___
samples (h)	٨) المطالِبة ___
imperialist tyranny (i)	٩) فدية ___
during the rule of (j)	١٠) في ظلّ ___
the black people (k)	١١) يقع ___
the prescription (l)	١٢) الاحتكار ___
property deeds (m)	١٣) الفاتح من ايلول ___
ransom (n)	١٤) ضلوع ___
the land border (o)	١٥) متحضّرة ___
in astonishment (p)	١٦) العدوان ___
starting at (q)	١٧) الأمّة السوداء ___
the monopoly (r)	١٨) الطغيان الاستعماري ___
sovereign (s)	١٩) تدميري ___
destructive (t)	٢٠) الحدود البرّية ___
September 1st (u)	٢١) ابتداءً من ___
I grew up (v)	٢٢) الشفّاف ___
the aggression (w)	٢٣) الروشتّة ___
is located (x)	٢٤) التلوّث ___
which is demanding (y)	٢٥) عيّنات ___

الجزء الثاني

ترجمات النصوص

Part Two

Text Translations

SELECTION #1

King Fahd Arrives in Riyadh from Ha'il

Riyadh (SNA) - King Fahd ibn Abd al-Aziz Al Sa'ud, Custodian of the Two Holy Mosques [in Mecca and Medina],* arrived at King Khalid International Airport in Riyadh yesterday afternoon at 5:45, coming from the city of Ha'il after the inspection trip which he undertook to the provinces of Qasim and Ha'il.

*[Author's Note: This is the official Saudi translation of this title. A better-sounding translation might be something like "Protector of the Two Holy Places."]

اجوبة على الاسئلة

١) من الرياض. ٢) في الساعة السادسة الا الربع مساء امس. ٣) من مدينة حائل. ٤) في مطار الملك خالد الدولي. ٥) ذهب الى منطقتي القصيم وحائل. ٦) كانت جولة تفقّدية.

نعم، اعرف

١) الملك عبد العزيز آل سعود مؤسّس الدولة السعودية. ٢) في مدينتي مكة والمدينة المقدّستين.

٣) هي مدينة الرياض العاصمة. ٤) هي في شمال البلاد.

Trivia Answer: 40.

الملك فهد بن عبد العزيز

SELECTION #2

Kuwaiti Minister of Defense Visits Cairo

Kuwait (Abd al-Majid al-Jamal) - Shaykh Sa'd al-Abdullah, Kuwait's crown prince and prime minister, this morning--i.e., on Saturday--inaugurates the exhibit of military weapons, equipment, and material developed and produced by Egyptians.

Also, Field Marshal Muhammad Abd al-Halim Abu Ghazalah, deputy prime minister and minister of defense and war production, has sent an invitation to Kuwait's minister of defense, Shaykh Salim al-Sabah, to visit Egypt, and the date of the visit will soon be set.

اجوبة على الاسئلة

١) من الكويت. ٢) ولي عهد الكويت ورئيس مجلس الوزراء (الكويتي). ٣) صباح اليوم (السبت).

٤) المصريون. ٥) محمد عبد الحليم ابو غزالة. ٦) لوزير الدفاع الكويتي الشيخ سالم الصباح.

٧) لا، ولكنه سيتمّ قريباً.

نعم، اعرف

١) تقع دولة الكويت بين السعودية والعراق. ٢) عدد سكان الكويت مليون ونصف مليون نسمة تقريباً.

٣) مدينة الكويت هي عاصمة دولة الكويت.

Trivia Answer: First ($17,270 per year).

SELECTION #3

He Commits 200 Robberies in Six Months

Paris (AFP) - A young man arrested in Marseille confessed to committing 190 house robberies and 36 car robberies in southeastern France. It was possible to catch him because he always used the same method [of operation]. Each time he decided to carry out his deed, he would come in the afternoon to the place that he had targeted, break a door or glass in the left side of the windows, and leave his motorcycle--which the neighbors spotted--near the scene of the crime before returning at night to carry out his operation.

اجوبة على الاسئلة

١) من باريس. ٢) في مارسيليا. ٣) لأنه ارتكب ١٩٠ عملية سرقة منزل و٣٦ سرقة سيارة. ٤) في جنوب شرق فرنسا. ٥) استخدم اسلوباً واحداً فقط. ٦) كان يأتي الى هناك بعد الظهر. ٧) حتى يكسر باباً او زجاجاً في نوافذ الهدف الذي كان يسرقه فيما بعد. ٨) في الليل. ٩) كان يترك الدراجة البخارية بالقرب من مكان الجريمة والجيران لاحظوا ذلك.   ١٠) كان دائماً يستخدم نفس الاسلوب في ارتكاب الجرائم ولذلك امكن اكتشافه.

Trivia Answer: *An estimated 2 million.*

SELECTION #4

Prime Minister Receives Manager of Hunt Oil Exploration Co.

Sanaa (Saba') - Yesterday morning Mr. Abd al-Aziz Abd al-Ghani, prime minister and member of the Permanent Committee, received Mr. Dan Edward, resident manager of America's Hunt Oil Exploration Company. During the meeting they reviewed the operations of the company in accordance with the agreement signed by the [Yemeni] government and the company.

The meeting was also attended by Mr. Ali Abd al-Rahman al-Bahr, minister of state, head of the General Petroleum and Mineral Resources Organization, and member of the Permanent Committee.

اجوبة على الاسئلة

١) من صنعاء عاصمة اليمن.

٢) رئيس مجلس الوزراء وعضو اللجنة الدائمة.

٣) المدير المقيم لشركة هانت الامريكية للتنقيب عن البترول.

٤) صباح امس.

٥) مع الحكومة اليمنية.

٦) لأنه وزير الدولة ورئيس المؤسسة العامة للنفط والثروات المعدنية وعضو اللجنة الدائمة.

٧) عن اعمال الشركة وفقاً للاتفاقية الموقّعة بين الحكومة والشركة.

نعم، اعرف

١) الجمهورية العربية اليمنية.

٢) على البحر الاحمر.

٣) المملكة العربية السعودية.

Trivia Answer: Some sources estimated it to be as high as 50 percent.

SELECTION #5

New Syrian Ambassador Graduate of Alexandria University

Egypt has agreed to the nomination of Ambassador Isa Darwish as ambassador of the Syrian Arab Republic to Cairo.

Dr. Darwish was the minister of oil and mineral resources till 1980, after which he was appointed as Syria's ambassador to Kuwait till 1988. There he became the dean of the diplomatic corps.

Dr. Darwish received his BA in economics and political science from the School of Commerce at the University of Alexandria in 1963.

اجوبة على الاسئلة

١) الدكتور عيسى درويش. ٢) في القاهرة. ٣) الجمهورية العربية السورية. ٤) في جامعة الاسكندرية.

٥) الاقتصاد والعلوم السياسية. ٦) في كلية التجارة. ٧) في عام ١٩٦٣. ٨) كان وزير النفط والثروة المعدنية.

٩) في الكويت. ١٠) كان عميد السلك الدبلوماسي.

Trivia Answer: For Alexander the Great, who conquered and occupied Egypt in 333 B.C. after defeating its Persian rulers and then began construction of the city.

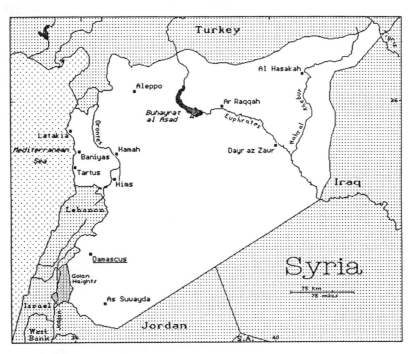

Courtesy of Electromap, Inc.

SELECTION #6

Irrigation in Egypt with Computers

Yesterday Dr. Arafat Shafi'i, first deputy minister for international cooperation, left Cairo for the U.S. as head of an Egyptian delegation which will conduct negotiations dealing with Egypt getting a $31 million loan from the World Bank. The loan will be for the renovation and replacement of [old machinery, etc., in] 50 irrigation and drainage stations in the Delta and Upper Egypt whose useful life has ended. The loan will also be for purchasing computers for the development of a system of communications between the Ministry of Irrigation and different locations in order to control the irrigation and drainage levels throughout the country and guarantee that the water be properly utilized.

اجوبة على الاسئلة

١) وكيل اول وزارة التعاون الدولي (في الحكومة المصرية).

٢) الى الولايات المتحدة.

٣) التفاوض حول حصول مصر على قرض من البنك الدولي قيمته ٣١ مليون دولار.

٤) ٥٠ محطة.

٥) في الدلتا والصعيد.

٦) انتهى عمرها الافتراضي.

٧) اجهزة كمبيوتر.

٨) معناها "في كل مكان في مصر".

نعم، اعرف

١) مقره في مدينة واشنطن عاصمة الولايات المتحدة.

٢) اسمه "السد العالي".

Trivia Answer: Bilharzia, or schistosomiasis.

SELECTION #7

Minister of Transport Inaugurates Three New Central Telephone Exchanges

Engineer Sulayman Mutwalli, minister of transport and communications, this morning inaugurates three new central telephone exchanges in the Red Sea Province. The capacity of the new telephone exchanges is 4,000 lines and they will cost a total of 4.3 million Egyptian pounds. This information was announced by Engineer Wajdi Abd al-Hamid, head of the Wire and Wireless Communications Agency.

He said that these telephone exchanges are in the towns of Safaja, Ra's Gharib, and al-Qusayr and that these telephone exchanges will result in linking these three towns to those of Upper Egypt in addition to the laying of an axial cable to link Upper Egypt to the rest of the cities of the Republic [of Egypt], and that investments in it will total 27 million Egyptian pounds.

اجوبة على الاسئلة

١) المهندس سليمان متولي وزير النقل والمواصلات. ٢) في محافظة البحر الاحمر. ٣) في سفاجا ورأس غارب والقصير. ٤) اربعة آلاف خط. ٥) ٤,٣ مليون جنيه. ٦) رئيس هيئة المواصلات السلكية واللاسلكية. ٧) مدن الصعيد. ٨) كابل محوري.

نعم، اعرف

١) "الصعيد" هو جنوب مصر بدءاً من الجيزة (بجانب القاهرة). ٢) الدلتا.

Trivia Answer: Midnight.

SELECTION #8

Egypt Backs Kuwait in Telephone Call Between Mubarak and Jabir

Cairo (AL-SHARQ AL-AWSAT) - The Egyptian minister of information, Mr. Safwat al-Sharif, announced the fact that President Husni Mubarak has expressed support for Kuwait's stand regarding the issue of the hijacked Kuwaiti plane, and that this was done in a telephone conversation yesterday with Shaykh Jabir al-Ahmad al-Sabah, the Amir [ruler] of Kuwait.

Mr. al-Sharif's statement was made after a meeting which the Egyptian president held with his senior aides.

The Kuwaiti Boeing 747, which was hijacked on April 5th and flown to the Mashhad airport in Iran, has been in Algeria since the day before yesterday after having been in the Larnaca airport in Cyprus for four days.

اجوبة على الاسئلة

١) هو الرئيس المصري.   ٢) الشيخ جابر الاحمد الصباح.   ٣) قال ان مصر تدعم الموقف الكويتي في مسألة الطائرة الكويتية المخطوفة.   ٤) وزير الاعلام المصري صفوت الشريف.   ٥) من القاهرة.   ٦) مع كبار معاونيه.   ٧) في ٥ ابريل (نيسان).   ٨) الى مطار مشهد في ايران.   ٩) في مطار لارنكا في قبرص.   ١٠) في الجزائر.

Trivia Answer: _In 1968, when the Popular Front for the Liberation of Palestine hijacked an El Al jet and diverted it to Algeria._

SELECTION #9

Al-Hamdani Returns from Washington

Sanaa (Saba') - Yesterday afternoon the delegation from the Ministry of Agriculture and the Central Planning Organization, headed by Dr. Ahmad al-Hamdani, the minister of agriculture and fish resources, returned to Sanaa after a visit to Washington which lasted several days. In a statement to the Saba' News Agency, the minister said that he had initialed an agreement for a loan from the World Bank and the International Agricultural Development Fund totalling $12 million for [aid to] the central highlands in the two provinces of Sanaa and Dhamar, which will include plant nurseries, modern means of irrigation, and agricultural credit.

اجوبة على الاسئلة

١) في واشنطن. ٢) عدة ايام. ٣) بعد ظهر امس. ٤) وزارة الزراعة والجهاز المركزي للتخطيط.

٥) الدكتور احمد الهمداني. ٦) هو وزير الزراعة والثروة السمكية. ٧) مع البنك الدولي والصندوق الدولي للتنمية الزراعية. ٨) لوكالة سبأ للأنباء. ٩) ١٢ مليون دولار. ١٠) محافظتا صنعاء وذمار.

Trivia Answer: *Arabia Felix, meaning "happy Arabia" or "prosperous Arabia."*

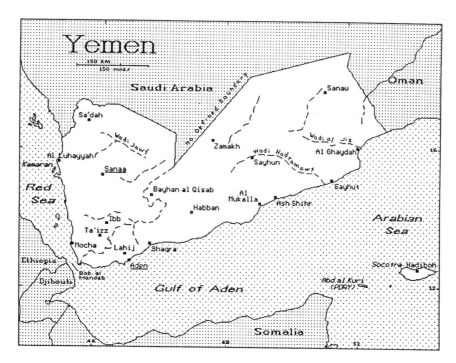

Courtesy of Electromap, Inc.

SELECTION #10

Low-Cost Treatment at Qasr al-Ayni Available to Cancer Patients

The decision was made to make available a system of low-cost treatment, at the Qasr al-Ayni Center for the Treatment of Tumors and Nuclear Medicine, to cancer patients who need radiation treatment.

Dr. Shawqi al-Haddad, the head of the center, said that the new system requires giving the patient between 25 and 30 radiation sessions, in accordance with his medical condition, for a fee of 150 Egyptian pounds for all the sessions. This would include all the expenses for the treatment and medical analyses necessary for the patient. He also said that the treatments are supervised by professors and doctors who specialize in radiation treatment at the center, and that patients will be provided with all the necessary care and comfort.

اجوبة على الاسئلة

١) هو مركز لعلاج الأورام والطب النووي.

٢) نظام علاج اقتصادي لمرضى السرطان الذين يحتاجون للعلاج الاشعاعي.

٣) الدكتور شوقي الحداد .

٤) ما بين ٢٥ الى ٣٠.

٥) يعتمد على حالة المريض الصحية.

٦) ١٥٠ جنيهاً.

٧) التحاليل الطبية اللازمة للمريض.

٨) اساتذة وأطبّاء العلاج بالاشعاع.

٩) كافة سبل العناية والراحة.

١٠) الدكتور شوقي الحداد رئيس المركز.

Trivia Answer: 59 years for males and 62 years for females.

SELECTION #11

Lebanese Resistance Destroys Position of Client Militias

Beirut (SANA correspondent) - The men of the Lebanese National Resistance, the night before last and for the second time during the course of two days, launched an attack on the positions of the militia of the client Antoine Lahad in al-Shumariyah inside the occupied border strip, using machine guns and missile launchers.

The Amal movement announced in a statement yesterday that one of its groups had had a skirmish with soldiers of the above-mentioned position and succeeded in destroying the observation headquarters of the position, whose soldiers were all either killed or wounded.

اجوبة على الاسئلة

١) من بيروت.

٢) رجال المقاومة الوطنية اللبنانية.

٣) الليلة قبل الماضية.

٤) لا، كان الهجوم الثاني.

٥) في الشومرية داخل الشريط الحدودي المحتل.

٦) انطوان لحد.

٧) لا، هو اسم فرنسي.

٨) الاسلحة الرشاشة والقذائف الصاروخية.

٩) حركة "امل". ٩) حركة "امل".

١٠) تدمير مركز المراقبة في موقع من مواقع رجال انطوان لحد وقتل او جرح كل جنوده في الموقع.

Trivia Answer: Five of them. Only Rhode Island is smaller.

175

SELECTION #12

$6 Million from Saudi Arabia for the Intifadah

Jiddah (Reuter) - Leaders of the Palestine Liberation Organization yesterday said that Saudi Arabia had donated $6 million to the PLO for last August in order to support the Intifadah in the occupied territories.

Riyadh has paid out $850 million to the PLO during the last ten years in accordance with commitments on the part of Arab nations to provide aid to the PLO and the Arab confrontation states [opposing] Israel. Since last January Saudi Arabia has given the PLO $6 million each month to help finance the Intifadah.

اجوبة على الاسئلة

١) من جدة. ٢) وكالة رويتر للانباء. ٣) ستة ملايين دولار. ٤) من السعودية. ٥) لمساندة الانتفاضة في الاراضي المحتلة. ٦) مسؤولون في المنظمة. ٧) امس. ٨) ٨٥٠ مليون دولار. ٩) ستة ملايين دولار.

نعم، اعرف

١) تقع جدة في ساحل البحر الاحمر.

Trivia Answer: Eve.

الانتفاضة

SELECTION #13

Airplane Runs Into Pig

Islamabad - The Pakistani air force lost one of its U.S.-made F-16 aircraft when it ran into a wild boar on a runway and caught on fire.

The Pakistani minister of state for defense, Rana Na'im Mahmud Khan, told the parliament yesterday that the plane ran into the wild boar during its acceleration on the runway in preparation for its takeoff on a night flight last December 17th.

The minister added that a wild boar, which the pilot did not see, ran into the front engine assembly while it was going across the runway, and the front engine assembly was destroyed and the plane caught on fire.

اجوبة على الاسئلة

١) اف ١٦.   ٢) لا، كانت تابعة لسلاح الجو الباكستاني.   ٣) اشتعلت النيران فيها وتحطّمت مجموعة التشغيل الامامية.   ٤) على احد المرات.   ٥) من اسلام اباد عاصمة الباكستان.   ٦) وزير الدولة للدفاع رانا نعيم محمود خان.   ٧) امس.   ٨) لا، كانت رحلة ليلية.   ٩) لا، لم يَرَهُ.   ١٠) في ١٧ كانون الاول الماضي (سنة ١٩٨٦ .)

Trivia Answer: *Pakistanis are Moslems, and it is against their religion to eat the flesh of pigs.*

SELECTION #14

Commentary

We are surprised again and again by news items concerning Morocco which are printed by foreign news agencies or newspapers (some of which are published in Morocco) and which have, as sources, authorized or informed circles, whereas the national [Moroccan] newspapers have no knowledge of these news items--whether they are true or false.

Do the informed and authorized circles want our national newspapers to be transformed into foreign newspapers so that they can leak news to them or give them a news scoop?

We assure these circles that we will remain national newspapers, dealing with the most important issues in the life of the Moroccan people rather than with news items and behind-the-scenes activities concerning those "well-known" circles.

Abu al-Huda

اجوبة على الاسئلة

١) السيد ابو الهدى.

٢) وكالات الأنباء والصحف الأجنبية.

٣) الصحف الوطنية (المغربية).

٤) لا، يعتقد ان بعضها كاذبة.

٥) لا، يصدر بعضها في المغرب.

٦) تُسرّب للصحف الأجنبية المعلومات وتعطيها سَبَق الأخبار.

٧) يجب ان "تتحول الى صحف اجنبية".

٨) لا، ستظلّ صحفاً وطنية.

٩) بالقضايا الأهم في حياة الشعب المغربي.

١٠) لا تهتمّ بأخبار وكواليس تلك الأوساط "المعروفة".

Trivia Answer: Nine of them.

SELECTION #15

U.S. Report: Iraqi Missiles Are a Warning to Israel

Washington (Maha Abd al-Fattah) - A CIA report to the White House, [the existence of] which was revealed only yesterday, said that Iraq's construction of bases for missiles having a range of up to 400 miles is a declaration made to Israel and a warning that any strike directed against Iraqi installations will be met with a counterblow.

The report says that, although there are [already] mobile missile bases in Iraq, the setting up of permanent bases provides for more accurate firing and furnishes clear proof to everyone that any attack on Iraq will not occur [without consequences] as happened previously. The report asserts that Iraq is beefing up its means of military communications with Jordan and Saudi Arabia.

اجوبة على الاسئلة

١) من واشنطن.

٢) مها عبد الفتاح.

٣) المخابرات المركزية الامريكية.

٤) الى البيت الابيض.

٥) مداها يصل الى ٤٠٠ ميل.

٦) الى اسرائيل.

٧) بأن اي ضربة تُوجّهها الى المنشآت العراقية سوف تُواجَه بضربة مضادة.

٨) هما القواعد المتنقّلة والقواعد الثابتة.

٩) لانها تحقّق تسديداً اكثر دقةً.

١٠) مع الاردن والسعودية.

Trivia Answer: Since 1920. Before that, the territory known today as "Iraq" was part of the Ottoman Turkish Empire.

SELECTION #16

Ten Years Imprisonment for the Pretty Hitchhiker and Her Husband!

The Giza criminal court sentenced a woman and her husband to 10 years at hard labor for seeking out car drivers, drugging them, and then robbing them. The woman charged with the crime would get in the driver's car, get acquainted with him, then ask him to have a glass of juice or a soft drink with her, and the car would come to a halt...after she had put narcotic pills in his drink. Then she, with the help of her husband, who had a police record and was classified as a dangerous criminal, would rob the driver, steal the contents of the car, and flee. But the Giza criminal investigation police succeeded in arresting them.

The verdict was issued by the court whose presiding judge was Justice Muhammad Raja', the two other court judges were Justices Ghanim Zaydan and Ali Fathi, and the court clerk was Abd al-Muttalib Sha'ban.

اجوبة على الاسئلة

١) الأشغال الشاقة لمدة عشر سنوات. ٢) محكمة جنايات الجيزة. ٣) سائقو السيارات. ٤) كانت تطلب ان يشرب معها كوباً من العصير او زجاجة مياه غازية. ٥) حبوباً مخدّرة. ٦) كانت تتوقف. ٧) كانا يسرقان محتويات السائق والسيارة ثم يهربان. ٨) مباحث الجيزة. ٩) المستشار محمد رجاء. ١٠) عبد المطّلب شعبان.

Trivia Answer: Islamic law and French law (the Napoleonic Code).

SELECTION #17

Barriers Confront Resolution Imposing Sanctions in Gulf War

It is expected that the [UN] Security Council today will hold more consultations concerning arriving at a resolution calling for a cease-fire between Iraq and Iran. But sources in the United Nations have stated that the UN so far has not been able to arrive at a plan which would stipulate the imposition of obligatory sanctions on the party which rejects the cease-fire.

A diplomat in the international organization said: "A resolution without sanctions is useless." He doubted that it would be possible to arrive at a resolution which would include an arms embargo against any party which rejects the cease-fire.

In Kuwait Shaykh Sabah al-Ahmad, the Kuwaiti deputy prime minister and minister of foreign affairs, expressed his optimism that the Security Council would be able to arrive at a resolution which would include a "comprehensive settlement which would put an end to the Iran-Iraq war."

(AP, French Press Agency)

احوبة على الاسئلة

١) العراق وايران. ٢) مجلس الامن في الامم المتحدة. ٣) لأنها لم تستطع التوصل الى مشروع يقضي بفرض عقوبات الزامية على الطرف الذي يرفض وقف اطلاق النار. ٤) مصادر في الامم المتحدة. ٥) قال انه لا فائدة لقرار من دون عقوبات. ٦) قرار يتضمن حظر السلاح عن اي طرف يرفض وقف النار. ٧) نائب رئيس الوزراء ووزير الخارجية الكويتي. ٨) قرار يتضمن تسوية شاملة تنهي الحرب بين العراق وايران.

نعم، اعرف

١) في سنة ١٩٨٠. ٢) آية الله الخميني.

Trivia Answer: Shatt al-Arab.

SELECTION #18

Turkish Police Wound Armed Man and Free Three Hostages

Istanbul (Reuter) - The Anatolia News Agency said that the Turkish police yesterday shot and seriously wounded an armed man who was holding three hostages in an apartment in Istanbul. [The police did this] after breaking into the apartment building.

The news agency said that the police freed the hostages.

The police broke into the dwelling which was located on the 11th floor of a building in the Ataköy residential area in Istanbul where the armed man took the hostages.

The man was one of a group of three men, armed with automatic weapons, who opened fire on a police car in another area the day before yesterday, and this resulted in the death of one policeman and the wounding of two others.

اجوبة على الاسئلة

١) من مدينة استانبول. ٢) الشرطة التركية. ٣) كان يحتجز ثلاثة رهائن في شقة سكنية. ٤) امس. ٥) اتاكوي. ٦) في الطابق الحادي عشر. ٧) افرجت الشرطة عن الرهائن. ٨) فتحوا النيران على سيارة للشرطة. ٩) كانت في حوزتهم اسلحة آلية. ١٠) مصرع شرطي واصابة اثنين آخرين بجروح.

Trivia Answer: It is in both--mostly in Europe, but partly in Asia.

182

SELECTION #19

Iran Welcomes De Cuellar's Plan for Peace in the Gulf

Teheran (SANA correspondent) - The Iranian newspaper JOMHOURI ISLAMI [Islamic Republic], in its editorial yesterday, welcomed the UN secretary-general's eight-point plan for the resumption of peace negotiations between Iran and the Iraqi regime and considered it an important and positive step for the implementation of UN Security Council Resolution 598.

The newspaper asserted Iran's eagerness and desire to achieve lasting peace in the Gulf area and said that the existence of good relations between the peoples of Iran and Iraq is a natural matter which must be brought about between the two countries.

The newspaper called upon the Iraqi regime to give up its policy of procrastination in the peace negotiations if it truly desires to achieve security and stability in the Gulf area.

اجوبة على الاسئلة

١) من طهران (ايران).

٢) هي صحيفة ايرانية.

٣) بمشروع الامين العام للامم المتحدة (دي كويلار).

٤) ثمانٍ.

٥) استئناف مفاوضات السلام بين العراق وايران.

٦) القرار الدولي ٥٩٨.

٧) تحقيق السلام الدائم في منطقة الخليج.

٨) قالت ان هذا امر طبيعي لا بد من تحقيقه.

٩) تقول انها سياسة "مماطلة".

١٠) هي "النظام العراقي".

Trivia Answer: *They call it the "Arabian Gulf."*

SELECTION #20

Worst Year for the Press!!

Certainly last year (1989) was one of the worst years that have been experienced by the press and by journalists. An American report which came out last week revealed that the number of killings and acts of persecution which journalists have been subjected to doubled during the past year, and at the same time governments sank their claws into the body of the press in numerous countries of the world, especially in Latin America.

The report says that 50 journalists were killed last year, 90 others were subjected to assaults and attacks, 250 were arrested, 55 were fired from their jobs, and a total of 50 newspapers and magazines were prohibited or confiscated!

اجوبة على الاسئلة

١) عام ١٩٨٩. ٢) تقرير امريكي صدر في الاسبوع الماضي. ٣) عمليات القتل والاضطهاد التي تعرّض لها الصحفيون. ٤) في دول امريكا اللاتينية. ٥) ٥٠ صحفياً. ٦) ٩٠. ٧) أُعتُقِلوا. ٨) ٥٥ منهم.

٩) صودرت او اصبحت محظورة. ١٠) جريدة "اخبار اليوم" المصرية.

Trivia Answer: *The country was Iraq, and the journalist's name was Farzad Bazoft.*

SELECTION #21

News of Attempted Coup in Baghdad and Execution of 120 Officers

Damascus (SANA) - High-level Arab sources have confirmed to Radio Monte Carlo that an attempted coup d'etat took place recently in Iraq and was led by three high-ranking Iraqi officers.

The Cairo newspaper AL-AHRAM had mentioned yesterday that 120 Iraqi officers had been executed because of their refusal to participate in the invasion of Kuwait.

In a statement to the radio station's reporter in Cairo, these sources said that the execution of these officers happened as a result of the attempted coup d'etat.

In addition to this, diplomatic circles told the [Radio] Monte Carlo reporter in Jiddah that a rebellion had occurred in the Iraqi army because of Iraq's invasion of Kuwait.

اجوبة على الاسئلة

١) في العراق.

٢) ثلاثة من كبار الضباط العراقيين.

٣) مصادر عربية رفيعة المستوى (لاذاعة مونت كارلو).

٤) ١٢٠.

٥) جريدة "الاهرام" المصرية.

٦) رفضوا المشاركة في غزو الكويت.

٧) مراسل اذاعة مونت كارلو.

٨) علم بأن حركة تمرّد وقعت في الجيش العراقي بسبب غزو العراق للكويت.

٩) من اوساط دبلوماسية.

١٠) جريدة "الثورة" في دمشق.

Trivia Answer: Salah al-Din al-Ayyubi (Saladin), who was born in Tikrit in 1138.

SELECTION #22

The Stepmother Was the Reason!

People passing by in the al-Azbakiyyah area saw two young girls who were very intoxicated and who broke into the cars on both sides of the street and stole their contents. Maj. Mahmud al-Sayyid, assistant [police chief] at the al-Azbakiyyah precinct, received a report concerning the incident, and then Majors Ahmad Husayn and Hisham al-Hawwari immediately went to the scene of the incident and were able to apprehend the two girls.

When they were brought before Salih Mar'i, the al-Azbakiyyah public prosecutor, it turned out that they were sisters. One of them was a preparatory [junior high] school student, and the other one had flunked out of school because their stepmother had mistreated them and been cruel to them, so they decided to run away from Isma'iliyyah and find jobs in Cairo. However, they both ended up being on drugs.

The public prosecutor ordered that they be imprisoned for four days in order that an investigation be conducted.

اجوبة على الاسئلة

١) كانتا في حالة سكر شديدة.

٢) كانتا تكسّرانها وتسرقان محتوياتها.

٣) في الأزبكية.

٤) المارّة هناك.

٥) الرائدان احمد حسين وهشام الهواري من قسم الأزبكية.

٦) امام وكيل نيابة الأزبكية.

٧) بسبب قسوة زوجة ابيهما ومعاملتها لهما.

٨) للعمل.

٩) أدمنتا المخدرات.

١٠) بحبسهما اربعة ايام على ذمّة التحقيق.

Trivia Answer: 13,812,300.

SELECTION #23

General Federation of Merchants and Tradesmen in Algiers Province Directs Appeal to All Merchants and Tradesmen in the Province

(AL-SHA'B) - The barriers faced by merchants, tradesmen, and employers resulting from bad regulation of the national market and the defectiveness of the economic system have prejudiced the legitimate rights of this category [of people] and had a negative effect on the citizens' purchasing power.

In view of the absence of a dialogue with the authorities concerned, the Provincial Council and Bureau [of the General Federation of Merchants and Tradesmen] are directing an appeal to all merchants, tradesmen, and employers to participate in the meeting to be held in front of the National People's Assembly on Thursday, 28 June 1990, at 10 am, in order to protest the law regulating prices, the unjust administrative division, and the press campaigns which do not differentiate between the [different types of] merchants, and [to demand] improvement of the food supply and distribution network.

اجوبة على الاسئلة

١) التجار والحرفيون واصحاب الخدمات.

٢) سوء تنظيم السوق الوطنية واختلال النظام الاقتصادي.

٣) انعكست سلباً على قدرتهم الشرائية.

٤) المكتب والمجلس الولائي (للاتحاد العام للتجار والحرفيين لولاية الجزائر).

٥) في يوم الخميس ٢٨ جوان (حزيران - يونيو) سنة ١٩٩٠.

٦) في الساعة العاشرة صباحاً.

٧) امام المجلس الشعبي الوطني.

٨) على قانون الاسعار والتقسيم الاداري المجحف والحملات الصحفية التي لا تفرّق بين التجار.

٩) تحسين شبكة التموين والتوزيع.

١٠) لانعدام الحوار مع السلطات.

Trivia Answer: (تونس) *means both "Tunisia" and "Tunis," and* (الكويت) *both "Kuwait" and "Kuwait City."*

SELECTION #24

Measures in Bangladesh to Contain Demonstrations and Disturbances

Dacca (R) - The day before yesterday the Bangladesh authorities released nine opposition leaders in a step described as being one which will help restore peace in Bangladesh after the series of violent demonstrations and disturbances which has swept over the country during the last few weeks [and whose perpetrators have been] demanding the resignation of President Hussein Ershad.

Abd al-Matin, the minister of interior, announced that the release of more political prisoners will take place in order that the proper atmosphere be created for the beginning of a dialogue with the opposition parties in Bangladesh.

President Ershad had declared his rejection of opposition demands that he resign, however he did indicate the likelihood of new elections being held in the country in 1991 if efforts to achieve a national accord are successful. It should be mentioned that Ershad declared a state of emergency in Bangladesh last Friday following an escalation of the opposition's campaign to demand his resignation.

اجوبة على الاسئلة

١) من دكا عاصمة بنجلاديش.

٢) حسين ارشاد .

٣) سلسلة من المظاهرات والاضطرابات العنيفة.

٤) استقالة الرئيس حسين ارشاد .

٥) تسعة.

٦) لتوفير المناخ الملائم لبدء حوار مع المعارضة.

٧) انه لن يستقيل.

٨) انتخابات جديدة في بنجلاديش (اذا كانت جهود الوفاق الوطني ناجحة).

٩) اعلن حالة الطوارئ في البلاد .

١٠) بسبب تصاعد حملة المعارضة المطالبة باستقالته.

Trivia Answer: Bengali (a language closely related to Hindi and Urdu), which is also spoken in Calcutta and much of eastern India. In fact, more than 150 million persons are speakers of Bengali.

SELECTION #25

Morocco Participates in Arab Volleyball Championships

The Arab Women's Volleyball Championships are being held in Alexandria, Egypt from the 4th to the 11th of August this year, and from the 13th to the 20th of the same month the Arab "Under 15" Junior Championships in this same sport will be held.

It was learned in Cairo that the Egyptian Volleyball Federation so far has received definite word from seven Arab nations that they will participate in these championships, and they are Morocco, Saudi Arabia, Qatar, Lebanon, Algeria, Jordan, and Palestine. Officials of the Egyptian federation said that tomorrow, Monday, is the last deadline for receiving word from the others.

In the capital city of Egypt a press conference will be held in which the speakers will be Majid Kahla, president of the Arab Volleyball Federation, Imad Hamzah, secretary-general of the federation, and a representative of the Egyptian federation. During the conference they will announce the special rules of the two championships and the draw of the matches will be held.

اجوبة على الاسئلة

١) في شهر غشت (اغسطس - آب). ٢) في مدينة الاسكندرية في مصر. ٣) للسيدات. ٤) للناشئين اقل من ١٥ سنة. ٥) سبع دول. ٦) المغرب والسعودية وقطر ولبنان والجزائر والاردن وفلسطين. ٧) غداً (يوم الاثنين). ٨) في العاصمة المصرية (القاهرة). ٩) هو الامين العام للاتحاد العربي للكرة الطائرة. ١٠) خلال الندوة الصحفية.

Trivia Answer: India.

SELECTION #26

The Mercenaries Are Totally Isolated

The Spanish newspaper YA, which is published in Madrid, has said that the Polisario mercenaries are totally isolated and are not being supported at the present time by any regional or international power.

The Spanish newspaper is of the opinion that the self-determination plebiscite which will soon be held in Western Sahara may conclusively affirm Morocco's legitimacy in this region--which His Majesty the King has considered to be an irrevocable matter.

The newspaper YA said that Algeria has reduced by 25 percent its aid to the Polisario, and according to Western observers this aid does not include military equipment.

The newspaper also stated that Spain's embassies in Algeria and Mauritania have uncovered the fact that great dissatisfaction prevails in the Polisario and the newspaper said that Spain has absolutely no desire to intervene in the political problem involving the issue of Western Sahara.

اجوبة على الاسئلة

١) في مدريد عاصمة اسبانيا.

٢) يصفهم بأنهم "مرتزقة".

٣) تقول انه لا تؤيّدهم اي قوة جهوية او دولية.

٤) استفتاء تقرير المصير.

٥) تتوقع انّ الاستفتاء قد يؤكّد الشرعية المغربية في الصحراء.

٦) الجزائر.

٧) لا، انخفضت بنسبة ٢٥ في المائة.

٨) المراقبون الغربيون.

٩) يسودها استياء كبير.

١٠) لا تريد ان تتدخل اطلاقاً في المشكل السياسي لهذه القضية.

Trivia Answer: Spanish Sahara.

SELECTION #27

His Majesty the King Asserts That Saudi Arabia Provides Services to Moslems Because It Is Conscious of Its Duty to Islam and the Pilgrims

Jiddah (SNA) - His Majesty King Fahd ibn Abd al-Aziz asserted that the Kingdom [of Saudi Arabia] provides aid and services to Moslems all over the world because it is conscious of its duty and responsibilities to Islam and Moslems and regarding serving the pilgrims.

His Majesty appealed to God to grant success to everyone in [their efforts to achieve] what is good for Islam and Moslems and to crown their efforts with glory and victory.

This was said in a telegram from His Majesty, received by the secretary-general of the Islamic World League, Dr. Abdullah Umar Nasif, which was in response to the telegram which he sent to His Majesty in which he conveyed the gratitude of the members of the Constituent Assembly of the League [which was expressed] during its 26th session held in Mecca recently and [their gratitude] for the aid which the Saudi government provides to Moslems from the People's [Republic of] China, especially from Turkestan, in order that they perform their religious duty and make the pilgrimage.

اجوبة على الاسئلة

١) من جدة.

٢) المملكة العربية السعودية.

٣) الملك فهد، ملك السعودية.

٤) في برقية ارسلها الى الامين العام لرابطة العالم الاسلامي.

٥) كانت البرقية رداً على برقية تلقّاها منه.

٦) في مكة.

٧) لا، كانت الدورة السادسة والعشرين.

٨) المسلمون.

٩) لأداء فريضة الحج.

١٠) "الرحمن" هو الله و"ضيوف الرحمن" معناها الحُجّاج.

Trivia Answer: 17.4 percent of the world's population, i.e., about 880.7 million persons.

SELECTION #28

Israel Releases Hundreds of Palestinians in Order to Relieve Overcrowding in Jails

Tel Aviv (R) - Israeli Minister of Police Haim Bar-Lev yesterday announced that the government had decided to release several hundred Arab prisoners in Israeli jails due to overcrowding in these jails. Reuter [News] Agency mentioned that the number of Palestinian prisoners in Israel's jails now totals about 4,000.

Bar-Lev pointed out that these prisoners who are going to be released have already served 90 percent of the period of imprisonment they had been sentenced to, and prison authorities in Israel have admitted that the prisoners are forced to sleep on the cell floors because of the overcrowding. Prisoners who have already been released point out that overcrowding is only one of the problems, since the Israeli jailers beat and torture prisoners, in addition to throwing gas bombs at them.

اجوبة على الاسئلة

١) من تل ابيب (اسرائيل).

٢) وزير الشرطة الاسرائيلي.

٣) صرّح بأن الحكومة ستُطلق سراح عدة مئات منهم.

٤) بسبب شدة الزحام في هذه السجون.

٥) امس.

٦) ذكرت ان عددهم يبلغ حوالى ٤ آلاف.

٧) ٩٠ ٪ من المدة المحكوم عليهم بها.

٨) على أرضيات الزنزانات.

٩) المعتقَلون الذين أُطلِق سراحهم من قبل.

١٠) يطلقون قنابل الغاز عليهم.

Trivia Answer: The Israeli line of defense on the eastern side of the Suez Canal which Egyptian forces broke through during the October 1973 war between Israel and Egypt.

SELECTION #29

Husayn and Thatcher Review Middle East Situation and Latest International Developments

London (Petra) - His Majesty King Husayn met with Mrs. Margaret Thatcher, prime minister of Britain, yesterday noon at a working lunch given by Mrs. Thatcher in his honor.

During the meeting there occurred an exchange of views about a number of issues concerning the two countries, and His Majesty and Mrs. Thatcher also reviewed the latest developments in the international arena, particularly Europe, and the effect of these developments on all of the issues which still await a just settlement in the Middle East.

His Majesty's talks with Mrs. Thatcher also dealt with the role it is hoped Europe will play in giving an impetus to efforts to seek this settlement.

His Majesty will later on meet with Mr. Douglas Hurd, Britain's foreign minister, within the framework of the working visit that he is undertaking in Britain.

اجوبة على الاسئلة

١) في انكلترا.

٢) مع رئيسة وزراء بريطانيا مارغريت ثاتشر.

٣) بإقامة غداء عمل.

٤) حول عدد من القضايا التي تهمّ البلدين.

٥) آخر المستجدات على الساحة الدولية وبخاصة في اوروبا.

٦) بسبب تأثيرها على القضايا التي تنتظر التسوية العادلة في الشرق الاوسط.

٧) يُؤْمَل بأنها ستدفع جهود البحث عن التسوية.

٨) مع دوجلاس هيرد وزير خارجية بريطانيا.

٩) بأنها زيارة عمل.

١٠) من لندن.

Trivia Answer: The British Royal Military Academy at Sandhurst.

SELECTION #30

He Sells Narcotics in Front of the Courthouse!

The Imbabah criminal investigation police arrested a liver salesman, selling narcotics in front of the Giza courthouse building, who had in his possession some quantities of pills that he was selling to courthouse visitors, using his sale of liver as a cover.

Information reached Col. Jad Jamil, criminal investigation inspector for North Giza, concerning a young man dealing in narcotics and exploiting his presence in front of one of the buildings of the Giza courthouse complex where he stood with his small cart for selling liver.

Lt. Col. Mahmud Faruq and his assistant, Maj. Yasir al-Aqqad, were able to arrest the liver salesman while he was in possession of the narcotic pills.

Hisham Samir, head of the Imbabah public prosecutor's office, ordered that he be put in jail for 45 days and be brought to trial immediately.

اجوبة على الاسئلة

١) امام مبنى محكمة الجيزة.   ٢) كان يتستّر ببيع الكبدة.   ٣) كانت في شكل حبوب.   ٤) لزبائن المحكمة.

٥) رجال مباحث امبابة.   ٦) العقيد جاد جميل مفتّش مباحث شمال الجيزة.   ٧) المقدم محمود فاروق

ومعاونه الرائد ياسر العقاد.   ٨) مدير نيابة امبابة.   ٩) امر بحبسه ٤٥ يوماً.   ١٠) عاجلة.

Trivia Answer: The word "hashshashin," plural of "hashshash" (meaning one who chews or smokes the narcotic called "hashish"). In medieval times, the "hashshashin" of Syria and Persia would chew this narcotic and then go out and carry out assassinations against the Crusaders.

SELECTION #31

10,000 U.S. Black Moslems Demand to Emigrate to Africa

After a long period of silence, Louis Farrakhan, leader of the Black Moslems in the United States, has decided to demand that his followers have their rights, including their right to return to Africa, their place of origin.

Farrakhan finally agreed to talk to the U.S. media in order to demand that America materially compensate the blacks and cover the expenses of their emigration to Africa, after their ancestors had participated so much in building up the United States, thus enabling it to become the strongest and richest nation in the world.

Farrakhan (56 years old), who is head of an organization that includes 10,000 Black Moslems, says that he is defending the rights of the blacks which got lost in the struggle to affirm the importance of the rights of modern man. The 30 million U.S. blacks even today are still demanding their rights in the land of democracy.

اجوبة على الاسئلة

١) زعيم المسلمين السود في امريكا.

٢) ٥٦ عاماً.

٣) ١٠ آلاف.

٤) حقوقهم وحقّهم في العودة الى افريقيا.

٥) تعوّضهم مادّياً وتدفع نفقات هجرتهم الى افريقيا.

٦) لأن آباء واجداد السود ساهموا الى حدّ كبير في بناء الولايات المتحدة حتى تصبح قوية وغنية.

٧) ٣٠ مليوناً.

٨) لا يزالون يطالبون بحقوقهم.

٩) ضاعت في الصراع حول تأكيد اهمّية حقوق الانسان المعاصر.

١٠) لوسائل الاعلام الامريكية.

Trivia Answer: *Cassius Clay.*

SELECTION #32

Drop in Price of Oil Due to Iran's Threat Not to Adhere to Any OPEC Agreement

New York (the news agencies) - Oil prices dropped yesterday following Iran's announcement that it would not adhere to any OPEC nations' agreement unless there is [also] an agreement to raise the price per barrel of oil by the amount of $2 above the current price of $18 per barrel at the meeting of the ministers of the OPEC nations on December 9th of this year in Vienna.

The price per barrel of Dubai light [crude] oil dropped 10 cents yesterday, down to $16.50 per barrel on the free European market.

Hisham al-Nazir, the Saudi minister of petroleum, accused Iran of striving to evade any agreement arrived at during the upcoming meeting of OPEC ministers and of having upset the oil market by increasing its production and selling at prices lower than the official OPEC prices. The Saudi minister also said that Iran is attempting to drive the other oil-producing nations out of the market by means of demanding an increase in oil prices at the same time that it is selling its [own] oil in the market at reduced prices.

اجوبة على الاسئلة

١) انخفضت.

٢) هدّدت ايران بعدم الالتزام بأي اتفاق للأوبك.

٣) الموافقة على رفع سعر برميل البترول بمقدار دولارين.

٤) في ٩ ديسمبر الحالي.

٥) في فينا في النمسا.

٦) ١٦,٥٠ دولاراً للبرميل.

٧) ١٠ سنتات.

٨) هشام الناظر وزير البترول السعودي.

٩) لا، تبيعه بأسعار منخفضة.

نعم، اعرف

١) دبي مدينة في الامارات العربية المتحدة.

Trivia Answer: Shaykh Ahmad Zaki al-Yamani.

SELECTION #33

Arafat in Baghdad

Baghdad (the news agencies) - Mr. Yasir Arafat, chairman of the Executive Committee of the Palestine Liberation Organization, arrived in Baghdad yesterday on a visit to Iraq which will last several days.

The Iraqi News Agency mentioned that Mr. Arafat was received by the director and members of the Iraqi Revolutionary Command Council's Bureau of Arab Liberation Movements and the director of the Palestine Liberation Organization in Baghdad.

During the last few days Mr. Arafat held talks in Algeria with Algerian officials and with a number of leaders of the Palestinian groups concerning the possibility of a meeting of the Palestine National Council.

An official spokesman of the Fatah movement had already announced the day before yesterday that the eighteenth session of the [Palestine] National Council would be held next April 20th in Algeria's capital city.

اجوبة على الاسئلة

١) رئيس اللجنة التنفيذية لمنظمة التحرير الفلسطينية.

٢) الى بغداد (العراق).

٣) عدة ايام.

٤) مدير وأعضاء مكتب حركات التحرّر العربية في مجلس قيادة الثورة العراقي ومدير منظمة التحرير الفلسطينية في بغداد.

٥) كان في الجزائر.

٦) مع المسؤولين الجزائريين وعدد من قيادات الفصائل الفلسطينية.

٧) حول امكانية عقد المجلس الوطني الفلسطيني.

٨) الدورة الثامنة عشرة.

٩) في ٢٠ ابريل (نيسان) المقبل.

١٠) في العاصمة الجزائرية.

Trivia Answer: Abu Ammar.

SELECTION #34

Saddam Issues Barbaric Decree Permitting Men to Kill Women

Baghdad (AFP) - In an unprecendented step, the Iraqi regime has legally permitted Iraqi men to take it upon themselves to pass judgment on the behavior of their female relatives, to sentence them to death, and to carry out this sentence by their own hand[s] and according to their whims.

AFP [Agence France Presse] mentioned that the authorities of the Iraqi regime have issued a decree, published by the magazine AL-ITTIHAD yesterday, which permits Iraqi men to kill their mothers, daughters, sisters, or paternal or maternal aunts and their daughters on the basis of alleged fornication, without appearing in court.

The authorities of the Iraqi regime have confirmed that this decree will become effective as of its publication in the Iraqi newspapers.

Observers have expressed their astonishment at a barbaric decree such as this which will cause more anarchy and murder in Iraqi society and permit anyone having such personal wishes to carry them out against his female relatives on the basis of alleged fornication.

اجوبة على الاسئلة

١) من بغداد (العراق).

٢) يصفه بأنه "همجي".

٣) في مجلة "الاتحاد".

٤) امس.

٥) بحجّة الزنى.

٦) يقال انه لن يكون ضرورياً.

٧) فور نشره في الصحف العراقية.

٨) سيزيد من الفوضى والقتل فيه.

نعم، اعرف

١) هو صدام حسين، رئيس العراق.

٢) بسبب العداوة السياسية بين الحكومة السورية والحكومة العراقية.

Trivia Answer: The Arab Socialist Baath ("Rennaissance") Party.

SELECTION #35

World Media Continue to Be Interested in President al-Asad's Historic Speech

The world media have continued to be greatly interested in the historic speech made by [our] leader and fighter, Hafiz al-Asad, and have quoted lengthy passages from it.

The newspaper RUDE PRAVO, which is the organ of the Communist Party of Czechoslovakia, was interested in President Hafiz al-Asad's historic speech on the 27th anniversary of the glorious March 8 Revolution, and published excerpts from it.

The newspaper focused on his remark to the effect that the process of change in Eastern Europe has not been favorable for the Arab nations and that, because of it, Israel has achieved great gains in that region of the world, as evidenced by its resumption of diplomatic relations with some of the Eastern European nations.

The newspaper also published the appeal by President al-Asad to the Arab nations to coordinate their positions concerning the latest developments in Eastern Europe.

اجوبة على الاسئلة

١) الرئيس السوري حافظ الاسد.

٢) يصفه بأنه "تاريخي".

٣) بأنه "القائد المناضل".

٤) "رودي برافو".

٥) هي الناطقة بلسان الحزب الشيوعي التشيكوسلوفاكي.

٦) في الذكرى السابعة والعشرين لثورة الثامن من آذار (مارس).

٧) قال انها غير مؤاتية للدول العربية.

٨) لأنها جدّدت العلاقات الدبلوماسية مع بعض الدول هناك.

٩) ناشدها ان تنسّق مواقفها تجاه المستجدات في اوروبا الشرقية.

نعم، اعرف

١) "رودي برافو" يعني "القانون الاحمر".

Trivia Answer: *The Alawis, or Nusayris.*

SELECTION #36

Jordanians Rush Out to Buy Lebanese Pounds

Amman (Reuter) - Jordanians rushed to banks and black market merchants yesterday to purchase Lebanese pounds after the Tripartite Arab Committee tasked to end the Lebanese crisis called for an immediate cease-fire in Lebanon.

Currency merchants said that they were unable to meet the demand because they did not have large quantities of Lebanese currency on hand.

One black market merchant told Reuter [News Agency] that yesterday morning he was deluged with telephone calls from people asking him whether or not he had Lebanese pounds because they felt that the currency's exchange rate would go up after the call for the cease-fire.

A banker said that everyone wants to buy Lebanese pounds now in order to speculate with them in the future. However, he said that this is risky and that the speculators should wait and see whether or not the cease-fire will hold.

اجوبة على الاسئلة

١) من عَمّان (الاردن).

٢) الليرة اللبنانية.

٣) الى البنوك وتجّار السوق السوداء.

٤) كانوا يشعرون ان سعر الليرة اللبنانية سيرتفع بعد دعوة اللجنة العربية الثلاثية الى وقف اطلاق النار في لبنان.

٥) لأنه لم يكن عندهم كميات كبيرة من العملة اللبنانية.

٦) احد تجّار السوق السوداء.

٧) اشخاص يسألونه عمّا اذا كانت لديه كميات من الليرة اللبنانية.

٨) يريدون ان يدخلوا مضاربات بالليرة اللبنانية في المستقبل.

٩) يصفه بأنه "مغامرة".

١٠) يجب ان ينتظروا ليروا ما اذا كان وقف النار سيستمرّ.

Trivia Answer: *Syria and Turkey.*

SELECTION #37

Iraq and Bahrain Win in Asian Volleyball Championships

Seoul (AFP) - Iraq and Bahrain defeated Thailand and Nepal, and the United Arab Emirates, Qatar, and Kuwait lost to Japan, Iran, and India yesterday during the third day of the 5th Asian Men's Volleyball Championships.

In the first group, Iraq defeated Thailand 15-7, 5-15, 9-15, 15-13, 15-8, and Bahrain defeated Nepal 8-15, 15-5, 15-6, 15-5.

In the second group, Japan defeated the UAE 15-2, 15-3, 15-10, and Pakistan defeated New Zealand 15-2, 15-8, 15-4.

In the third group, Iran defeated Qatar 15-1, 15-4, 15-1, and China defeated Australia 15-5, 15-7, 12-15, 15-6.

In the fourth group, India defeated Kuwait 15-8, 15-8, 15-11, and Sri Lanka defeated Hong Kong 17-15, 15-5, 15-4.

اجوبة على الاسئلة

١) من سيول (كوريا الجنوبية).

٢) بطولة آسيا في الكرة الطائرة للرجال.

٣) العراق والبحرين والامارات العربية المتحدة وقطر والكويت.

٤) فاز فريقا العراق والبحرين.

٥) فاز الفريق العراقي على فريق تايلاند وفاز الفريق البحريني على فريق نيبال.

٦) الهند.

٧) ١٥-٨، ١٥-٨، و١٥-١١.

٨) فازت اليابان على الامارات ١٥-٢، ١٥-٣، و١٥-١٠.

٩) باكستان.

١٠) اربع مجموعات.

Trivia Answer: Ten languages--Arabic (Iraq, Bahrain, UAE, Qatar, Kuwait), English (Australia, New Zealand), Chinese (China, Hong Kong), Thai (Thailand), Nepali (Nepal), Japanese (Japan), Persian (Iran), Hindi (India), Urdu (Pakistan), and Sinhala (Sri Lanka).

SELECTION #38

Demonstrations Call for Independence in Puerto Rico

San Juan, Puerto Rico (SANA) - Dozens of supporters of independence demonstrated here, the day before yesterday, protesting the discussions which were taking place in the U.S. Congress concerning the future relationship of Puerto Rico to the United States.

AP mentioned that the demonstrators burned American flags and hoisted anti-government slogans. These demonstrations were a protest against the fact that an eight-member delegation was beginning discussions in the U.S. Congress which are to last three days. During the discussions it is expected that 80 witnesses will testify concerning the plebiscite proposed to be held next June 1991 in which [Puerto Rican] citizens will choose the future of their country. According to this plebiscite, citizens in Puerto Rico will have three choices--total independence, total affiliation with the United States, or the attainment of a greater measure of autonomy.

اجوبة على الاسئلة

١) من سان خوان (بورتوريكو).

٢) العشرات من مؤيّدي الاستقلال.

٣) امس الاول.

٤) مداولات دارت في الكونغرس حول علاقة بورتوريكو المستقبلية مع الولايات المتحدة.

٥) احرقوا الأعلام الامريكية ورفعوا شعارات معادية للحكومة.

٦) ثمانية.

٧) ثمانون.

٨) في حزيران سنة ١٩٩١.

٩) المواطنون في بورتوريكو.

١٠) الاستقلال التام او الانضمام كليةً الى الولايات المتحدة او الحصول على قدر اكبر من الحكم الذاتي.

Trivia Answer: 2 million.

SELECTION #39

Wiping Out Illiteracy of 432 Million Persons During Next 10 Years

(Rif'at Fayyad) - The Emergency General Conference of the Islamic Educational, Scientific, and Cultural Organization, which was held recently in Thailand and attended by the ministers of education of 46 Islamic nations, concluded that it was necessary to mobilize the capabilities of all the Islamic nations to wipe out illiteracy during the next 10 years in order that the Islamic world get rid of the stigma of illiteracy.

Dr. Ahmad Fathi Surur, the Egyptian minister of education who represented his country at this conference, said that the conference's statistics had revealed that the Islamic world includes 432 million illiterate persons among its total population which, according to the latest estimates, amounts to 1.2 billion persons.

It was decided to establish a central fund for the project headquartered in the Moroccan capital city of Rabat. More than 20 large financial establishments in the Islamic world have demonstrated their readiness to contribute toward financing the fund. It was also decided to invest part of the zakat [Islamic religious alms taxes] funds in the implementation of this project.

اجوبة على الاسئلة

١) المؤتمر العام الاستثنائي للمنظمة الاسلامية للتربية والعلوم والثقافة.

٢) في تايلاند.

٣) وزراء تعليم ٤٦ دولة اسلامية.

٤) القضاء على الأمّية في الدول الاسلامية.

٥) عشر سنوات.

٦) وزير التعليم المصري.

٧) مليار و٢٠٠ مليون نسمة.

٨) ٤٣٢ مليوناً.

٩) بواسطة صندوق مركزي وجزء من اموال الزكاة.

١٠) في الرباط عاصمة المغرب.

Trivia Answer: Some specialists estimate it as being as high as 60 million, or one-third of the entire U.S. adult population (1985).

SELECTION #40

Decrease of a Billion Egyptian Pounds in Our Imports This Year

Dr. Kamal al-Janzuri, deputy prime minister and minister of planning, stated that imports this year were an estimated one billion Egyptian pounds less than they were last year.

Dr. al-Janzuri also said that the current 5-year plan has made a thorough study of water resources till the year 2000 and that the plan, when selecting projects and determining the areas of the lands to be reclaimed, took into consideration the available water resources and took into account the drop in the [Nile] river's water level which has been noted lately.

He also said that the government does not agree to any land reclamation project unless it utilizes modern irrigation methods.

These statements were made at the conference concerning issues dealing with production and the development plan which was inaugurated by Dr. al-Janzuri at the National Planning Institute yesterday and which was attended by the former ministers of planning, the heads of the agencies responsible for planning, and many planning experts from Egypt's universities and the various [political] parties.

اجوبة على الاسئلة

١) نائب رئيس الوزراء ووزير التخطيط.

٢) في معهد التخطيط القومي.

٣) قضايا الانتاج وخطة التنمية.

٤) قال انه انخفض عن استيراد السنة الماضية بحوالى مليار جنيه.

٥) معناها خطة تنمية وطنية لمدة خمس سنوات.

٦) نعم، درسوها جيداً حتى سنة ٢٠٠٠.

٧) هو منخفض.

٨) يجب ان يستخدم طرق الري الحديثة.

٩) خبراء التخطيط.

١٠) وزراء التخطيط السابقون ورؤساء الأجهزة المسؤولة عن التخطيط.

Trivia Answer: Nearly half of it.

SELECTION #41

Flying Dinars

Kuwait (Reuter) - Hundreds of dinars flew all around in one of [the city of] Kuwait's streets and a number of young men got busy picking them up after they stopped their cars in the middle of the street.

The Kuwaiti newspaper AL-QABAS said yesterday that the drivers of cars in Jamal Abd al-Nasir Street, one of the main streets in Kuwait, were surprised by the fact that dozens of dinars were falling down on their cars, and they did not know where they were coming from. Then they realized that the dinars were flying out of the rear window of the car of someone who had just left a nearby commercial bank.

It also said that the owner of the money did not realize that his money had covered the public street and that four young Kuwaiti men had stopped their cars in the middle of the street and proceeded to gather up the dinars that had poured down there.

The newspaper also said that, during the incident, a policeman happened to pass by and he helped the young men gather up the dinars and deliver them to the al-Shuwaykh police station.

It also mentioned that no one showed up at the police station to report the loss of any money.

اجوبة على الاسئلة

١) في مدينة الكويت.

٢) في شارع جمال عبد الناصر.

٣) من زجاج خلفي لسيارة شخص كان قد خرج من بنك تجاري.

٤) أوقفوا سياراتهم لجمع النقود .

٥) جريدة "القبس" .

٦) قالت انه لم ينتبه لفقدان نقوده من سيارته.

٧) احد رجال الشرطة.

٨) الى مخفر الشويخ.

٩) "الشويخ" حيّ من أحياء مدينة الكويت.

١٠) لا، لم يتقدّم احد للابلاغ عن الدنانير المفقودة.

Trivia Answer: *New Jersey.*

SELECTION #42

Meeting Soon Between Klibi and Shevardnadze

Mr. Chedli Klibi, secretary-general of the League of Arab Nations, met yesterday with Mr. Vladimir Sobchenko, the USSR ambassador to Tunisia.

Mr. Sobchenko said that the meeting's discussion dealt with the results of the last session held by the Council of the Arab League and the situation in Lebanon.

After pointing out that the talks also dealt with the upcoming regular session of the UN General Assembly, he expressed his hope that, in connection with the work of this session, contacts would take place between Mr. Klibi and the Soviet delegation which will be headed by the minister of foreign affairs, Mr. Eduard Shevardnadze.

Mr. Klibi also met yesterday with Mr. Talal al-Hasan, Jordan's permanent delegate to the Arab League.

The Jordanian delegate said that the meeting was devoted to following up on the implementation of some of the decisions of the Council of the Arab League.

اجوبة على الاسئلة

١) الأمين العام لجامعة الدول العربية.

٢) سفير الاتحاد السوفياتي بتونس.

٣) امس.

٤) نتائج الدورة الأخيرة لمجلس الجامعة والوضع في لبنان.

٥) الجمعية العمومية للأمم المتحدة.

٦) وزير الخارجية السوفياتي السيد ادوارد شيفاردنادزه.

٧) اتصالات بين السيد القليبي والوفد السوفياتي.

٨) مندوب الأردن الدائم لدى جامعة الدول العربية.

٩) مع السيد القليبي.

١٠) متابعة تنفيذ بعض قرارات مجلس الجامعة.

Trivia Answer: Egypt, because it signed a peace treaty with Israel.

SELECTION #43

Arab Immigrants in France Prefer Mitterrand

The French magazine L'EXPRESS has published a 9-page report about immigrants in France which includes an opinion poll conducted among the immigrants, most of whom are Moroccan and Algerian Arabs.

The poll found that 66% of the immigrants who do not possess French citizenship want to vote in the [French] elections.

Concerning their political orientations, 38% of the immigrants said that they preferred a leftist orientation, whereas 12% were inclined toward a rightist orientation, and the remainder were not very interested in political trends.

Of those immigrants who were polled, 67% said that the French are not inclined toward racism, whereas 21% of the immigrants did accuse them of racism. This poll was conducted during the current month of March with a sample [population] of 700 immigrants whose ages were 18 and above.

اجوبة على الاسئلة

١) باللغة الفرنسية.

٢) نشرت تحقيقاً عن المهاجرين في فرنسا.

٣) من المغرب والجزائر.

٤) قال انهم يرغبون في الادلاء بأصواتهم في الانتخابات.

٥) ٣٨ ٪.

٦) يميلون الى الاتجاه اليميني.

٧) لا يهتمّون كثيراً بها.

٨) ٢١ ٪.

٩) ان الفرنسيين لا يميلون الى العنصرية.

١٠) ٧٠٠ مهاجر.

Trivia Answer: Algeria, by far (132 years - from 1830 to 1962). France ruled Tunisia for 75 years (1881 to 1956) and Morocco for 44 years (1912 to 1956).

SELECTION #44

Celebration of 20th Anniversary of the al-Ramlah Uprising

(ANA) - Yesterday (Sunday) the Saharan people celebrated the 20th anniversary of the historic al-Ramlah uprising by holding a military parade in the El-Aaiun Province camp under the supervision of Mr. Muhammad Abd al-Aziz, president of the Saharan Arab Democratic Republic and secretary-general of the Polisario Front, and it was attended by a large number of invited guests who represented numerous countries in Europe, Latin America, Asia, and Africa, in addition to international organizations and movements which support the Saharan cause.

Festivities began yesterday morning with the holding of a large military parade during which the guests and Saharan masses were shown samples of the huge military arsenal which the Saharan Republic has at its disposal. After the Saharan flag was raised and the national anthem was played, the parade began with the appearance of the Star of June 19th which represents a group of Saharans who participated in the al-Ramlah uprising that took place in El-Aaiun, the capital city of Western Sahara.

اجوبة على الاسئلة

١) انتفاضة الرملة.

٢) في مدينة العيون عاصمة الصحراء الغربية.

٣) مجموعة من الصحراويين.

٤) في مخيم ولاية العيون.

٥) نظّموا استعراضاً عسكرياً.

٦) عدد كبير من المدعوين من بلدان أجنبية ومن منظّمات عالمية تؤيّد القضية الصحراوية.

٧) السيد محمد عبد العزيز رئيس الجمهورية العربية الصحراوية الديمقراطية والأمين العام لجبهة البوليزاريو.

٨) بدأت برفع العلم الصحراوي والاستماع الى النشيد الوطني.

٩) بظهور كوكب ١٩ جوان (حزيران - يونيو).

١٠) عيّنات من العتاد العسكري الضخم الذي تتوفّر عليه الجمهورية الصحراوية.

Trivia Answer: *The Popular Front for the Liberation of the Saguia el Hamra and the Rio de Oro.*

SELECTION #45

Products of 15 Egyptian Firms in Two Exhibits in Australia Which Open End of July

Egypt is participating in the two international industrial exhibits which will be held in the two cities of Sydney and Melbourne, Australia, at the end of this month. In them, Egypt is exhibiting 200 goods produced by 15 industrial firms that operate in the realms of the foodstuffs, engineering, spinning and weaving, ready-made clothes, textiles, carpets, and canned food industries.

Dr. Husni Mu'awwad, president of the Tanta Flax and Oils Company, said that he will head an Egyptian industrial delegation to Australia, before the end of July, which will attend the inauguration of the two exhibits and will conclude quite a few agreements with a number of business and commercial establishments in Australia for the purpose of exporting various Egyptian products to them.

He said: "The Egyptian industrial delegation, during the period of the inauguration of the two exhibits, will work on reaching agreements with Egyptian businessmen who own commercial establishments in various Australian cities to have their establishments operate as agents for [distributing] Egyptian manufactured goods and products in Australia."

اجوبة على الاسئلة

١) معرضان صناعيان.

٢) في سيدني وملبورن.

٣) في نهاية شهر يوليو (تمّوز).

٤) ١٥ شركة.

٥) ٢٠٠ سلعة.

٦) رئيس شركة طنطا للكتّان والزيوت.

٧) سيرأس وفداً صناعياً مصرياً.

٨) لتصدير منتجات مصرية اليها.

٩) مع رجال الأعمال المصريين الذين لهم مؤسّسات تجارية في استراليا.

١٠) ان تعمل كوكيل للمصنوعات والمنتجات المصرية في استراليا.

Trivia Answer: 5.5%.

SELECTION #46

Najib Mahfuz's Two Daughters Fly to Sweden Today

This morning the two daughters of the great writer Najib Mahfuz leave Cairo for Stockholm, the capital of Sweden, in order to receive the Nobel Prize for Literature on behalf of their father from the King of Sweden next Saturday evening.

The daughters of the great writer will be accompanied by the Swedish ambassador in Cairo.

In another development, Najib Mahfuz has asked Tharwat Abazah, head of the Writers' Federation, to officially intervene to stop the publication of his novel "Awlad Haratina" [The Children of Our Neighborhood] in a daily evening newspaper which has begun printing it without permission from the great author.

In a statement to a reporter from AL-AHRAM, Najib Mahfuz said that it is preposterous that this should happen in Egypt without consulting the author or the person who possesses the right to publish the novel, especially since the novel has not been published in Egypt due to the fact that it was banned by [the authorities of] al-Azhar.

In the meantime, His Excellency Dr. Abd al-Fattah Barakah, the secretary-general of the Academy of Islamic Studies, announced yesterday that it was necessary to abide by the decision to ban the circulation and publication of the novel "Awlad Haratina." Al-Azhar issued this decision in 1968.

اجوبة على الاسئلة

١) أديب مصري كبير.

٢) فاز بجائزة نوبل للأدب.

٣) في ستوكهولم عاصمة السويد مساء السبت القادم.

٤) لا، ستذهب كريمتاه الى هناك لتَسلّم الجائزة نيابةً عنه.

٥) سفير السويد في القاهرة.

٦) "أولاد حارتنا".

٧) لأن الجريدة تنشر الرواية دون استئذانه.

٨) قال هذا لمندوب "الاهرام".

٩) الأزهر الشريف.

١٠) في سنة ١٩٦٨.

Trivia Answer: It was founded in the 10th century (972 A.D.) as a mosque which also served as a university.

SELECTION #47

Moscow Says Moslems in USSR Enjoy Religious and Political Rights (I)

Nicosia (Reuter) - Vladimir Polyakov, head of the Middle East and North Africa Division in the Soviet Ministry of Foreign Affairs, who is currently visiting the Kingdom of Saudi Arabia, said that USSR Moslems enjoy all religious, political, and economic rights.

The Saudi News Agency, the dispatches of which are received in Cyprus, yesterday quoted Mr. Polyakov as saying the following to Saudi television last Saturday evening: "Moslems in the USSR now enjoy all rights, freedoms, and possibilities of performing their religious duties, and they enjoy the right of protection of Islamic thought as well as all political, economic, and social rights to the same degree that the other peoples of the USSR do."

Mr. Polyakov arrived in Saudi Arabia last week and held talks with Prince Sa'ud al-Faysal, the Saudi minister of foreign affairs, concerning the immigration of Soviet Jews to Israel.

اجوبة على الاسئلة

١) من نيقوسيا (قبرص).

٢) الاتحاد السوفياتي.

٣) هو رئيس إدارة الشرق الاوسط وشمال افريقيا في وزارة الخارجية السوفياتية.

٤) المملكة العربية السعودية.

٥) في الاسبوع الماضي.

٦) مع وزير الخارجية السعودي الأمير سعود الفيصل.

٧) عن هجرة اليهود السوفيات الى اسرائيل.

٨) قال انهم يتمتّعون الآن بكل الحقوق والحرّيات والامكانات لأداء واجباتهم الدينية.

٩) قال ان لهم نفس الحقوق السياسية والاقتصادية والاجتماعية التي لبقية الشعوب السوفياتية.

١٠) وكالة الأنباء السعودية.

Trivia Answer: _The six republics are Azerbaijan, Uzbekistan, Turkmenistan, Tadzhikistan, Kazakhstan, and Kirghizia._

SELECTION #48

Moscow Says Moslems in USSR Enjoy Religious and Political Rights (II)

The Soviet envoy conveyed to Prince Sa'ud the position of the Soviet Union regarding the Palestine question, the immigration of Soviet Jews to Israel and the occupied lands, the Iran-Iraq war, and the issue of Afghanistan.

Mr. Polyakov said: "During the stage of decisive transformation that the USSR is now going through, the possibilities of studying Islamic thought in the Soviet Union have increased and expanded. This includes the study of the Koran both in schools and outside of schools, particularly in the Islamic republics."

He added that the USSR's Moslems, estimated at about 50 million persons according to the latest census, have their representatives in the Supreme Soviet and in the governing bodies of this council, and have their representatives in the councils on the republic, regional, and provincial levels.

The Saudi News Agency also quoted Mr. Polyakov as saying: "We see a positive role for the Moslems in our national course of action because Soviet Moslems, like Moslems in the [rest of the] world, are calling for a solution to issues and problems through balanced approaches and by quiet and peaceful means."

Mr. Polyakov left Riyadh yesterday after concluding his visit to Saudi Arabia.

اجوبة على الاسئلة

١) تحدّث عن القضية الفلسطينية والحرب العراقية - الايرانية وقضية افغانستان. ٢) مرحلة تحول حاسم.

٣) ازدادت وتوسّعت. ٤) في المدارس وخارج المدارس خاصةً في الجمهوريات الاسلامية. ٥) نحو ٥٠ مليون

نسمة. ٦) في مجلس السوفيات الأعلى وفي المجالس على مستوى الجمهوريات والمقاطعات والمحافظات.

٧) دوراً ايجابياً. ٨) بأساليب متوازنة وبوسائل سلمية وهادئة. ٩) امس. ١٠) من الرياض.

Trivia Answer: India.

SELECTION #49

Student of Veterinary Medicine Is Miss America

Atlantic City, New Jersey (Reuter) - Miss Missouri burst into tears the night before last after becoming the third black beauty queen to win the Miss America title.

Miss America, whose name is Debbye Turner (23 years old), is a senior at the College of Veterinary Medicine in Missouri. She was crowned on the Miss America throne in the 68th annual pageant held in Atlantic City. She also received $43,000 and the opportunity to receive $100,000 more for appearing in advertisements.

Debbye Turner, Miss America of 1990, was one of the contestants likely to win the title after she won the swimsuit competition last Tuesday night. Vanessa Williams, who was Miss New York, was the first black woman to win the Miss America title in 1984, but then she renounced the title in 1985 when nude pictures of her were published.

اجوبة على الاسئلة

١) من اتلانتيك سيتي (نيو جيرزي). ٢) ديبي ترنير. ٣) هي من ولاية ميسوري. ٤) في كلية الطب البيطري في ولاية ميسوري. ٥) هي سوداء. ٦) ٤٣ الف دولار. ٧) بالظهور في الاعلانات. ٨) ٦٨. ٩) فانيسا وليامز في سنة ١٩٨٤. ١٠) نُشِرَتْ لها صور عارية.

Trivia Answer: *California (six times).*

ولاية ميسوري

SELECTION #50

Abu Nidal Group Distributed Names of Five Persons Whom It Executed

Yesterday the "Fatah - Revolutionary Council" movement (the Abu Nidal group) distributed the names of five persons whom it announced that it had recently executed, accusing them of having been "agents" for the Jordanian or Israeli intelligence services. It indicated, in a statement which it issued, that the five persons were the following:

1. Jasir Umar Mustafa al-Disah, known in the movement as "Jasir Abu al-Ma'mun," who was described as a "lieutenant colonel in the Jordanian military intelligence service."

2. Muhammad Mahmud Salman Khayr al-Din, known in the movement as "Nur Muharib," who was described as a "member of a field command in the Zionist Mossad [organization]."

3. Mustafa Ibrahim Ali Umran, known in the movement as "Abd al-Salam Ahmad Salih," who was described as "coordinator of the Mossad's activities with [those of] the Jordanian intelligence services, the agencies of the Camp David regime, and many other Arab agencies."

4. Khalid Ahmad Salim Abdullah Abu Hamad, known in the movement as "Ra'id al-Aziz," who was described as a "captain in the Jordanian intelligence service."

5. Ra'idah Ratib Awdah, known in the movement as "Rasha al-Maghribi," who was described as a "major in the Jordanian intelligence service."

اجوبة على الاسئلة

١) أعدموا. ٢) حركة "فتح - المجلس الثوري" المعروفة ايضاً بـ"جماعة ابو نضال". ٣) اتّهمَتْهم "بالعمالة" للاستخبارات الأردنية والاسرائيلية. ٤) هذا اسم مستعار يستعمله شخص عندما يكون عضو حركة سياسية او ثورية الخ. ٥) نور محارب. ٦) بأنه مقدّم في الاستخبارات العسكرية الأردنية. ٧) بأنه نقيب في الاستخبارات الأردنية. ٨) محمد محمود سلمان خير الدين ومصطفى ابرهيم علي عمران. ٩) هي كانت امرأة وهم كانوا رجالاً.

نعم، اعرف

١) حكومة مصر التي وقّعت اتفاقية السلام مع اسرائيل في كمب ديفيد في امريكا في عهد الرئيس كارتر.

Trivia Answer: If you reverse the order of the word's consonants, you have "Hataf," an abbreviation for "Harakat Tahrir Filastin," i.e., "the Palestine Liberation Movement."

SELECTION #51

Rise in the Nile's Water Level

The water level of the Nile river in front of the Aswan High Dam has recently risen to 150.15 meters--an increase of 9 centimeters over its level two days ago.

Egyptian newspapers have mentioned that the total amount of water accumulated in Lake Nasser is 38.9 billion cubic meters, whereas the total discharge behind the Aswan reservoir is 210 million cubic meters of water per day.

It should be mentioned that this increase indicates an increase in the floodwater levels after the abundant rainfall this year in the Ethiopian highlands--an occurrence which will mean an increase in the supply of water to the Nile after seven years of drought. However, the actual figures for the floodwater levels will be known only during the next ten days, and they are scheduled to be announced by the Egyptian minister of irrigation during a press conference next August 8th.

Egypt feared a decrease in the floodwaters this year, too. The power plants at the High Dam might have totally ceased operations if the water level had gone down to 147 meters. Also, the years of drought had caused the total amount of water accumulated in Lake Nasser to decrease from 50 billion cubic meters to about 38 billion cubic meters.

اجوبة على الاسئلة

١) بأسوان (مصر).

٢) ارتفع الى ١٥٠,١٥ متراً.

٣) بحيرة ناصر.

٤) بسبب الأمطار الغزيرة هذه السنة في الهضبة الأثيوبية.

٥) وزير الري المصري.

٦) يوم ٨ غشت (اغسطس - آب).

٧) بسبب سبع سنوات من الجفاف.

٨) توقّفت محطات توليد الكهرباء بالسدّ العالي عن العمل.

نعم، اعرف

١) الرئيس جمال عبد الناصر.

٢) الاتحاد السوفياتي.

Trivia Answer: The White Nile and the Blue Nile.

SELECTION #52

Prince Sultan Today Inspects King Fahd Air Base in al-Ta'if

His Highness lays the cornerstone of the Armor of Peace project.

Al-Ta'if (Fahd al-Sulaymani) - His Royal Highness Prince Sultan ibn Abd al-Aziz, the second deputy prime minister, minister of defense and aviation, and inspector general, this morning (Wednesday) makes an inspection visit to King Fahd Air Base in al-Ta'if.

During the visit, His Noble Highness will unveil and lay the cornerstone of the Armor of Peace project and a project involving putting up some installations on the base. His Highness will also witness the flight of the new aerial reconnaissance planes and the instantaneous takeoff of the F-15 aircraft.

Prince Sultan will inspect the new aerial reconnaissance planes and will hear from the Commander of Honor an explanation of these planes' missions and characteristics.

During his visit to the base, His Noble Highness will also inaugurate the 14th Helicopter Squadron's building, then he will attend a graduation ceremony for some helicopter and aerial reconnaissance pilots. His Highness will then distribute awards and certificates to outstanding persons in the base's Saudiization program, and this will be followed by his attending a luncheon which the base is giving in his honor.

اجوبة على الاسئلة

١) هو النائب الثاني لرئيس الوزراء ووزير الدفاع والطيران والمفتّش العام. ٢) في قاعدة الملك فهد الجوية بالطائف. ٣) لزيارة القاعدة وتفقّدها. ٤) لمشروع درع السلام. ٥) طلعة جوية لطائرات الاستطلاع الجوي وإقلاعاً فورياً لطائرات ف ١٥. ٦) قائد الشرف. ٧) مبنى السرب الرابع عشر للطائرات العمودية. ٨) بعض من طياري الاستطلاع الجوي والطائرات العمودية. ٩) على البارزين في برنامج السَعْوَدة بالقاعدة.

١٠) سيحضر حفل غداء تقيمه القاعدة على شرفه.

Trivia Answer: Prince Bandar ibn Sultan.

SELECTION #53

Egypt Receives 3 Early Warning Planes Less Advanced Than AWACS

Cairo (Reuter) - Yesterday the Egyptian armed forces received three new U.S.-made Hawkeye E-2C reconnaissance planes, which were the last batch of [a total of] five planes that were ordered.

In November of 1986 Egypt received the first two E-2C planes--a model which is less advanced than the Airborne Warning and Control System (AWACS) aircraft.

Maj. Gen. Ala' al-Din Barakat, commander of the air force, told journalists that the planes, which took off from Italy and [flew] to a base in the Western Desert, will be put into service at the end of this year. He said that the planes will decrease the dependence on ground-based radar and interceptor planes and will provide strong support for the armed forces both on land and at sea. He said that the E-2C plane is considered to be the most suitable early warning aircraft for Egypt's skies, in addition to the fact that it is economical both to operate and in terms of the human effort required. He also said that this plane detects aerial targets which fly at low altitudes and cannot be detected by ground-based radar, and is capable of detecting targets at a distance of 50 kilometers.

اجوبة على الاسئلة

١) طائرات استطلاع من طراز "هوك آي - اي - ٢ سي". ٢) ثلاث طائرات. ٣) طائرتين. ٤) هي اقلّ تطوّراً (اقلّ تقدّماً) من الـ"اواكس". ٥) في قاعدة في الصحراء الغربية. ٦) في نهاية السنة الجارية. ٧) من ناحية التشغيل والجهد البشري. ٨) الأهداف الجوية التي تحلّق على مستوى مخفوض. ٩) من مسافة ٥٠ كيلومتراً. ١٠) اللواء علاء الدين بركات قائد القوات الجوية المصرية.

Trivia Answer: President Husni Mubarak.

217

SELECTION #54

Alarm in Congress About Possibility That Abu Nidal Is in Poland

Washington (Reuter) - A group of 25 members of Congress has asked Secretary of State George Shultz to investigate reports to the effect that the Palestinian leader Abu Nidal is residing in Poland and directing his operations from there.

In a letter to Shultz, the group's individuals, who represent more than half of the members of the House of Representatives Foreign Relations Committee, dealt with news reports which said that Abu Nidal was utilizing Warsaw as a headquarters for directing his operations and had opened up an office there. The letter mentioned that the objective of the office was to "finance brutal terrorist attacks and conclude secret worldwide arms deals."

The Polish government denied these reports that talked about the existence of a connection with Abu Nidal, whom the U.S. accuses of masterminding the hijacking of the Italian ship "Achille Lauro" two years ago.

In its letter, the group said: "As members of the House of Representatives Foreign Relations Committee, we consider these reports extremely alarming, especially in light of the improvement in U.S.-Polish relations in recent times."

اجوبة على الاسئلة

١) من واشنطن.

٢) للسيد جورج شولتز وزير الخارجية.

٣) ان يتحقّق من تقارير مفادها ان ابو نضال يقيم في بولونيا ويدير عملياته من هناك.

٤) لجنة الشؤون الخارجية.

٥) هدفه تمويل هجمات ارهابية وابرام صفقات اسلحة سرّية.

٦) تقول انها كاذبة.

٧) بتدبير خطف الباخرة الايطالية "اشيل لورو".

٨) قبل سنتين.

٩) كانوا يعتبرونها مقلقة للغاية.

١٠) قد تحسّنت.

Trivia Answer: *The killing of Leon Klinghoffer, a 69-year-old, wheelchair-bound American, who was shot and thrown overboard.*

SELECTION #55

Jerusalem Transformed into Ghost Town, 22 Palestinians Arrested in West Bank

Occupied Jerusalem (the news agencies) - As the first violent reaction by the Israeli occupation authorities to the Palestinian strike held on the anniversary of Land Day, violent clashes occurred between Israeli troops and Palestinian citizens, resulting in the death of a young Palestinian named Muhammad Abd al-Fattah Salamah (20 years old) and the arrest of 22 [Palestinian] citizens.

The general strike had prevailed in all the towns and villages of the West Bank, Gaza Strip, and Golan Heights on the occasion of the 14th anniversary of Land Day. Israeli occupation authorities imposed a military blockade and curfew on these areas.

Reuter [News] Agency mentioned that "occupied" East Jerusalem seemed like a ghost town after public transportation traffic had stopped and all the commercial stores had closed their doors.

Two million Palestinians and Israeli Arabs responded to the call by the National Command of the Intifadah, the Islamic Resistance Movement (Hamas), and Israeli Arab organizations to participate in the strike around the Green Line which separates Israel from the occupied territories.

اجوبة على الاسئلة

١) من القدس (المحتلّة).

٢) يوم الأرض.

٣) كان ردّ فعل عنيفاً.

٤) مصادمات عنيفة.

٥) شابّ فلسطيني اسمه محمد عبد الفتّاح سلامة وكان عمره ٢٠ عاماً.

٦) تمّ القبض على ٢٢ منهم.

٧) كان قبل ١٤ سنة.

٨) فرضت حصاراً عسكرياً وحظر التجول.

٩) أغلقت أبوابها.

١٠) قيادة الانتفاضة الوطنية وحركة المقاومة الاسلامية (حماس) ومنظّمات عرب اسرائيل.

Trivia Answer: *The Circassians.*

SELECTION #56

Britain Does Not Cut Relations with Iraq, Journalist Spy Had Been in Prison for Burglary

Yesterday Radio London said that the British government, in its measures against Iraq, would not go so far as to cut off diplomatic relations between the two countries.

The radio said that, although British Foreign Minister Douglas Hurd had decided to recall the British ambassador in Baghdad on the evening of the day before yesterday as a protest against the execution of Farzad Bazoft, the journalist of Iranian origin who was a British citizen, on charges of espionage for Israel and Britain, it was decided not to expel the Iraqi ambassador from London or take economic sanctions against Iraq.

In London, Robert Allison, the expert on informational matters in the British House of Commons, said: "We now know that Bazoft, four times during the last few months, offered his services to the British police as an informer, and it is even more likely that he had offered his services to the Israelis."

At the same time, responsible British sources said that a British court, in 1981, had sentenced Bazoft to 18 months in prison upon being convicted of a burglary charge and Bazoft spent one year in prison.

اجوبة على الاسئلة

١) جريدة "اخبار اليوم" في القاهرة.

٢) دوجلاس هيرد.

٣) استدعاء السفير البريطاني في بغداد.

٤) فعلت هذا احتجاجاً على إعدام العراق لفرزاد بازوفت الصحفي الايراني الأصل والبريطاني الجنسية.

٥) اتّهمته بالتجسّس لصالح اسرائيل وبريطانيا.

٦) خبير شؤون المعلومات بمجلس العموم البريطاني.

٧) ٤ مرات.

٨) على الاسرائيليين.

٩) لادانته بتهمة السطو.

١٠) أمضى عاماً واحداً في السجن.

Trivia Answer: Ctesiphon.

SELECTION #57

Our Victorious Forces Inflict New Losses on the Enemy (I)

A number of Iranians flee to our front line units.

The gang of oppressors shells the two cities of Basra and al-Uzayr as well as Qasabat Pushdar.

The Supreme Command of the Armed Forces issued its Bulletin No. 2705 in which it summarized the activities of Iraq's armies in the sectors of operations against the forces of Khomeini's gang of oppressors during the night of the day before yesterday and during the daytime yesterday. The following is the text of the bulletin:

Bulletin No. 2075, issued by the Supreme Command of the Armed Forces

In the name of God the Merciful the Compassionate

Our victorious armed forces inflicted more losses on the ranks of the enemy by means of its combat activities last night and during the day today which were the following:

1) Units of our troops in the sector of operations east of the Tigris (the 6th Corps) executed effective artillery and mortar bombardments on enemy-occupied areas facing them, inflicting losses in personnel and equipment on the aggressors, in addition to destroying two patrol boats and killing those who were on them and blowing up an ammunition dump.

2) Our formations in the central sector of the field of operations (the 2nd Corps) succeeded in silencing a number of sources of enemy fire and destroying a machine-gun emplacement and two infantry positions, killing those who were there.

اجوبة على الاسئلة

١) العراق وايران. ٢) القيادة العامّة للقوات المسلّحة العراقية. ٣) ٢٧٠٥. ٤) ليلة امس الأول ونهار امس.
٥) في قاطع عمليات شرق دجلة. ٦) المدفعية والهاونات. ٧) فجّره العراقيون. ٨) قُتلوا. ٩) الفيلق الثاني.
١٠) موضع رشاشة وموضعين لمشاة العدو.

Trivia Answer: In area, Iran is nearly four times as large as Iraq, and in total population it is almost exactly three times as large.

SELECTION #58

Our Victorious Forces Inflict New Losses on the Enemy (II)

3) The killing of one of the [Iranian] scoundrels, destruction of a machine-gun emplacement, and capture of quantities of weapons and equipment already abandoned by the enemy in the sector of operations of the Special 1st Corps, the Allahu Akbar troops.

4) The blowing up of two ammunition dumps, killing of a number of enemy personnel, and causing fires in enemy positions on the 7th Corps front.

5) A number of Iranian soldiers fled to one of our front-line units on the battlefront, and they were evacuated safely to the rear lines behind the front.

6) Khomeini's gang of oppressors, giving vent to their hatred toward our staunch nation and as an expression [of their bitterness] about their failure on the fields of battle in the face of our victorious armies, bombarded residential areas in the two cities of Basra and al-Uzayr as well as in Qasabat Pushdar in the province of al-Sulaymaniyah with long-range artillery. The hostile bombardment caused damage to the property of civilians and the residential homes of our civilian citizens in the cities of Basra and al-Uzayr, and also caused the death of one and the wounding of four others of our civilian citizens in Qasabat Pushdar. May God have mercy on [the soul of] our martyr, and may God allow [the injuries] of our wounded to heal quickly.

The Supreme Command of the Armed Forces

11/June/1987

اجوبة على الاسئلة

١) كمّيات من الأسلحة والتجهيزات.

٢) في مواضع العدو في جبهة الفيلق السابع.

٣) لجأوا الى وحدات العراقيين الأمامية.

٤) أخلوهم الى الخطوط الخلفية من الجبهة.

٥) أحياء سكنية للمواطنين المدنيين.

٦) في محافظة السليمانية.

٧) بالمدفعية بعيدة المدى.

٨) قُتل واحد وجُرح اربعة.

٩) في قصبة بشدر.

١٠) ١١ حزيران ١٩٨٧.

Trivia Answer: They are Kurds, who constitute nearly 20 percent of Iraq's population.

SELECTION #59

Cypriot and Hungarian Delegations Visit Babylon

The ancient town of Babylon was visited yesterday by a Cypriot delegation, headed by Mr. Constantinos Michaelides, the minister of interior, and a Hungarian Socialist Labor Party delegation, headed by Comrade Gyula Varga, member of the party's central committee. They came to take a look at Babylon's cultural [archaeological] sights.

The delegations were met at the Babylon archaeological area by Mr. Hashim Hasan al-Majid, the governor of the second province of Babylon, and the secretary of the command of the Babylon branch of the Arab Socialist Ba'th Party and a number of the province's officials.

The governor informed the two guest delegations about the comprehensive progress experienced by the province under the unique leadership of [Iraq's] president and leader, Saddam Husayn, and about the great preparations under way to hold the International Babylon Festival.

The delegations wandered around the ancient town of Babylon and saw the remains of Babylon's lofty civilization.

Mr. Michaelides and the delegation accompanying him also visited the [ancient] town of Ctesiphon yesterday and took a look at its archaeological and cultural sites.

The guest delegation also visited the scene of [the battles of] al-Qadisiyah, which is the site of the heroic deeds achieved by the Arabs in the first battles of al-Qadisiyah in which they defeated the racist Persians.

اجوبة على الاسئلة

١) من قبرص وهنغاريا (المجر).

٢) السيد قسطنطين ميخائيلذس.

٣) الرفيق جيولا فارغا.

٤) لزيارة مدينة بابل الآثارية.

٥) المحافظ المحلّي وأمين سرّ الفرع المحلّي لحزب البعث وعدد من المسؤولين في المحافظة.

٦) مهرجان بابل الدولي.

٧) المدائن ومرأى القادسية.

٨) معارك بين العرب والفرس.

٩) العرب.

١٠) يقول انهم "عنصريون".

Trivia Answer: King Hammurabi, who ruled Babylonia from 1792 to 1750 B.C.

SELECTION #60

Fire in Pipeline Which Serves Largest Offshore Oil Field

Reuter [News] Agency has quoted maritime sources in the Gulf area as saying that a fire broke out yesterday in a Saudi pipeline which serves the world's largest offshore oil field.

One of the sources reported that the fire extended along the surface of the sea for a distance of two miles in the al-Saffaniyah oil field in the northern part of the Gulf after a supply ship, apparently by mistake, ran into it, thus causing a break in the pipeline.

A pilot at Ra's Tannurah, the main oil port in Saudi Arabia, said that the fire, which maritime sources said had broken out at 5 pm (1400 Greenwich time), was completely extinguished by the late night hours.

The al-Saffaniyah oil field produces about 200,000 barrels per day of Saudi Arabia's oil production, which totals 4.2 million barrels per day.

In Washington a spokesman for the Arabian-American Oil Company (Aramco), which is in charge of operating the oil field, said that a small supply ship, by mistake, collided with a company pipeline at a distance of 13 kilometers northeast of the al-Saffaniyah pier on the Saudi coastline.

So far no report has come in concerning the occurrence of casualties, the volume of the losses caused by the fire, or how the process of operating the pipeline might be affected.

اجوبة على الاسئلة

١) شبّ حريق فيه.

٢) في حقل السفّانية البحري في شمال الخليج.

٣) للسعودية.

٤) اصطدمت سفينة إمداد بخطّ الأنابيب.

٥) في الخامسة بعد الظهر.

٦) في ساعة متقدّمة ليلاً.

٧) طيّار في ميناء رأس تنّورة.

٨) نحو ٢٠٠ الف برميل يومياً.

٩) شركة الزيت العربية - الأمريكية (ارامكو).

١٠) ينتظرون تقريراً عن وقوع الضحايا وحجم الأضرار والأثر على عمليات تشغيل خطّ الأنابيب.

Trivia Answer: The Soviet Union. The United States has nearly always been in second place, followed by Saudi Arabia in third place.

SELECTION #61

Israel Criticizes Invitation to Waldheim to Visit Egypt!

Jerusalem (UPI) - Israeli Prime Minister Yitzhak Shamir has criticized Egypt's decision to invite Austrian President Kurt Waldheim to visit Egypt. Shamir said that the Arab nations want to honor Waldheim and condemn Israel at the same time. He mentioned that this visit, in a way, expresses the Arabs' hatred for Israel, and pointed out that Waldheim has already visited Jordan.

AL-AHRAM Responds:

Egypt's decision to invite Waldheim to visit Egypt is a decision made by a sovereign nation which accepts no interference concerning it from any other nation under any pretext. Israel has exchanged visits with nations run by racist regimes such as South Africa, which has been boycotted by most of the nations of the world, and whose actions are condemned by the UN. Nevertheless, Israel is content not only to maintain full diplomatic relations with this racist government, but also to supply it with weapons and military advisers. While Waldheim was the UN secretary-general for eight years, he played an important role in promoting peace and mutual understanding among the peoples [of the world], and then the Austrian people, to whom we are linked by bonds of friendship, elected him as their president. So far it has not been proven that he has a Nazi or racist past.

اجوبة على الاسئلة

١) رئيس وزراء اسرائيل.

٢) انتقد قرار مصر بدعوة فالدهايم لزيارتها.

٣) كراهية العرب لاسرائيل.

٤) الأردن.

٥) تعتبره تدخّلاً في قرار دولة مستقلّة لها سيادة.

٦) جنوب افريقيا.

٧) تقول ان معظم دول العالم تقاطع جنوب افريقيا.

٨) تزوّدها بالسلاح والخبراء العسكريين.

٩) لمدّة ثماني سنوات.

١٠) أنّ لكورت فالدهايم ماضياً نازياً او عنصرياً.

Trivia Answer: Adolf Hitler himself, and Adolf Eichmann, the person in charge of sending Jews to the extermination camps, who was later kidnapped by Israeli agents in Argentina and brought to Israel where he was tried and executed.

SELECTION #62

Increase in Temperature Is Leading to Stronger Hurricanes and Destructive Floods (I)

Washington (the news agencies) - Some of the world's meteorologists have sounded the warning that the abrupt rise in temperatures all over the world will lead to an increase in the force of hurricanes and a rise in the level of the seas such that they will threaten to submerge low-lying countries and areas--in addition to having destructive effects on the environment and its manifestations in the world. Scientists who participated in a conference held in the U.S. capital city Washington, D.C., which dealt with discussing climatic changes, said that the world's intensive industrialization, and the gases and exhaust fumes resulting from it, have led to erosion of the ozone layer surrounding the Earth and that this has led to a significant rise in temperatures during the last few years.

The scientists said that the rise in temperature of the water in the seas and oceans will lead to a 50 percent increase in the force of hurricanes and that, if the maximum speed of the winds accompanying hurricanes at the present time is as high as 280 kilometers per hour, by the middle of the next century it may be as high as 350 kilometers per hour. The scientists pointed out that some of the anticipated results of the rise in temperatures are the occurrence of an enormous decrease in the rice crop--and rice is considered the basic source of food in the nations of the Third World--the eroding away of hundreds of meters of the eastern coastal areas, and the destruction of enormous forest areas in the southern part of the U.S.

اجوبة على الاسئلة

١) في واشنطن العاصمة الأمريكية.

٢) علماء وخبراء الطقس.

٣) لبحث التغيّرات المناخية.

٤) ترتفع.

٥) سيؤدّي الى زيادة قوتها.

٦) سيؤدّي الى ارتفاع مستواها.

٧) ٣٥٠ كيلومتراً في الساعة.

٨) تآكل طبقة الأوزون المحيطة بالكرة الأرضية.

٩) حركة التصنيع المكثّفة والغازات والعوادم الناتجة عنها.

١٠) محصول الأرزّ.

Trivia Answer: In Cherrapunji, a town in the province of Assam, in northeastern India.

SELECTION #63

Increase in Temperature Is Leading to Stronger Hurricanes and Destructive Floods (II)

The British scientist Norton Holdgate, head of the International Federation for the Preservation of the Environment and Natural Resources, said that the gradual rise in the Earth's temperature, which is a result of gases polluting the atmosphere, is the worst catastrophe that mankind has inflicted on the environment, especially since it may be difficult to deal with.

He said that it is anticipated that by the year 2030 the temperature will go up about 5 degrees centigrade as a result of the accumulation of gases in the atmosphere, particularly carbon dioxide and methane gas resulting from industrialization, car exhaust fumes, and the death of forests.

The British scientist said that climatic conditions on Earth have changed a lot during the last 120,000 years, but that the current rates of change are unprecedented. He indicated that one of the anticipated results is the melting of the ice-covered regions which will lead to an expansion of the oceans and lakes and a rise in sea level of about 30 centimeters, and this will lead to destructive floods. He said that this will represent a threat to about half of the inhabitants who live in coastal areas and that the problem for countries like Holland, which are below sea level, will be very serious--in addition to the fact that the high temperatures may change the rates of rainfall such that they will increase in certain areas and make them very fertile, but will also decrease in other areas and turn them into wasteland.

اجوبة على الاسئلة

١) مدير الاتحاد الدولي للحفاظ على البيئة والموارد الطبيعية.

٢) قال انها أسوأ كارثة سبّبها الانسان للبيئة.

٣) خمس درجات سنتيجراد.

٤) ثاني اكسيد الكربون وغاز الميثان وغيرها.

٥) حركة التصنيع وعوادم السيارات وموت الغابات.

٦) ستذوب.

٧) سيؤدّي الى ارتفاعه بحوالي ٣٠ سنتيمتراً وستكون النتيجة فيضانات مدمّرة.

٨) هولندا.

٩) لأنه يقع تحت مستوى البحر.

١٠) ستزيد في بعض المناطق وستقلّ في مناطق اخرى.

Trivia Answer: At al-Aziziyah, south of Tripoli, Libya.

SELECTION #64

In Return for Freeing Hostages, Iran Demands from Washington a Guarantee of Its Role in the Gulf, the Arab World, and Lebanon!

Beirut (Reuter) - Senior diplomats said yesterday that Iran is demanding a higher political price than the U.S. wants to pay for the release of the Westerners held hostage in Lebanon.

In West Beirut a high-level diplomat informed the Reuter News Agency: "The Iranians want the U.S. to guarantee Iran's role in the Gulf, the Arab world, and Lebanon in return for their offer to help bring about the release of the hostages."

He added: "Teheran has nothing with which to exercise pressure on Washington in order to obtain concessions from it except the hostage card. For this reason the Iranians are not prepared to give up the hostage card at such a low price."

Since the middle of last January conjectures have been circulating concerning the probability of the release of the hostages after the newspaper TEHERAN TIMES, which has close ties to Iranian President Ali Akbar Hashemi Rafsanjani, called for their release.

There are 17 Westerners who have been lost in Lebanon, and it is believed that they are being held hostage by hard-line Islamic groups loyal to Iran. Nothing is known about some of them ever since they were seized as hostages.

اجوبة على الاسئلة

١) من بيروت.

٢) في لبنان.

٣) الولايات المتحدة.

٤) ايران.

٥) ضمان امريكا لدور ايران في الخليج والعالم العربي ولبنان.

٦) دبلوماسي رفيع المستوى في بيروت الغربية.

٧) علي اكبر هاشمي رفسنجاني.

٨) يقال انها وثيقة الصلة برفسنجاني.

٩) ١٧.

١٠) جماعات اسلامية متشدّدة موالية لايران.

Trivia Answer: *444 days.*

SELECTION #65

Quayle Begins Asian Trip Today

Washington (Reuter) - U.S. Vice-President Dan Quayle today heads for Asia on a 10-day visit during which he will conduct talks with America's allies in order to urge them to adhere to [the policies of] free trade and expansion of their range of political freedoms.

Quayle (42 years old) arrives tomorrow in Seoul, the capital of South Korea, within the framework of the second trip to Asia that he has undertaken in only six months.

It should be mentioned that President George Bush visited 74 countries when he was vice-president under former President Ronald Reagan, and has visited 11 countries since assuming the presidency about eight months ago. More than once he has expressed his desire to see his vice-president acquire the same experience.

Last week, at a press conference which preceded his trip to Asia, Quayle said that, during his meetings with the leaders of those nations, he would stress "the importance of democracy, freedoms, and human rights, and that it is very important that there be conformity between the American system and those of the allies."

So far Quayle has adopted a strong position on foreign policy issues, and he is likely to continue this same line during his Asian trip. Trade issues will occupy a prominent place in the talks that he will conduct during his trip.

اجوبة على الاسئلة

١) نائب الرئيس الأمريكي.

٢) الى آسيا.

٣) عشرة أيام.

٤) التجارة الحرّة وتوسيع نطاق الحرّيات السياسية.

٥) عمره ٤٢ عاماً.

٦) سيول عاصمة كوريا الجنوبية.

٧) قبل ستة أشهر.

٨) ٧٤ دولة.

٩) يصفه بأنه "قوي".

١٠) القضايا التجارية.

Trivia Answer: *The White House chief of staff John Sununu, whose name in Arabic means "swallow."*

SELECTION #66

Israeli Pilots Participated in the Iranian War Against Iraq (I)

Many Zionist reserve forces are working in Khomeini's army and security apparatus.

Kuwait - 11 [June 1987] - (INA) - The enemy's [Israel's] army radio station, broadcasting in Hebrew, in a news item picked up yesterday in Beirut by the Kuwaiti newspaper AL-RA'Y AL-AMM, said that three Israeli pilots in the Israeli air force arrived in occupied Palestine [Israel] yesterday morning after spending more than two years in Iran where they participated in the Iran-Iraq war on the side of the Iranian army.

The three Israeli pilots, who flew Phantom aircraft in the Israeli air force and were transferred to the reserve forces in 1983, left occupied Palestine in mid-1984 and went to Teheran via West Germany. There they immediately joined the Iranian air force, keeping the same military ranks that they held [in the Israeli air force].

The three Zionist pilots participated in air battles against Iraqi air force planes, and they also participated in the bombing of civilian targets inside Iraqi territory.

[The radio station] said that, during 1985, the Iraqis succeeded in shooting down two of these pilots' planes and that they crashed inside Iranian territory, thus suffering serious wounds. The third pilot, however, kept on undertaking the aerial missions assigned to him.

اجوبة على الاسئلة

١) اذاعة الجيش الاسرائيلي باللغة العبرية.

٢) جريدة "الرأي العام" الكويتية.

٣) أحيلوا الى الاحتياط.

٤) عن طريق المانيا الغربية.

٥) في منتصف سنة ١٩٨٤.

٦) للاشتراك في الحرب العراقية - الايرانية الى جانب الجيش الايراني.

٧) نفس الرتب التي كانوا يحملونها في القوات الجوية الاسرائيلية.

٨) اهدافاً مدنية داخل الأراضي العراقية.

٩) أسقط العراقيون طائرتيهما فسقطا داخل الأراضي الايرانية.

١٠) الآن هم في اسرائيل.

Trivia Answer: Nearly 1900 years--since the first century A.D.

SELECTION #67

Israeli Pilots Participated in the Iranian War Against Iraq (II)

He added that the two wounded pilots received continuous and intensive medical care in an Iranian hospital in the suburbs of Teheran.

In the beginning of 1986 the three pilots attempted to leave Iran and go to South Africa after they had given their commitment to the Iranian authorities to return to service in the Iranian air force.

The radio station mentioned that, during the latter part of April of last year, the three Israeli pilots succeeded in leaving Iran and going to Turkey, and after that they went to the U.S. where they signed new work contracts with a small air line.

One of these pilots, whose name is Edbor, said that in Iran he met a number of young Israelis from the reserve forces who were working in the Iranian army, especially in the artillery, air force, and security apparatus.

In the meantime, Gen. Amnon Shahak, head of the Israeli military intelligence service, has declared that Israel, at the present time, faces no tangible Arab military threat and is not bothered by any thought of the likelihood of any war breaking out.

اجوبة على الاسئلة

١) في مستشفى ايراني في ضواحي طهران.

٢) الى جنوب افريقيا.

٣) بالعودة الى الخدمة في القوات الجوية الايرانية.

٤) في اواخر نيسان (ابريل) من العام الماضي (١٩٨٦).

٥) الى تركيا وبعد ذلك الى امريكا.

٦) وقّعوا على عقود عمل جديدة مع شركة جوية صغيرة.

٧) في المدفعية والطيران وجهاز الأمن.

٨) رئيس المخابرات العسكرية الاسرائيلية.

٩) قال ان اسرائيل لا تواجه حالياً اي تهديد عسكري عربي ملموس.

١٠) قال ان اسرائيل لا تتوقّع اندلاع اي حرب.

Trivia Answer: Until age 55 for men and 39 for women.

SELECTION #68

Bush Not Sorry for His Condemnation of Israeli Settlement in Jerusalem

Washington (Reuter) - U.S. President George Bush said yesterday that he is not sorry for his statements in which he condemned Israeli settlement in East Jerusalem and which helped to stir up a crisis, one of the results of which was the collapse of the ruling coalition in Israel.

President Bush said in a press conference: "I'm not sorry about them. I believe that all the conjectures and comments during the past ten days have inflated the matter."

He added that he did not want to comment on the collapse of the Israeli government. The crisis exploded when Israeli Prime Minister Yitzhak Shamir refused to respond to U.S. proposals aimed at conducting Palestinian-Israeli peace talks.

The U.S. President said: "There are internal developments taking place in the political realm in Israel now, and I do not want to interfere in Israel's internal affairs in any way."

He went on to say: "The matter is extremely sensitive. I believe that any other remarks concerning this matter will certainly not be beneficial."

President Bush also put the U.S. opposition to Israeli settlement in the West Bank and its position regarding Jewish settlements in the suburbs of East Jerusalem on the same level.

اجوبة على الاسئلة

١) السيد جورج بوش.

٢) نعم، من واشنطن.

٣) ادان الاستيطان الاسرائيلي في القدس الشرقية.

٤) انهار الائتلاف الحاكم في اسرائيل.

٥) قال انها ضخّمت الأمر.

٦) قال انه لا يريد ان يعلّق عليه.

٧) على المقترحات الأمريكية بخصوص محادثات سلام بين الفلسطينيين واسرائيل.

٨) اسحق شامير.

٩) قال انه هناك تطوّرات داخلية تَحْدُث في المجال السياسي في اسرائيل ولا يريد ان يتدخّل فيها بأي شكل.

١٠) في الضفة الغربية وضواحي القدس الشرقية.

Trivia Answer: The CIA.

232

SELECTION #69

Najib Mahfuz Has Become a Prisoner of the Nobel Prize

The U.S. magazine NEWSWEEK, in its latest issue, published a report about the great Egyptian writer Najib Mahfuz on the occasion of the appearance of the first of the [three] parts of his famous trilogy, the novel "Bayn al-Qasrayn" [Between the Two Palaces], which was published in English by the American publishing house Doubleday. The price of the book is about $23 per copy.

The report, written by the American journalist Christopher Dickey, says that Najib Mahfuz, in the trilogy, by means of following [the fortunes of] three generations of the family of Mr. Abd al-Jawad, was able to observe the social and political development [and changes] in Egyptian society.

As for Najib Mahfuz's life after he received the Nobel Prize for Literature, the writer of the article says that the great Egyptian writer has begun to complain that he has become a "prisoner of the prize" since he is being hounded by journalists and academic people who request to interview him, demanding to know more about his opinions concerning his literary works.

Christopher Dickey points out that the great writer, who has received death threats recently because of his novel "Awlad Haratina" [The Children of Our Neighborhood], always maintains that he is not at all concerned about such threats and does not pay any attention to them. He also refuses to have bodyguards assigned to him, saying: "Anyone my age cannot be easily scared by a death threat. I might get a death threat on Sunday, and then die a natural death in my bed on Monday!"

اجوبة على الاسئلة

١) "بين القصرين". ٢) دار نشر "دابل داي" الأمريكية. ٣) حوالى ٢٣ دولاراً. ٤) كريستوفر ديكي صحفي امريكي كتب التحقيق لمجلّة "نيوزويك". ٥) حركة تطوّر المجتمع المصري على المستويين الاجتماعي والسياسي من خلال تتبّعه لثلاثة أجيال في اسرة السيد عبد الجواد. ٦) الصحفيون والأكاديميون.

٧) لمعرفة اكثر عن آرائه في أعماله الأدبية. ٨) يصف نفسه بـ"سجين الجائزة". ٩) تلقّى تهديدات بالقتل.

١٠) لأنه مسنّ جداً وربّما يموت عما قريب في فراشه لأسباب طبيعية.

Trivia Answer: "Qasr al-Shawq" (The Palace of Longing) and "al-Sukkariyyah" (The Sugar Bowl).

SELECTION #70

Indian Lives for 15 Years, and His Mind Does Not Function

What good is a person whose mind, which enables him to distinguish between things, does not function in a normal fashion? This applies to an Indian citizen who has been lying in a hospital in Ahmadabad in the Indian province of Gujarat for 15 years. His physical condition is very good, but his mind does not function normally.

The Indian (50 years old), whose name is Kasam, worked as a fireman for the Ahmadabad municipality and was stricken with this permanent disability when fighting a fire in a huge building in 1974. He fell from a high place, and this resulted in his suffering a skull fracture and a broken left hand.

Kasam suffered a heart attack and fell into a coma while he was being operated on, and since that time till today he has been lying unconscious in the hospital.

The doctors supervising the Indian's treatment have said that he could remain in this condition for several more years.

The doctors go on to say that the fact that this patient has remained alive in a coma for 15 years is considered to be one of the world's rare cases and deserves to be entered in the "Guinness Book of Records."

اجوبة على الاسئلة

١) كاسام.

٢) في مدينة احمد اباد بولاية جوجارت الهندية.

٣) ١٥ سنة.

٤) حالته الجسمانية سليمة جداً ولكن عقله لا يعمل بصورة طبيعية.

٥) كان إطفائياً.

٦) كان يقاوم النيران في مبنى ضخم.

٧) أصيب بشرخ في جمجمته وكسور في اليد اليسرى.

٨) أصيب بنوبة قلبية وراح في غيبوبة.

٩) يُمْكنه ان يظلّ على هذه الحالة (الغيبوبة) لعدّة أعوام اخرى.

١٠) لأن بقاء المريض على قيد الحياة وهو في غيبوبة لمدّة ١٥ سنة يُعتبر من الحالات النادرة في العالم.

Trivia Answer: Parsees.

234

SELECTION #71

Al-Bashir Announces Positive Developments for Talks About Peace in the South

Khartoum (SANA correspondent) - Gen. Umar al-Bashir, head of the Sudanese Revolutionary Command Council, has announced that the coming days will witness positive developments concerning the issue of peace in southern Sudan.

Gen. al-Bashir, in press statements made upon his return the night before last from Kinshasa, the capital of Zaire, where he had made a one-day visit, said that he had discussed with Zairean President Mobutu Sese Seko relations between the two nations and the issue of peace in southern Sudan, concerning which Zaire is undertaking the role of mediator. He indicated that he had made clear to the president of Zaire the Sudanese government's point of view with regard to peace. He also said that consultations were still going on between Sudan and Zaire, as well as between Zaire and John Garang's movement. A joint communique was issued at the conclusion of the visit stating that talks between the two parties had taken place in a friendly and fraternal atmosphere and that they had dealt with a number of bilateral issues in addition to [other] issues of common concern.

The communique said that the president of Zaire had promised to undertake all possible efforts to find a solution to the current conflict in southern Sudan and had called upon the two parties to throw down their arms and agree to a cease-fire as a prelude to current negotiations for bringing about peace in Sudan. The communique also said that the two presidents had expressed their satisfaction that the process of returning the Sudanese civilian refugees in Zaire to their own country was continuing.

اجوبة على الاسئلة

١) من الخرطوم. ٢) رئيس مجلس قيادة الثورة السودانية. ٣) أعلن ان الأيام القادمة ستشهد تطوّرات إيجابية بشأنها. ٤) زائير. ٥) بالرئيس الزائيري موبوتو سيسيسيكو. ٦) العلاقات بين البلدين وقضية السلام في جنوب السودان. ٧) يلعب دور الوساطة بين الحكومة السودانية وحركة جون قرنق. ٨) وعد ببذل كل الجهود الممكنة لايجاد حلّ له. ٩) دعاهما لالقاء السلاح والاتفاق على وقف إطلاق النار. ١٠) يُعادون الى بلادهم.

Trivia Answer: *The Congo.*

SELECTION #72

Wadi al-Dawasir Is an Area of Civilization, Springs, and Farms

Wadi al-Dawasir (Nasir al-Hamdan) - The Wadi al-Dawasir area was only farms. On the sides of the wadi they were fed by the waters of flash floods, rains, and the many springs spread all over the area. All of its people worked in agriculture, in addition to some small-scale commercial businesses. The area is known for good and diverse agriculture and the abundance of date palm groves which produce the best types of dates. So Wadi al-Dawasir was only farms, water, and springs which constituted beautiful natural scenery. But whoever visits Wadi al-Dawasir now will not recognize it and will not believe the great change and development. The civilizational, cultural, and economic development and the overall progress that have taken place in the area in different fields have kept in step with the age of overall progress that has prevailed all over the Kingdom [of Saudi Arabia] and transformed Wadi al-Dawasir from an agricultural area famous for its farms, springs, and eternally fresh waters into a culturally developed area which enjoys all the amenities of modern life. In addition to this, there has been development in the various areas of agriculture since agriculture has also, in turn, experienced development within the framework of the overall progress and development.

The extensive area of Wadi al-Dawasir, with all its cities and villages, has become a torchbearer of activity and vitality. It is no longer quiet, peaceful farms that go to sleep at sunset. It is throbbing with life because it now has electricity, prosperity, modern paved streets and roads which have lighting and plants, and various developmental projects involving government buildings constructed in the most modern fashion. This area--with its God-given natural scenery, springs that always gush forth with water, abundant farms that produce the best types of various agricultural goods, and with the comprehensive development that it has enjoyed during [this] age of blessed progress--has become one of the most beautiful in the Kingdom.

اجوبة على الاسئلة

١) ناصر الحمدان.

٢) في وادي الدواسر.

٣) في المملكة العربية السعودية.

٤) كانت مزارع فقط.

٥) السيول والأمطار والعيون.

٦) أجود أنواع التمور.

٧) تغيّرت وتطوّرت.

٨) حديثة ومرصوفة ومضاءة ومزروعة.

٩) مبانٍ حكومية.

١٠) بأنها من أجمل مناطق المملكة.

<u>Trivia Answer</u>: The Rub' al-Khali or, in English, the Empty Quarter.

SELECTION #73

Fred Astaire Dies at 88, He Was the World's Most Famous Dancer

Yesterday Fred Astaire, the American dancer, singer, and actor, died at Century City Hospital in Los Angeles at the age of 88 after being stricken with bronchitis.

Fred Astaire, who was famous throughout the world, was born on May 10, 1899 in Omaha, Nebraska. Many people considered him the best dancer in the world and one of Hollywood's legends. Although his name was associated with a number of actresses from the time he starred in his first role in the movies in 1933 together with Joan Crawford in the film "Dancing Lady," the roles that people remember best are those in which he starred with Ginger Rogers and Cyd Charisse.

Fred Astaire starred in a series of dancing roles with Ginger Rogers which helped Americans forget the Great Depression of the thirties and the events of World War II. When he reached 50 years of age, he switched over to more serious roles.

In 1981 he received the American Cinema Institute Prize in appreciation for his accomplishments. The famous Soviet ballet dancer Mikhail Baryshnikov commented on this as follows: "Astaire reached such a degree of perfection that he caused the other dancers to have complexes."

Fred Astaire had a number of romantic involvements in his lifetime, but the best known of these was when he reached the age of 81 and fell in love with a woman 46 years younger than he was, an equestrian by the name of Robin Smith, whom he married.

اجوبة على الاسئلة

١) امس في مستشفى سنتشوري سيتي في لوس انجلس. ٢) ٨٨ عاماً. ٣) راقصاً ومغنّياً وممثّلاً امريكياً مشهوراً. ٤) في ١٠ أيار ١٨٩٩ في مدينة اوماها في ولاية نبراسكا. ٥) افضل راقص في العالم وأسطورة من أساطير هوليوود. ٦) في سنة ١٩٣٣. ٧) جون كروفرد وجنجر روجرز وسيد تشاريس. ٨) كانت الأفلام تساهم في جعلهم ينسون الأزمة الاقتصادية الكبرى والحرب العالمية الثانية. ٩) راقص الباليه السوفياتي المشهور ميخائيل باريشنيكوف. ١٠) تزوّج من فتاة تصغره بستّة واربعين عاماً.

Trivia Answer: Umm Kalthum.

SELECTION #74

Al-Qadhdhafi Urges Arabs to Acquire Nuclear Bombs

Col. Mu'ammar al-Qadhdhafi has urged the Arabs to acquire nuclear bombs in order to defend themselves, and called again for the annihilation of Israel.

The Libyan Jamahiriyah News Agency reported that al-Qadhdhafi spoke at a university the day before yesterday and offered the solutions necessary for "solving all of the problems" that the Arabs face. He said: "As long as the Arabs are not strong and do not possess nuclear bombs to defend themselves, they will be humiliated in this world. China, which is considered to be a poor country, was able to acquire the atomic bomb in order to guarantee its dignity, and it was able to force the [other] nations having this kind of weapon to respect it." He added: "I am ringing the bells of danger for the entire Arab world, both for its rulers and its institutions. The future of the Arab people will remain threatened unless a miracle happens. The miracle is for us to gain control over all [our] sources of energy. If we succeed in this, we will achieve our miracle and this will make us able to transform the water of the sea into water suitable for drinking purposes and for irrigation."

He also called for the abolition of all birth control programs: "It would not be dangerous to increase the Arab world's population up to a billion persons because this is an increase that is required and necessary as a basic solution for the Arab world's problems." He also said: "One of the most important tasks that the Arab people must undertake is the liberation of Palestine and the annihilation of the Zionist entity [Israel] and usurper which was introduced into the [Middle East] area in order to suck up its waters." He also was of the opinion that, because of this, it is necessary to "establish comprehensive Arab unity and transform the [Arab] people into a single nation." (Reuter)

اجوبة على الاسئلة

١) على امتلاك قنابل نووية للدفاع عن أنفسهم. ٢) الى القضاء على اسرائيل. ٣) سمّاها بـ"الكيان الصهيوني المغتصب". ٤) وكالة الجماهيرية للأنباء الليبية. ٥) اول من امس في احدى الجامعات. ٦) الصين. ٧) سيطرة العرب على كل مصادر الطاقة. ٨) ستجعل العرب قادرين على تحويل مياه البحر مياهاً صالحة للشرب والري. ٩) نادَى بإلغائها كلّها. ١٠) فلسطين.

Trivia Answer: The first line of the Marines' song is "From the halls of Montezuma to the shores of Tripoli."

SELECTION #75

Rafsanjani Says: "We Prefer War to Giving Up Our Land"

Nicosia (Reuter) - Iranian President Ali Akbar Hashemi Rafsanjani yesterday (Sunday) said that Iran prefers going to war again, as a last resort, rather than giving up territory to Iraq.

In a conference of the commanders of the Revolutionary Guards in Teheran, President Rafsanjani said: "We have no expansionist aims, but at the same time we will not give up a single inch of our Islamic land."

He added: "Iran does not strive to obtain any unreasonable concession from Iraq, and it also will not offer any concession to the enemy, even if the status quo continues for ten years."

He also said: "If some day we become certain that the enemy is not prepared to return our land to us, then we will use force to make him retreat."

The official Iranian Islamic Republic News Agency published President Rafsanjani's speech in a dispatch which was received in Cyprus.

The cease-fire between Iraq and Iran has been in effect since August of 1988, but inflexibility has characterized the peace talks between the two parties. Iran wants Iraq to withdraw from 2,600 square kilometers of territory back to the border which was agreed upon in 1975.

The spiritual leader Ayatollah Ali Khamenei told the Revolutionary Guards officers that their troops should remain morally prepared "to defend Islam and the Islamic revolution."

اجوبة على الاسئلة

١) هو رئيس ايران. ٢) الى قادة الحرس الثوري (الايراني). ٣) في طهران. ٤) قال ان ايران ليس لها مطامح توسّعية ولكنهم لن يتنازلوا عن شبر واحد من أرضهم الاسلامية. ٥) ستجعل العراق يتراجع بالقوة. ٦) وكالة الجمهورية الاسلامية للأنباء (الايرانية الرسمية). ٧) في قبرص. ٨) ٢٦٠٠ كيلومتر مربّع. ٩) في سنة ١٩٧٥. ١٠) الزعيم الروحي الايراني آية الله علي خامنئي.

<u>Trivia Answer</u>: Ayatollah Khomeini.

SELECTION #76

A New Tennis Champion: Sampras Crushes Agassi, Wins $350,000

The American Pete Sampras, seeded 12th, won the U.S. Open Men's Singles Championship by defeating his fellow-countryman Andre Agassi, who was seeded 4th, by a score of 6-4, 6-3, 6-2.

Sampras managed to break Agassi's serve in the sixth and eighth games to close out the match in only 1 hour and 42 minutes, and he lost only nine games.

Sampras, who turned nineteen last month, thus became the youngest player ever to win this championship.

Sampras will be receiving $350,00, whereas Agassi's prize is $175,000. This is the first time since the 1979 tournament that two Americans have met in the finals.

Sampras reached the finals after putting three-time U.S. Open champion Ivan Lendl out of the quarterfinals and defeating four-time U.S. Open champion John McEnroe in the semifinals.

Agassi admitted Sampras' superiority over him, saying: "I came here to put on a good show, but certainly it was the better player who won. When a serve comes at a speed of 120 miles per hour (193 kilometers per hour), nobody can do much about it."

When accepting his prize, Sampras was overjoyed and said: "This is the peak of tennis. Whatever I do during my lifetime after this, I will always remain the U.S. Open champion."

اجوبة على الاسئلة

١) ببطولة الولايات المتحدة المفتوحة للتنس لفردي الرجال. ٢) اندريه اغاسي. ٣) ٦-٤ و٦-٣ و٦-٢. ٤) كان سمبراس المصنّف الثاني عشر وكان اغاسي المصنّف الرابع. ٥) ٣٥٠ الف دولار. ٦) في سنة ١٩٧٩. ٧) تسعة أشواط فقط. ٨) ١٩ سنة. ٩) ١٢٠ ميلاً (١٩٣ كيلومتراً) في الساعة. ١٠) عند تسلّم جائزة البطولة.

Trivia Answer: Pancho Gonzales.

SELECTION #77

Teacher Accused of Tossing His Wife Out the Window!

Damanhur (Lutfi Abd al-Shafi) - Brig. Gen. Muhammad al-Disuqi, superintendant of the Kafr al-Dawwar police station, received a report from a citizen who accused his sister's husband, a 32-year-old teacher, of having thrown her down [to the ground] from the third floor and caused her death.

Maj. Abd al-Ra'uf al-Sayrafi, head of the police station's investigation division, along with his assistant, Capt. Muhammad Ibrahim, rushed to the scene. Their investigative work, which was done under the supervision of Brig. Gen. Muhammad al-Dhahabi, head of the criminal investigation department, uncovered the fact that serious differences had erupted between the teacher and his wife, a 25-year-old head nurse who was quite attractive, because her teacher husband was extremely miserly and had taken leave without pay in order to run a workshop that [produced] sanitary instruments. In spite of his wealth he got angry at her because she demanded that he fork over a little money to pay for living expenses and the needs of their small 5-year-old child.

On the day of the incident a quarrel broke out between them when she demanded that he increase the monthly spending budget from 30 Egyptian pounds every 15 days to 100 pounds a month. He then went berserk, attacked her, picked her up, and threw her down [to the ground] from the third floor. She died before reaching the hospital.

In front of Ismat Abd al-Latif, the district public prosecutor, he denied having killed her and stated that she had strongly provoked him, and that he had started beating her on the breast and she then jumped out of the adjacent window. [He also said] that his 65-year-old mother-in-law had caused an increase in the strife between him and his wife!

The public prosecutor decided to jail him for four days, and charged him with intentional homicide and ordered the forensic physician to do an autopsy on the body to determine the cause of death.

اجوبة على الاسئلة

١) بأنه ألقاها من الطابق الثالث وتسبّب في قتلها. ٢) العميد محمد الدسوقي مأمور مركز كفر الدوار. ٣) هو مدرّس وعمره ٣٢ سنة. ٤) كانت مشرفة التمريض وكان عمرها ٢٥ سنة. ٥) واحد وعمره خمس سنوات. ٦) كانت تطالب بالمال من زوجها لتصرفه على تفقات المعيشة واحتياجات الطفل. ٧) كان يثور عليها. ٨) قال ان هذا غير صحيح وإنها ألقت بنفسها من النافذة خلال خلاف بينهما. ٩) حماته.
١٠) وجّه اليه تهمة القتل العمد.

<u>Trivia Answer</u>: The event is known as the "Defenestration of Prague."

SELECTION #78

Lebanon Is Not a "Beggar," and the Lebanese Are Not "Beggars" (I)

Some semi-leaders pretend to cry, shedding tears and carrying [weighty] sacks of humiliation, saying that Lebanon is an ill-fated land, that the destruction wrought in it is such that it does not have the capacity to rebuild itself, that the Lebanese are a people that have been drowned in poverty, and that it is necessary to establish an "international fund for rebuilding Lebanon."

Along with these semi-leaders, there are the "brothers," "comrades," "friends," and all the other "friends" who are more like enemies who, in an act of open and despicable impudence and vulgar criminality, volunteer to murder the murdered one and [then] march in his funeral procession, pretend to weep, offer their condolences, ask if "there is anything they can do," and announce in all brazenness and with complete depravity that they are "prepared to contribute money, medical aid, food, and social assistance--but only when peace returns to Lebanon."

Is this true? Yes, it is true--and how.

This has happened, and is still happening on your behalf, o Lebanese, o people with a 6,000-year history of dignity and vigor, o heroic rebels who dug into the mountainsides and lived in caves so that the boots of occupying armies and the hoofs of foreign cavalries would not trample on your honor, o people who have drawn water out of rocks and grown wheat in wastelands.

Yes, o great people of Lebanon, semi-persons who have suddenly started calling themselves your leaders--and who do not even own their own voices--today are pretending to weep and are travelling all around the world, begging on your behalf and asking for the establishment of the "fund of shame."

But no. They were just full of hot air.

And those who would contribute--but only when peace returns to Lebanon--were also just full of hot air.

The opposite is what is true.

Those who broke their hand and are [now] begging with it do not represent the Lebanese people.

اجوبة على الاسئلة

١) بعض أشباه المسؤولين. ٢) لبنان او اللبنانيون. ٣) من "الأعداء" و"الأصدقاء". ٤) "(هل هذا) صحيح؟ نعم، صحيح جداً" او "(هل) كذلك؟ نعم، كذلك بالتأكيد". ٥) ستة آلاف سنة. ٦) حتى يتجنّبوا "نعال الجيوش المحتلّة وحوافر الخيل الغريبة." ٧) طلّعوا الماء من الصخر والقمح من الأرض اليباب ومعنى ذلك انه كان صعباً على اللبنانيين ان يكسبوا رزقهم في جبال لبنان. ٨) يفضّل ان يسمّيه "صندوق العار". ٩) لأنه يعتبر ان أشباه المسؤولين يجمعون المال له عن طريقة الشحاذة. ١٠) "الذين كسروا يدهم ويشحدون عليها" اي أشباه المسؤولين.

Trivia Answer: *75 percent.*

SELECTION #79

Lebanon Is Not a "Beggar," and the Lebanese Are Not "Beggars" (II)

As for those contributing by means of the "establishment of an international fund for rebuilding Lebanon," let them contribute by releasing their tentacles from their agents in Lebanon, by giving up their support for some of the worthless shadow-play puppets that stride around Lebanon sometimes in the name of authority, and other times in the name of responsibility, and many, many times in the name of the people, and if this is done, then there will be no fear concerning Lebanon being rebuilt.

The Lebanese are not poor. The Days of the War of 1914 and the Ottoman locust are gone forever.

Lebanese capacities and potential which are abroad--and it is fortunate for Lebanon that they have ended up abroad today and during the last few years--possess enough capital to enable them to establish funds to rebuild all the nations of the world, and not merely to rebuild Lebanon. But these Lebanese capacities and potential, this time--and rightly, justly, and logically so--are waiting for peace and quiet to return to Lebanon, for Lebanon to return to Lebanon, for the conspiracy to depart from Lebanon, and for the Judases to finally be chased out of Lebanon, so that they can bring their capital back to Lebanon quickly, decisively, and in amounts so large that one cannot imagine them, and restore, in less than a year's time, what was destroyed in Lebanon 16 years ago.

But the Lebanese want to bring their capital back and invest it in a Lebanon of security, peace, assurance, and confidence, not in a jungle where they do not know who the ruler is and who will be the ruler tomorrow. They want to invest their money under the patronage of a strong government which has a popular base and represents the people, not a government of puppets on strings pulled by forces from outside.

Lebanon is not a beggar, and the Lebanese are not beggars. The Lebanese people alone will rebuild Lebanon--with their resistance to the storm from inside the country and their return from abroad after the storm disappears.

And the day is not at all far off when the storm will be defeated and the Lebanese will return.

Henri Zoghaib

اجوبة على الاسئلة

١) يصفهم بـ"العملاء والكركوزيين التافهين". ٢) عادةً تُسمّى "الحرب العالمية الأولى". ٣) يقصد به الامبراطورية التركية العثمانية التي كان لبنان جزءاً منها حتى نهاية الحرب العالمية الأولى. ٤) يقصد بها رجال الأعمال اللبنانيين وغيرهم من اللبنانيين الذين يسكنون في الخارج بسبب الأزمة في وطنهم. ٥) قبل ١٦ سنة. ٦) بأقلّ من سنة. ٧) يصفه بـ"غابة أدغال ليس يدرون مَن يحكمها ومَن سيحكمها غداً". ٨) دولة قوية طالعة من القاعدة وتمثّل الشعب. ٩) يقول: "لم تَعُد بعيدة ابداً هزيمة العاصفة وعودة اللبنانيين".

نعم، اعرف

١) الأخطبوط له ثمانية مجسّات.

Trivia Answer: Switzerland. It was often called the "Switzerland of the Middle East."

243

SELECTION #80

English-French Dictionary on Personal Computer

The French firm Le Dico Systems has put on the market an English-French dictionary which works on IBM personal computers and ones which are compatible with them, and has named it "Le Dico."

The new program consists of four English-French and French-English dictionaries. The first dictionary contains 15,500 general terms, the second one contains 1,300 commercial terms, the third one contains 600 computer terms, and the fourth one contains 300 widespread colloquial terms.

You can search for one of the terms by entering a segment of the term, then the program displays all of the terms that contain this segment. The program also provides the capability of searching in a series of texts (string search) and displays meanings for all of the terms that occur in them. You can search in more than one dictionary in order to get different meanings for a single term.

Le Dico makes it possible to add new entries to any of the four dictionaries and to edit their contents, and also allows you to create new dictionaries or merge outside files into them.

Le Dico can be operated as an independent program or as a program placed in [the] memory (TSR) [terminate and stay resident], which makes it possible to utilize the cut and paste functions from within any word-processing program.

This program is equipped with a special system for immediate help, and utilizes the easy-to-use method of menus and windows which are written [and labelled] in English and French.

The program works on IBM personal computers, requires 256 kilobytes of RAM [random access memory] memory utilization and a hard-disk drive, and costs 595 French francs. For more information, contact:

Le Dico Systems International
57 Rue Blaise
75020 Paris, France

اجوبة على الاسئلة

١) الشركة الفرنسية "لا ديكو سيستمز".

٢) عنوان الشركة:
شارع بليز رقم ٥٧
٧٥٠٢٠ باريس - فرنسا

٣) هما اللغتان الانكليزية والفرنسية.

٤) اربعة قواميس.

٥) المصطلحات العامة والمصطلحات التجارية والمصطلحات الكومبيوترية والمصطلحات الشعبية الشائعة.

٦) اسمه "لا ديكو".

٧) على كومبيوترات آي بي ام الشخصية والمتوافقة معها.

٨) اسلوب اللوائح والنوافذ.

٩) ٢٥٦ كيلوبايت.

١٠) ٥٩٥ فرنكاً فرنسياً.

Trivia Answer: *Charles Babbage.*

SELECTION #81

Japanese Change Their Type of Food

Japanese individual consumption of rice, the main staple of the diet of the Japanese, is steadily decreasing, whereas their consumption of bread, meat, dairy products, and some non-local foods is increasing.

Till very recently, Japanese meals consisted of boiled rice, miso [bean paste] soup, and other side dishes which completed the meal.

For example, a typical breakfast meal consists of rice, miso soup, and vegetables.

Lunch, which is considered to be the main meal of the day for the Japanese, usually consists of a dish of fish and cooked vegetables, in addition to rice and soup.

In view of the fact that Japan is surrounded by water, it is only natural that it have an abundance of fish and [other] forms of sea life, thus the Japanese dinner table includes a large percentage of side dishes prepared from these components.

According to a study conducted by the Japanese prime minister's office, Chinese and Western style dishes, at the present time, have become a basic food in most Japanese homes. This has caused the Japanese to have an even greater appetite for foods from other Asian countries and the other nations of the world, and reflects the increase in the number of Japanese travelling abroad and the number of foreigners coming to Japan.

The study showed that there are many Japanese families that now have started having dinner outside the home, since meals are no longer viewed simply as a source of nutrition, but have also become a source of enjoyment for all Japanese.

اجوبة على الاسئلة

١) الأرزّ.

٢) ينخفض بشكل مستمرّ.

٣) يزداد.

٤) الأرزّ المسلوق وحساء الميسو وأطباق جانبية اخرى.

٥) الأرزّ وحساء الميسو والخضار.

٦) طبقاً من السمك والخضار المطبوخ والأرزّ والحساء.

٧) وجبة الغداء.

٨) لأن اليابان محاطة بالمياه.

٩) الطعام الصيني والغربي.

١٠) خارج البيت (وليس في البيت كما كانت تفعل سابقاً).

Trivia Answer: 79.1 years.

SELECTION #82

Quayle Considers U.S. Invasion of Cuba Unlikely and Announces That Sanctions Against Nicaragua Will Soon Be Lifted

Caracas (SANA) - U.S. Vice-President Dan Quayle definitely confirmed that his country has no intention of having U.S. troops invade Cuban territory.

AFP mentioned that Quayle, in a press conference which he held here the day before yesterday concerning this subject, considered this unlikely and said that, as far as Washington was concerned, a repetition of the recent U.S. invasion of Panama is not forthcoming.

Quayle said that the U.S. authorities consider that the circumstances [normally] appropriate for a military operation were totally different in Panama.

He said that the Panama operation constituted an isolated case and that it is not possible to equate this country with Cuba.

In addition to this, Quayle announced that his country will lift the economic sanctions against Nicaragua and will announce, during the next few weeks, the details of an aid program for this country.

Commenting on the statements made by Nicaraguan President-Elect Violeta Chamorro, who rejected the likelihood of forming a coalition government with the Sandinistas, Quayle said that the decision is up to Chamorro since she was elected by the people in no uncertain terms and that whatever her decision is, we have to respect it.

At the present time, the U.S. vice-president, Spanish Prime Minister Felipe Gonzalez, and Venezuelan President Carlos Andres Perez are meeting in Caracas to find a formula which will permit a peaceful transfer of power in Nicaragua and the elimination of the state of mobilization of both the Contra rebels and the Nicaraguan army.

For his part, President Perez said that Washington is undertaking efforts to disband the Contra organization and pointed out that the U.S., Spain, and Venezuela are prepared to cooperate with Nicaragua to settle the Contra problem.

اجوبة على الاسئلة

١) من كاراكاس (فينزويلا). ٢) قال ان ليس لبلاده نيّة في اجتياح كوبا من قبل القوات الأمريكية. ٣) بنما. ٤) قال ان عملية بنما كانت "حالة معزولة" وانه لا يمكن الموازاة بين بنما وكوبا. ٥) قال ان امريكا سترفعها. ٦) ستقوم بتقديم برنامج مساعدة لهذا البلد. ٧) فيوليتا شامورو. ٨) رفضت احتمال تشكيل حكومة ائتلافية مع الساندينيين. ٩) مع وزير الحكومة الاسبانية فيليب غونزاليس ورئيس فينزويلا كارلوس اندرس بيريز. ١٠) الانتقال السلمي للسلطة في نيكاراغوا وإلغاء حالة التعبئة لدى الجيش النيكاراغوي والكونترا وتسوية مشكلة الكونترا.

Trivia Answer: *He was Simon Bolivar, and the country named after him is Bolivia.*

SELECTION #83

The Choice Facing Israel

(Editorial) The trip that UN Secretary-General Javier Perez de Cuellar is preparing to undertake to the Middle East is a reflection of two basic points--1) the steady increase in international interest in pushing efforts to hold an international peace conference and working toward overcoming the barriers that impede the holding of [such a conference], and 2) the general feeling that the time [now] is more favorable than at any time in the past to hold this conference and that postponing it till a future date might decrease the likelihood of it being held at all.

There exists a clear inclination on the part of the UN, basically, and also on the part of the European community, toward hastening to hold the conference during the current year in view of the fact that the United States, one of the five permanent members of the Security Council, will be busy next year and the year after next with its election campaign.

This is why de Cuellar attaches the utmost importance to the holding of direct talks with the leaders of the Middle East in order to overcome the barriers that stand in the way of holding the international conference.

No doubt the UN secretary-general is perfectly certain that the main problems which hinder the holding of the conference are to be found in the obstinate Israeli position, especially after the statement by Mr. Yasir Arafat, chairman of the Executive Committee of the Palestine Liberation Organization, who declared that the PLO agrees to consider several alternatives concerning Palestinian representation at the conference.

An informed UN source clearly summarized the [UN] position at the current time, saying that if the UN Security Council agrees to hold the conference and the problem of Palestinian representation is solved, then the Israelis will have little choice in the matter and will have to accept reality.

اجوبة على الاسئلة

١) الأمين العام للأمم المتحدة.   ٢) الى الشرق الأوسط.   ٣) المؤتمر الدولي للسلام (بين اسرائيل والعرب).

٤) لأن الولايات المتحدة ستكون مشغولة بحملة انتخاباتها في العام القادم والذي يليه.   ٥) مع زعماء الشرق

الأوسط.   ٦) للتغلّب على العقبات التي تواجه المؤتمر الدولي.   ٧) يصفه بالتعنّت.   ٨) رئيس اللجنة التنفيذية

لمنظّمة التحرير الفلسطينية.   ٩) أعلن موافقة المنظّمة على النظر في عدة بدائل تتعلّق به.   ١٠) سيكون ضئيلاً.

Trivia Answer: The United States, Soviet Union, Great Britain, France, and China.

SELECTION #84

One Killed, 39 Wounded in Khartoum, and Southern Rebels Kill 11 Merchants

Khartoum (Reuter) - Sudanese officials have reported that one person was killed and 39 others wounded in two separate clashes which occurred in Khartoum the day before yesterday.

They said that the riot control police opened fire on student demonstrators who had pelted them with stones in Sudan's capital city, and three of them were seriously wounded. Also, 30 policemen were wounded in the skirmish. A police source said that the students were protesting the fact that 2,000 of their fellow students had been allowed to enter the University of Cairo - Khartoum Branch without having to pass the usual entrance exam.

The students returned to the university campus and announced that they were going to stage a sit-in for three days. Sudanese Prime Minister al-Sadiq al-Mahdi called upon the rector of the university to settle the issue. The Omdurman radio broadcast the fact that advance permission had not been obtained for the student demonstration, although its organizers knew that the local authorities had prohibited demonstrations.

In another incident, people living in shacks put up on land belonging to the government tried to prevent the police from tearing them down. A clash occurred in which one person was killed and six wounded, including four policemen. As is generally known, Khartoum is surrounded by a belt of shacks which house hundreds of thousands of people who have been made homeless as a result of the civil war and the drought.

In addition to this, the newspaper AL-BAYAN, which is published in Khartoum, said that the rebels had killed 11 Sudanese merchants in an attack on a truck convoy in Equatoria province in southern Sudan. It did not mention when the attack occurred that was carried out by the rebels of the "Sudanese People's Liberation Army," but it did say that the merchants were from northern Sudan.

The rebels of the Sudanese People's Liberation Army have been fighting since 1983 in southern Sudan, the majority of whose population consists of Christians and animists, to overthrow the Khartoum government and put an end to the Moslem Arab North's domination of the other areas of the country.

اجوبة على الاسئلة

١) اشتباكان.   ٢) طلاّب متظاهرون وشرطة مكافحة الشغب.   ٣) رَشَقَ الطلاّب الشرطة بالحجار.

٤) كانوا يحتجّون على دخول الفي طالب في جامعتهم من دون اجتياز امتحان القبول المعتاد.

٥) انهم سينفّذون اعتصاماً في حرم الجامعة لمدة ثلاثة أيام.   ٦) ناس يعيشون في أكواخ على اراضٍ للدولة.

٧) حاولت الشرطة ان تزيل أكواخهم.   ٨) قُتل واحد وجُرح ستة، بما في ذلك اربعة من رجال الأمن.

٩) ١١ تاجراً من شمال السودان كانوا يسافرون في قافلة شاحنات.   ١٠) ثوار من "جيش تحرير الشعب السوداني".

Trivia Answer: Charlton Heston was General Gordon, and Laurence Olivier was the Mahdi.

248

SELECTION #85

Carter Begins Mideast Trip to Encourage Peace Process in the Area

Washington (QNA) - Former U.S. President Jimmy Carter left Atlanta on his way to Cairo, beginning a trip in the Middle East during which he will visit Egypt, Jordan, the occupied Arab territories, and the Israeli entity [Israel]. The former U.S. President's talks during this trip will concentrate on the latest developments in the area and diplomatic efforts to resume the peace process.

In a statement [made] before leaving [the country], Carter expressed his hope that "we will return from the Middle East with an idea of the latest developments which can lead to peace." He added: "We will encourage those who aspire to bring about peace to do so."

Carter made sure that he mentioned that he will be undertaking this trip as an ordinary U.S. citizen rather than as a representative of the U.S. government. This trip is the first trip that Carter has made to the Middle East since his visit there in 1983.

Israeli leaders have expressed their alarm concerning former U.S. President Carter's visit to the occupied territories and have warned him against showing his sympathy for the Palestinian Intifadah in the occupied Arab territories.

Israeli leaders have expressed their anger about Carter meeting with leaders of the PLO in Cairo in 1983.

Yossi Talmirat, head of the Press Bureau in the Israeli government, said that if Carter wants to mediate, he should act in a manner which makes him a fair mediator, since "we will not accept any person who adopts an attitude of hostility toward our position."

It should be mentioned that Carter, who is head of the Conflict Resolution Center in the city of Atlanta--a center which specializes in solving international conflicts by peaceful means--mediated the conclusion of the Camp David agreement between Egypt and Israel in 1979.

اجوبة على الاسئلة

١) هو رئيس امريكي أسبق. ٢) مصر وسوريا والأردن واسرائيل والأراضي العربية المحتلّة. ٣) الى القاهرة

(مصر). ٤) ليُجري مباحثات عن آخر التطوّرات هناك وعن المساعي الدبلوماسية لاستئناف عملية السلام.

٥) بصفة مواطن امريكي عادي. ٦) سنة ١٩٨٣. ٧) من ابداء تعاطفه مع الانتفاضة الفلسطينية في الأراضي

العربية المحتلّة. ٨) مع مسؤولين بمنظّمة التحرير الفلسطينية. ٩) رئيس المكتب الصحفي بالحكومة الاسرائيلية.

١٠) حلّ الصراعات الدولية بالوسائل السلمية.

Trivia Answer: Anwar al-Sadat of Egypt and Menachem Begin of Israel.

SELECTION #86

Arab Cooperation [Council] Heads of Government Meet in Baghdad Today

Baghdad (the agencies) - The prime ministers of the Arab Cooperation Council nations meet in Baghdad today (Saturday) to ratify agreements before the Council's summit conference which will be held later on this month.

The Arab Cooperation Council includes Iraq, Egypt, Jordan, and North Yemen, and was established last February for the purpose of achieving economic integration among the Council's nations.

In several meetings held in Baghdad, the ministers of the Council's nations reached agreement concerning cooperation in the fields of industry, agriculture, finance, informational media, housing, education, justice, transportation, and social affairs.

The heads of government of the four nations will discuss these agreements before submitting them to the summit conference, which will be held in Sanaa, for them to be conclusively ratified.

Dr. Hilmi Nimr, secretary-general of the Arab Cooperation Council, had already said last July that the four nations would move cautiously toward economic integration and would not give up their national sovereignty.

In addition to this, Taha Yasin Ramadan, a member of the [Iraqi] Revolutionary Command Council and first deputy prime minister of Iraq, said that the Joint Iraqi-Egyptian Higher Committee would meet during next October.

In a statement made to the reporter from the Middle East News Agency in Baghdad, he said that he would discuss setting the date for this committee's meeting with the Egyptian prime minister, Dr. Atif Sidqi, while he is in Baghdad to attend the meeting of the Ministerial Committee of the Arab Cooperation Council nations.

As we know, the Egyptian and Iraqi parties in the Higher Committee are chaired by Dr. Atif Sidqi and by Taha Yasin Ramadan. In its meetings, it will deal with strengthening economic, commercial, scientific, and technical relations between the two countries.

اجوبة على الاسئلة

١) رؤساء وزراء دول مجلس التعاون العربي. ٢) لاقرار اتّفاقات قبل مؤتمر قمّة المجلس. ٣) العراق ومصر والأردن واليمن الشمالي. ٤) في فبراير (شباط) سنة ١٩٨٩. ٥) تحقيق التكامل الاقتصادي بين دول المجلس. ٦) الدكتور حلمي نمر. ٧) عضو مجلس قيادة الثورة (العراقي) والنائب الأول لرئيس الوزراء العراقي. ٨) رئيس الوزراء المصري. ٩) في شهر اكتوبر (تشرين الأول) المقبل.

١٠) من بغداد.

Trivia Answer: Only two of them--Iraq and Jordan.

SELECTION #87

Political Science Professor in Korea Becomes a Moslem--Why?

God opened this man's heart to Islam after he had been a pagan all his life.

He is Dr. Ahmad Chung, editor-in-chief of the newspaper ISLAMIC HERALD in Korea, a political science professor at the American universities,* and also secretary-general of the Federation of Korean Moslems.

Concerning why he became a Moslem, he says: "I converted to the Islamic faith and God opened up my heart to it about 15 years ago--in 1975, to be exact. This happened with the help of a Moslem friend whose name is Abd al-Aziz Kim, who urged me to become a Moslem. The thing about Islam that appealed to me is the belief in the unity of God--may He be praised and exhalted. The advantages I have found in this religion are ones that I did not find in any of the other religions. By means of Islam a person comes to receive his Lord's reward, which is that of heaven in the hereafter. I am saying this about Islam particularly because I have studied comparative religions and written more than ten books for the Moslems of South Korea, and by virtue of my work I have made visits to many countries of the world in order to attend conferences and there I have seen the life of the Moslems which is the embodiment of brotherhood and love. They are like a very closely-knit structure. The Islamic faith is a religion which spreads spontaneously and when God--may He be praised--leads the heart of a non-Moslem to Islam, He desires that he be amply and universally blessed. As you see, every day, throughout the world, God is opening up many people's hearts and having them enter this true faith because its religious law is one of justice for the individual, for the group, and for society. This is something that is lacking in some of the other creeds."

"I hope to present, to the best of my ability, the [true] image of Islam in any [and all] of the world's countries."

"I praise God--may He be exhalted--for allowing me to be successful in translating some Islamic works into Korean. These works are 'Islam,' by Muhammad Qutb, and the books 'The Slandered Religion,' 'That Which Is Lawful and Taboo in Islam,' 'Jesus and the Koran,' 'The Path of Divine Guidance,' and 'Islam and Children.' I thank God who has led me to this faith and opened up my heart to it. This is a favor and a blessing which I [will] be proud of all my life."

---

*[Author's Note: It is unclear what is meant by "the American universities."]

اجوبة على الاسئلة

١) من كوريا الجنوبية. ٢) جريدة "الهيرالد الاسلامية" بكوريا. ٣) العلوم السياسية. ٤) هو السكرتير العام للمنظّمة. ٥) في سنة ١٩٧٥. ٦) صديق مسلم اسمه عبد العزيز كيم. ٧) الأُخُوّة والمحبّة وكأنهم بنيان مرصوص. ٨) اكثر من عشرة. ٩) يقول انها عادلة للفرد والجماعة والمجتمع. ١٠) ستة وهي "الاسلام" لمحمد قطب وخمسة كتب اخرى.

Trivia Answer: Over 9 million (21 percent).

SELECTION #88

Egypt in the Nineties Will Be Stronger Economically and Militarily

Our relations with the U.S. are in the national interest, and are not special.

(Afkar al-Kharadili) - Dr. Usamah al-Baz, first undersecretary of the Ministry of Foreign Affairs and director of the Office of the President for Political Affairs, declared that Egypt in the nineties will be stronger politically, economically, militarily, and culturally than it is now. He said that in the Arab world now there are models for unity such as the Gulf Cooperation Council and the Arab Maghrib Movement, and some people feel that the existence of a third wing is possible, which is the "Nile Valley," where the tendency at the present time is toward closer association rather than fragmentation, and this represents a step on the road toward Arab cooperation.

In a lecture which he gave the night before last to the Political Research Council in the College of Politics and Economics, Dr. al-Baz asserted that "we have no special relationship with the U.S. It is, instead, a large-scale relationship of cooperation which ebbs and flows." He added: "What links us to the U.S. is [our] national interest."

Dr. al-Baz asserted that there is a historical fact--which is that a strong Egypt is [a country] that can maintain equilibrium and stability in the Arab world.

He also said: "We have achieved a lot in the cause for democracy. Egypt is one of the oldest countries that has practiced democracy. Egypt's economic strength in the nineties will come after we have been able to achieve a formulation--within a scope which is normal--of our great problems such as the problem of the debts."

He said that it is necessary to be concerned with Islamic thought as a doctrine, religion, and concept, and that the Islamic movement now is moving through a stage of revival.

He also said: "We are mistaken if we think that the opposition plays no role in setting foreign policy. In the end it is the people who determine the basic directions and political theses. It is necessary to concede that it is not in the interest of the ruler to differ with the view of the masses and that the regime, in the end, expresses the national consensus or the [will of the] majority of the nation."

اجوبة على الاسئلة

١) وكيل اول وزارة الخارجية (المصرية) ومدير مكتب الرئيس (المصري) للشؤون السياسية. ٢) ألقى محاضرة امام ندوة البحوث السياسية بكلّية السياسة والاقتصاد. ٣) من النواحي السياسية والاقتصادية والعسكرية والثقافية. ٤) مجلس التعاون الخليجي وحركة المغرب العربي وفي رأي البعض "وادي النيل". ٥) بأنها علاقة تعاون واسعة بها مدّ وجزر. ٦) المصلحة القومية. ٧) تستطيع ان تحفظ التوازن والاستقرار في العالم العربي. ٨) مشكلة الديون. ٩) انها تمرّ الآن بمرحلة بعث. ١٠) الشعب هو الذي يحدّد هذا كلّه.

Trivia Answer: King Faruk, who was dethroned and exiled to Italy in 1952 by the Egyptian revolution, led by Nasser.

SELECTION #89

Biggest Ever U.S. Airlift Transporting Troops to the Gulf

Washington (AFP) - U.S. Air Force sources say that the airlift being carried out by the U.S. as part of Operation Desert Shield is the largest ever undertaken by this country, and it is supposed to expand even more due to the announcement that the reserves will soon be called up.

On August 7th, following Iraq's invasion of Kuwait, U.S. President George Bush decided to send a military force to the Gulf which may total 200,000 men.

Since that date the U.S. Air Force has devoted, on the average, 70% of its capability to transporting equipment on daily flights undertaken by cargo planes to the Gulf area, according to a statement by Gen. Bob Mitchell, who is responsible for logistical support.

Added to this there are 38 planes [taking part in the airlift], belonging to 16 airline companies, which have been requested by the authorities.

The general's opinion was that this airlift is the largest in the history of the U.S., with a plane arriving in the Gulf area every 10 minutes--and sometimes more often than that. He added that this pace will increase as time goes by.

He went on to say that the Galaxy C-5, Starlifter C-141, and Hercules C-131 cargo planes, in addition to the combat planes, have to be refueled in the air in view of the fact that the distance from the U.S. East Coast is more than 13,000 kilometers, which makes it necessary to constantly maintain a fleet of refueling planes in the air.

In order to transport one armored division to the Gulf, the C-5 and C-141 planes (the largest transport planes) have to make no less than 269 and 1,538 flights, respectively.

In case the airlift is intensified, the Air Force may utilize 188 civilian planes. In the final phase (if a state of emergency is declared or if war breaks out, due to a decision taken by the President or by Congress), 476 civilian planes can be confiscated.

اجوبة على الاسئلة

١) عملية "درع الصحراء". ٢) من الولايات المتحدة الى الخليج. ٣) الرئيس الأمريكي جورج بوش.
٤) على اثر غزو العراق للكويت. ٥) يمكن ان يصل عددهم الى ٢٠٠ الف رجل. ٦) جلاكسي سي ٥ وستارليفتر سي ١٤١ وهركوليز سي ١٣١. ٧) ٣٨ طائرة من ١٦ شركة جوية. ٨) قال انه اكبر جسر جوي في تاريخ الولايات المتحدة. ٩) كل عشر دقائق وأحياناً أقلّ. ١٠) يجب اعادة تزويدها بالوقود في الجو.

<u>Trivia Answer</u>: The Turks call it the "Gulf of Basra" ("Basra Körfezi").

SELECTION #90

U.S. Accuses Israel of Mistreating Blacks and Americans of Arab Origin

Washington, Jerusalem (the news agencies) - The U.S. has announced that it is bringing up, on a large scale and with profound concern, with Israeli leaders at the present time the question of the arbitrary discrimination which Americans of Arab origin and American blacks are subjected to when they enter Israel. Government sources mentioned that Washington will issue a warning to U.S. citizens not to enter Israel unless these practices stop.

An Israeli official said yesterday that the U.S. State Department, the day before yesterday, summoned the Israeli charge d'affaires in Washington [to its offices] to discuss this problem with him. State Department Spokesman Charles Redman said that contacts with Israeli officials in Washington continued yesterday (Friday).

Redman said that the U.S. is still profoundly alarmed because of this matter and has demanded an immediate solution to the problem. He pointed out that, since the beginning of the current year, the State Department has received reports that 75 Americans have experienced problems while entering Israel. Forty of them were of Arab origin and the rest were blacks.

Abdeen Jabara, head of the Arab-American Antidiscrimination Committee, who met the day before yesterday with one of the aides of Richard Murphy, the assistant U.S. secretary of state, demanded that the travel warning, which is expected to be issued, include all Americans rather than just persons of Arab origin and blacks. He said that this situation was an insult to all Americans. The committee headed by Jabara sent a delegation to Congress to ask that sessions be held to discuss this issue.

In Jerusalem an official in the Israeli Ministry of Foreign Affairs said that reports indicating this arbitrary discrimination were being investigated, but he described these reports as extremely exaggerated.

U.S. sources indicate that the arbitrary treatment consists of detaining Arab and black Americans at entry points, having them personally searched, confiscating their passports and travel tickets, and forcing them to deposit an amount in excess of $10,000 per person in the form of bonds before they are allowed to leave the airport.

اجوبة على الاسئلة

١) بإساءة معاملة الأمريكيين العرب والأمريكيين السود. ٢) في نقاط الدخول عند دخولهم الى اسرائيل. ٣) ٧٥ شخصاً - منهم ٤٠ من أصل عربي والباقون من السود. ٤) ستصدر تحذيراً الى المواطنين الأمريكيين بعدم دخول اسرائيل. ٥) المتحدّث باسم وزارة الخارجية الأمريكية. ٦) طالبت بحلّ فوري للمشكلة. ٧) "تفرقة تعسّفية". ٨) رئيس لجنة مكافحة التمييز ضد الأمريكيين العرب. ٩) قال انه إهانة لكل الأمريكيين. ١٠) في احتجازهم في نقاط الدخول والتفتيش الذاتي ومصادرة جوازات وتذاكر السفر الخاصة بهم وإرغامهم على إيداع عشرة آلاف دولار في شكل سندات قبل مغادرة المطار.

Trivia Answer: 16 percent.

SELECTION #91

Arab Press Emphasizes Necessity of Unity When Facing Challenges

The Arab press has emphasized the necessity of facing challenges and dangers threatening the Arab nation by means of a united Arab stand and hastening to build a unified nation which is effective and capable of opposing all the types of conspiracies which threaten the Arabs' existence and future and keeping the Zionist entity [Israel] from continuing its policy of aggression and expansion.

The Jordanian newspaper AL-RA'Y, in its editorial yesterday, said: "There is no salvation for the Arabs, in view of the lack of credibility of the U.S. and the intransigence of Israel, other than by means of hastening to build a modern, unified entity capable of dealing with the challenges."

The newspaper also said: "The Arab masses are no longer tolerating the flabbiness of the Arabs, and they are no longer tolerating the negative consequences which are appearing and are being aggravated because of it."

The newspaper concluded by asserting that, although the enemies of the Arab nation have persisted in portraying this appeal to build a unified entity as being a dream impossible to achieve, the Arab masses realize that they have the potential and that their leaders have the possibilities to help them achieve it.

As for the Kuwaiti newspaper AL-RA'Y AL-AMM, in its editorial yesterday it said that Israel, in order to achieve its objectives, might proceed to adhere to [a policy of] extremism in order to effect a change in U.S. policy.

KUNA [the Kuwaiti News Agency] said that the newspaper highlighted Israeli and U.S. statements about the existence of an intention to alter the political map of the Middle East which were [designed] to put pressure on the Arab nations to offer additional concessions which could help gain support for the Baker plan which is being rejected by the prime minister of the enemy [Israel] and the Likud bloc.

AL-RA'Y AL-AMM also referred to the meeting held by the government of the enemy [Israel] the day before yesterday which demonstrated intransigence toward U.S. proposals for the Middle East, and said: "They used to accuse us of extremism and lack of desire to achieve peace, and today the extremists in Israel are standing up and shouting their rejection of the U.S. proposals, in spite of the fact that we already know that those proposals serve the interests of Israel and will not at all lead to the establishment of the desired Palestinian state."

اجوبة على الاسئلة

١) لمواجهة التحدّيات والأخطار المحدقة بالأمّة العربية. ٢) دولة الوحدة الفاعلة والقادرة على التصدّي لكل أشكال التآمر. ٣) يصفها بأنها "سياسة العدوان والتوسّع". ٤) في الأردن. ٥) غياب المصداقية الأمريكية وتصاعُد التعنّت الاسرائيلي. ٦) الواقع العربي المترهّل ونتائجه السلبية. ٧) يصوّرونها كأنها حلم يستحيل تحقيقه. ٨) في الكويت. ٩) تفعل ذلك من اجل إدخال تغيير في السياسة الأمريكية. ١٠) كان موقفاً متعنّتاً تجاهها.

Trivia Answer: *AL-AHRAM.*

SELECTION #92

Strike for 2nd Day in Occupied Territories, and One Palestinian Killed During Clashes in Tulkarm

Occupied Jerusalem (AFP) - Yesterday (Sunday) the occupied territories were paralyzed as a result of the general strike which was called by the "Unified National Command of the Intifadah" and the "Islamic Resistance Movement" (Hamas) on the seventh anniversary of the massacre at the Sabra and Chatila Palestinian refugee camps south of Beirut.

Local correspondents noted that the response to the call for the strike was universal in Gaza, the [West] Bank, and the Arab sections of East Jerusalem.

The Unified Command, in its 46th communique, called upon the Palestinian inhabitants to stand for a moment of silence and to sing the Palestinian national anthem "Biladi, Biladi" [My Country, My Country] at 10 o'clock local time.

Military sources reported that a Palestinian was killed and five others wounded Saturday evening during violent confrontations between Israeli soldiers and demonstrators in the refugee camp at Tulkarm (the northern part of the West Bank).

According to the army, the Israeli soldiers were attacked with stones and bottles, inside the camp, by about a hundred of the inhabitants, including persons who had their faces veiled and were waving Palestinian flags. The soldiers responded by firing rubber bullets which killed Bassam Yusuf Sa'id Abu Tammam (20 years old) and wounded five other Palestinians.

According to Palestinian sources, Bassam Abu Tammam was taken to the Tulkarm hospital, and then to one of the hospitals in Nablus, where he died.

It was learned from Palestinian sources that nine Palestinians were wounded by bullets fired by Israeli soldiers Saturday afternoon during a violent confrontation in the occupied Gaza Strip.

The most violent confrontations occurred in the two refugee camps in Rafah and Dayr al-Balah where eight persons were wounded--four at each camp--and one other Palestinian was wounded in the city of Gaza, according to reports from these same sources.

Palestinian sources also reported that the Israeli military authorities had imposed a curfew on eight refugee camps in the occupied territories--seven of them in the West Bank and one in Gaza.

اجوبة على الاسئلة

١) امس (الأحد). ٢) القيادة الوطنية الموحّدة للانتفاضة وحركة المقاومة الاسلامية (حماس).

٣) بمناسبة الذكرى السابعة لمجزرة صبرا وشاتيلا. ٤) كانت الاستجابة شاملة. ٥) "بلادي - بلادي".

٦) قُتل واحد وجُرح خمسة. ٧) بالحجارة والزجاجات. ٨) ردّوا بإطلاق رصاصات مطاطية. ٩) في احد مستشفيات نابلس. ١٠) حدثت في مخيمي اللاجئين في رفح ودير البلح.

Trivia Answer: _The Philistines._

SELECTION #93

Reasons for Delay in a Child's Growth in Height

Inas Abd al-Ghani - Every mother dreams of giving birth to a child that is beautiful, intelligent, and free of congenital defects. This is why she feels apprehension and is beset by uncertainties if she notices any unusual symptoms in her child. Shortness of stature is considered to be one of the things that causes a mother to be preoccupied about her child, and [if this occurs] she resorts to going to the doctor to seek his advice.

Dr. Mahmud al-Muji, professor of pediatrics at al-Azhar University, says: "Shortness or tallness of stature is something which is based on comparing the child's height with that of normal children and the extent to which his height differs from the normal average height, taking into consideration the height of the parents. The rate of increase in height is of great importance. Between the age of two and the beginning of adolescence the rate of increase in height is more or less stable--not less than 5 to 6 centimeters per year."

"This means that any increase smaller than this should be viewed with misgivings and the reason for it should be sought. There are many reasons for shortness of stature. The best known--and, at the same time, the rarest--cause is what happens as a result of disturbances in the endocrine glands. Shortness of stature in a child does not [necessarily] mean that there are disturbances in his endocrine glands. This is a somewhat unlikely probability."

"The principal causes," according to Dr. al-Muji, "are associated with hereditary factors. Here the diagnosis is based on taking into consideration the height of the child compared to his parents, his general health should be normal, and also his rate of growth should be within the normal range, and the same is true for the growth of his bones."

"One important reason for shortness in stature is delay in reaching maturity. As we know, the attainment of maturity in both sexes is accompanied by a great increase in height. If there is a delay in reaching maturity, the child will be short in comparison with his peers, and this causes suffering. In this case the diagnosis should be based on following [the child's progress] and studying the growth and development of his bones."

As for other causes of shortness in stature, the doctor attributes them to "children's poor health as a result of having been sick for a long time from illnesses such as chronic anemia, chest diseases, heart diseases, [diseases in] the digestive system, and so on. There are also other, rare causes in addition to diseases of the endocrine glands. Shortness of stature could also be the result of bone deformities, but the cause in this case would be obvious."

اجوبة على النص

١) طفل جميل، ذكي، خالٍ من العيوب الخلقية. ٢) اذا ما لاحظت أعراضاً غير عادية على طفلها. ٣) أستاذ طبّ الأطفال بجامعة الأزهر. ٤) بأطوال الأطفال الطبيعيين. ٥) ليس أقلّ من ٥ - ٦ سنتمترات. ٦) اضطرابات الغدد الصماء. ٧) لا، هذا سبب نادر لقصر قامة الأطفال. ٨) قال انها تتركّز حول العوامل الوراثية. ٩) الانيميا المزمنة وأمراض الصدر والقلب والجهاز الهضمي الخ. ١٠) قال ان تشوّهات العظام تستطيع ان تسبّب قصر قامة الأطفال.

Trivia Answer: Avicenna or, in Arabic, Ibn Sina.

SELECTION #94

Murphy Warns of Danger of Outbreak of Another War in Middle East

London (Reuter) - Mr. Richard Murphy, former U.S. Assistant Secretary of State for Middle East Affairs, said in an interview published yesterday that there still exists the danger that another war could break out in the Middle East.

In reponse to a question as to whether or not developments in Eastern Europe had diverted attention away from the Middle East, Mr. Murphy said, in an interview with the London newspaper AL-SHARQ AL-AWSAT: "I don't believe so. There is still great danger of another war occurring in the Middle East."

He added: "This is something which is not compatible with the interests of the U.S. or any other nation in the area."

He said that the U.S. is interested in promoting a dialogue which would lead to a comprehensive peace settlement for the Middle East problem.

Mr. Murphy said: "I believe that we know what the problem is, what its dimensions are, and what the difficulties are that are being faced by the parties involved when confronted with reaching an agreement on the price of peace. I believe that we are wiser today, but also more humble."

Mr. Murphy said that he is optimistic about the possibility of holding a meeting between the Palestinians and Israel, "but I am not in a position to determine when this meeting will take place."

He continued, saying: "Clearly there is deep division in the Israeli camp concerning these proposals."

Concerning the Soviet Jews immigrating to Israel, Mr. Murphy said that 18,000 Soviet Jews arrived in the U.S. two years ago, that 50,000 Jewish immigrants arrived last year, and that it had been decided to admit "a larger number this year."

He added that this is a matter to be decided by the U.S. Office of Immigration, "but I know that there is room to absorb more immigrants."

He said: "Nine out of every ten Soviet Jews prefer to immigrate to the U.S., and I believe that we will try to create a solution to this problem."

Mr. Murphy also said that he does not believe that Washington has any new initiative for solving the Lebanese crisis.

اجوبة على الاسئلة

١) مساعد وزير الخارجية الأمريكي لشؤون الشرق الأوسط السابق. ٢) انه لا يزال هناك خطر نشوب حرب اخرى في الشرق الأوسط. ٣) جريدة "الشرق الأوسط" اللندنية. ٤) لا يعتقد ان هذه التطوّرات حولت الأنظار عن الشرق الأوسط. ٥) تريد دفع عجلة حوار يؤدّي الى تسوية سلمية شاملة لمشكلة الشرق الأوسط.

٦) قال انه متفائل منها. ٧) ١٨,٠٠٠. ٨) ٥٠,٠٠٠. ٩) تسعة من عشرة.

١٠) وكالة رويتر للأنباء.

Trivia Answer: *Yiddish.*

SELECTION #95

Catch the Video Thief!

For three whole hours a heated discussion took place concerning the thieves and pirates of artistic productions. Those who called for the discussion were [the members of] an American delegation which came to Cairo to attempt to find a solution to the [problem of the] theft of their films which is taking place in Egypt and the Far East. Their losses total up to $400 million every year. The theft is not restricted just to American films. It also has involved videos, computers, books, and music.

This debate was attended by a number of Egyptian film-makers who came to discuss with the Americans the losses suffered by the Egyptian film industry and the piracy of its films and videotapes which are being shown with no restrictions at all in the U.S., especially in California. The Egyptian film industry loses millions of Egyptian pounds because of this theft.

Among the Egyptians who attended were the director Husam al-Din Mustafa, Adli al-Muwallid, in his capacity as head of the Copyright Association, Muhammad al-Mu'allim, the publishing house owner, the musician Muhammad Nuh, and others from the Ministry of Culture and the Film Industry Association.

The director Husam al-Din Mustafa said: "The idea behind this meeting is to seek a penalty which will deter the piracy of videos. We now call this the 'disease of the [modern] age,' because [videos] are easy to circulate and it is very profitable, involving no cost. Also, the profits from it are net profits, totalling up to billions of dollars worldwide."

"The only nation concerned about this piracy is the U.S., which has declared [that it will wage] ruthless war against the pirates of artistic productions and has begun to act rapidly, in both the Middle and Far East, to eliminate video, film, and computer thieves."

Earl Smith, general adviser for the International Intellectual Property Organization, who accompanied the American delegation, said: "Last year the American film industry's volume of losses totalled $400 million. When a decisive position was taken against one of these countries that encourages video piracy, the American film industry's losses decreased, totalling [only] $10 million [in that country]."

He said: "Any Egyptian producer can protect his film from theft by paying just $10 and signing a copyright form. This protects his film in the entire U.S., and it cannot be stolen."

اجوبة على الاسئلة

١) لصوص وقراصنة الفنّ. ٢) وفد امريكي. ٣) في مصر والشرق الأقصى. ٤) ٤٠٠ مليون دولار.
٥) لا، تشمل الفيديو والكومبيوتر والكتب والموسيقى ايضاً. ٦) كاليفورنيا. ٧) المخرج المصري حسام الدين مصطفى. ٨) بمليارات من الدولارات. ٩) المستشار العام للمنظّمة العالمية للملكية الفكرية. ١٠) عليه فقط ان يدفع ١٠ دولارات ويمضي على قرار بالحماية.

<u>Trivia Answer:</u> The first films were produced in 1917, and they included 30-40 minute documentaries and a comedy called "Why Does the Sea Laugh?"

SELECTION #96

Secret of the Thief Making the Pilgrimage at the Expense of the Ministry of Interior!

(Mahmud Salah) - He planted himself in front of the door of the Ministry of Interior and refused to budge.

The guards asked him: "Who are you?"

He said: "I'm a thief!"

They asked him in astonishment: "And what do you want?"

He said: "I want to meet 'the tribal leader of the Arabs'!"

The young thief refused to reveal his purpose. Even when Maj. Gen. (Dr.) Baha' al-Din Ibrahim met with him, he insisted on talking only with the minister of interior personally.

Within minutes Maj. Gen. Muhammad Abd al-Halim Musa, the minister of interior, was receiving the mysterious thief and listening to his exciting story.

He said: "My name is Muhammad Rashid Abd al-Qadir, and I'm from the village of al-Awwamiyyah, in the District of Saqultah, in [the province of] Sawhaj. I grew up in a family of moderate means and didn't finish my education. The Devil tempted me, and I stole 50 Egyptian pounds from my father's wallet. This was the beginning of my path in the wrong direction. After that, I learned how to rob apartments and committed I don't know how many robberies, although [I know that] the total take from the robberies was about half a million pounds. I spent most of it, bought a plot of land, built a house on it, rented a 'supermarket,' and put several thousand [pounds] in the bank. Finally I was arrested and sentenced to three years in jail."

The thief went on to say: "In jail I learned the bad consequences of a path of evil. I regretted [what I had done] and vowed not to go back to [a life of] sin. I got out of prison yesterday and, when I saw my three children, I promised God that they were not going to live or eat from [the wages of] sin."

The minister of interior asked him: "How [are you going to do this]?"

The repentant thief said: "Here are 18,000 pounds that I brought from the bank. Here are the property deeds for the land, the building, and the 'supermarket,' I don't want them, They are the product of sin."

The minister of interior asked him: "What do you want?"

The repentant thief said: "Nothing more than an honest job, and to make the pilgrimage to the House of God [the Ka'bah in Mecca]."

The minister patted the young man on the shoulder and shook hands with him. Then the minister said to his assistant: "Set him up in business at a cigarette stand, and have him go on the pilgrimage at the expense of the Ministry of Interior."

اجوبة على الاسئلة

١) أمام باب وزارة الداخلية. ٢) قال: "انا حرامي". ٣) أراد مقابلة مع "شيخ العرب" (اي وزير الداخلية).

٤) أولاً اللواء دكتور بهاء الدين ابراهيم ثم وزير الداخلية اللواء محمد عبد الحليم موسى. ٥) من قرية العوامية مركز ساقلته بسوهاج. ٦) سرق ٥٠ جنيهاً من محفظة أبيه. ٧) كان يقوم بسرقة الشقق. ٨) في السجن. ٩) أعطى لوزير الداخلية كل المال الذي كان في حسابه في البنك وأعطاه كذلك عقود ملكية الأرض والعمارة اللذين اشتراهما بالمال الذي جمعه نتيجة السرقات. ١٠) الى بيت الله (الى مكّة كحاجّ).

Trivia Answer: Amputation of the right hand.

260

SELECTION #97

Lithuania Secedes from USSR and Declares Itself a Sovereign Independent Nation

Vilnius, USSR (Reuter) - The Republic of Lithuania, one of the three Soviet Baltic republics, yesterday declared itself a sovereign independent nation, thus becoming the first Soviet republic to attempt to peacefully secede from Moscow.

Radio Lithuania announced this step, which was ratified by the republic's parliament in the capital city of Vilnius.

The parliament had already elected a national leader as president of the republic and decided to change its name to the "Republic of Lithuania" instead of the "Soviet Socialist Republic of Lithuania."

Mr. Vytautas Landsbergis defeated the present Communist leader Algirdas Brazauskas in an election held during the first session of the new parliament which was expected to subsequently declare Lithuania's independence from the Soviet Union.

Mr. Landsbergis, a music teacher and leader of the Sajudis movement which is demanding independence, received 91 votes, whereas the present Communist leader received only 38 votes.

Mr. Landsbergis' victory came two weeks after the victory of the candidates of the Sajudis movement over the Communist Party candidates, thus enabling them to occupy the majority of the seats in the Lithuanian parliament.

In a statement quoted from the newspaper LA VANGUARDIA, which is published in Barcelona, Landsbergis yesterday said that Moscow "wants to bring Lithuania to its knees and choke it economically."

He said that "numerous committees in Moscow have calculated the price of our independence in detail....and they want us to buy our freedom. This brings to mind the idea of ransom for someone who is kidnapped."

The independence declaration said that the Republic of Lithuania is an independent sovereign state on the basis of its constitution before World War II.

Lithuania, like the other two Baltic republics, Latvia and Estonia, were part of the Russian Empire, and then they got their independence in 1918. But they lost this independence again in 1940 after the Soviet Red Army occupied them during the rule of Joseph Stalin.

اجوبة على الاسئلة

١) أعلنت نفسها دولة مستقلّة ذات سيادة. ٢) الى الاتّحاد السوفياتي. ٣) برلمان جمهورية ليتوانيا. ٤) مدينة فيلنيوس. ٥) السيد فيتوتاس لاندسبرجيس. ٦) حركة ساجوديس. ٧) تريد تركيع ليتوانيا وخنقها اقتصادياً. ٨) في سنة ١٩١٨. ٩) في سنة ١٩٤٠. ١٠) احتلّها الجيش السوفياتي خلال حكم ستالين.

Trivia Answer: Vitas Gerulaitis.

SELECTION #98

Libya Does Not Rule Out U.S.-Israeli Act of Sabotage at the al-Rabitah Plant (I)

Tripoli (SANA) - The Libyan Jamahiriyah announced yesterday that a fire had broken out in the al-Rabitah plant which is located 80 kilometers south of Tripoli.

A spokesman from the official Libyan Jamahiriyah [News] Agency said that the fire began on the morning of the day before yesterday and that he did not rule out an act of sabotage by the U.S. or Israel.

Libya asserted that the U.S. campaign against the medicine-producing plant in al-Rabitah was a plot which targeted this important strategic achievement which will provide medicines for Arabs everywhere and will destroy the monopoly on medicines held by foreigners.

AFP [Agence France Presse] quoted Radio Tripoli as saying, in a transmission picked up in Tunisia: "Both Arab and international organizations have expressed their solidarity and support for the Libyan people who are being subjected to a hostile campaign waged by U.S. imperialism."

Col. Mu'ammar al-Qadhdhafi, leader of the September 1 revolution in the Libyan Arab Jamahiriyah, yesterday indirectly accused West German intelligence of undertaking sabotage inside Libyan territory.

In a statement to the Jamahiriyah News Agency, which was broadcast yesterday afternoon by Radio Tripoli, Col. al-Qadhdhafi said that if current investigations prove the involvement of West German intelligence in sabotage inside Libya, Germany's economic presence in Libya will be liquidated and that country, which is involved in espionage and sabotage for the benefit of imperialism and Zionism, will be the loser.

Concerning allegations that Libya is producing chemical weapons and other weapons of mass destruction, Col. al-Qadhdhafi said that if Libya could produce them, it would not hesitate to, because unfortunately there is no law that forbids any nation from producing these weapons, but that Libya alone, [relying only] on its own efforts, would need 20 more years before it could produce chemical bombs.

Col. al-Qadhdhafi added that Libya is a civilized, Moslem nation which respects international laws and charters and has signed all the agreements which prohibit the proliferation of weapons of mass destruction and [stipulate] that they not be used, and no one has any reason to call Libya's attention to this.

Col. al-Qadhdhafi praised the position of France, with which misunderstandings have been cleared up, and he also praised Italy's position toward Libya.

اجوبة على الاسئلة

١) من طرابلس (ليبيا).

٢) على بعد ٨٠ كيلومتراً جنوب طرابلس.

٣) حريق.

٤) امريكا او اسرائيل.

٥) ينتج الأدوية.

٦) لأنه سيوفّر أدوية لكل الأمة العربية وسيحطّم الاحتكار الأجنبي لها.

٧) المانيا الغربية.

٨) سيصفّى من ليبيا.

٩) الأسلحة الكيماوية وغيرها من أسلحة الدمار الشامل.

١٠) بأنها دولة متحضّرة ومسلمة تحترم المواثيق والقوانين الدولية.

Trivia Answer: Lebanon.

SELECTION #99

Libya Does Not Rule Out U.S.-Israeli Act of Sabotage at the al-Rabitah Plant (II)

Col. al-Qadhdhafi said: "The aggression against Libya will only make it stronger and more defiant, and will cause it to gain the sympathy of [all] nations and revolutionaries. In addition to this, the aggression will spread violence on a broad scale once again, and the imperialists will be the only losers."

He said that U.S. policy, which is hostile to Arab unity, has been exposed and has provoked violence against it on every Arab street. He also said: "We are determined to have Arab unity, and we will achieve it."

Concerning human rights, Col. al-Qadhdhafi said that the U.S. has no right to talk about human rights in Somalia, for example, or even in Chad, unless it grants the black people [of America] their independence and grants the Red Indians their independence [and right] to establish an independent nation of their own in North America.

Col. al-Qadhdhafi, in his statement, praised the Arab nation's position which was a united one for the second time in 13 months, inasmuch as the Arab nation stood, to a man, together with the Libyan Arab people, from among whose ranks one million soldiers were prepared to shoulder arms in defense of Libyan territory.

He also praised the courageous [Arab] national stance taken against U.S. imperialist tyranny.

Furthermore, officials in the Tunisian Ministry of Interior yesterday denied the news that U.S. officials had alleged [to be true] concerning Libya closing its border with Tunisia.

Tunisian security sources told the Reuter [News] Agency at the border location Ra's Jadir: "The land border between Libya and Tunisia is still open as usual, and movement in both directions is normal."

A U.S. White House spokesman had claimed that Libya had closed its border with Tunisia, [and this was] part of the framework of the hostile U.S. campaign against Libya after the fire which broke out in the Libyan medicine-producing plant at al-Rabitah.

In Nicosia, the Cypriot newspapers which came out yesterday gave prominence to the news of the fire which hit the Libyan plant at al-Rabitah.

The newspapers printed what the Libyan News Agency had reported concerning the probability of an act of sabotage by the U.S. or Israel being the cause of this fire, which they described as being a destructive attack.

Some newspapers made a connection between the destruction of the plant and the threat which was made a few days ago by the spokesman for the U.S. Department of Defense to the effect that Washington is using all possible means to endeavor to close down the plant, the pretext being that it was equipped to produce chemical weapons.

اجوبة على الاسئلة

١) الشعوب والثوار.

٢) سياسة الولايات المتحدة.

٣) السود والهنود الحمر.

٤) مليون مقاتل.

٥) زعموا ان ليبيا أغلقتها.

٦) قالت انه غير صحيح وان الحدود بقيت مفتوحة.

٧) في موقع رأس جدير الحدودي.

٨) بأنه هجوم تدميري.

٩) الناطق باسم وزارة الدفاع الأمريكية.

١٠) تزعم بأنه معدّ لانتاج الأسلحة الكيماوية.

Trivia Answer: Malta.

The Sphinx in a Plastic Restoration Chamber!

(Amal Uthman) - An American institute has come forward with a new project to save the Sphinx from the ailments of old age. The statue would be totally covered with a transparent plastic cover, resembling an agricultural stove, in order to isolate it from atmospheric factors such as wind, rain, humidity, and the [rays of the] sun, and it would be possible to open it in the morning and close it in the evening in order to protect the statue.

The new cover would be tested for a year, and after that studies would be conducted to find out how the Sphinx's condition has been affected after the isolation procedure.

Faruq Husni, the minister of culture, said: "I am currently studying the project with America's Paul Getty Institute and discussing, with specialists, the possibility, from the scientific, archaeological, and esthetic points of view, of putting the project into practice. In case the project is agreed to, implementation will begin after basic restoration work has been done on the statue."

Dr. Sayyid Tawfiq, head of the Archaeology Commission, says: "The project includes several forms for the proposed cover, which will be tantamount to a 'tent' or temporary night cover which opens and closes automatically. Consequently the Sphinx will remain uncovered during the daytime, starting at 10 am, and this project will not affect the 'panorama' of the area."

Dr. Zahi Hawwas, Giza's archaeology director, says: "This project is not the first of its kind. The Stanford Institute in California submitted a similar project in 1978. One must seek another solution, and it does not make sense that modern technology remains unable to find another solution. I refuse to allow the Sphinx to be imprisoned after he has been free and has been the guardian of Egypt for about 5,000 years."

Dr. Sayyid Tawfiq assures me: "Scientific research and reports have made it clear that pollution and surrounding environmental factors are the cause of the deterioration in the Sphinx's condition, but they have not pointed to any solutions for protecting the statue other than by means of building walls or earthen walls next to the statue. Some people have proposed covering the statue with a glass curtain or burying it with sand, as it was throughout most of the periods of [our] history."

Dr. Hawwas adds: "Work is proceeding on the implementation of the 'prescription' prescribed for the Sphinx by the scientific specialists. By the end of next month (April) the most modern scientific apparatus in the world will arrive and be put on the statue's back. It will be connected to a computer which will record, for the first time, precise scientific data concerning the direction of the wind, humidity, and temperature during the 24-hour day."

"Also, the Nuclear Safety Agency of the Atomic Energy Commission is presently making measurements of the quantity of ozone surrounding the statue in order to find out how much pollution is affecting the statue. This is part of the environmental study for Greater Cairo."

"Likewise, the National Institute for Astronomical and Geophysical Research is offering to dig six holes around the statue for the purpose of placing a series of acoustic apparatuses there in order to monitor earthquakes and tremors, gain information about the successive geological layers [of the Earth], and discover the dynamic characteristics of the layers which contitute the [Earth's] parent rock."

"This week microscopic analyses were done on samples taken from the surface, neck, and sides of the statue in order to find out how great erosion of the rocks has been, and the results still have not been made public. Also, this week experts from UNESCO will arrive in order to make initial scientific measurements on the Sphinx's head so that they can find out how balanced it is and to what degree the neck can support the head."

"Concerning the water, current reports have indicated that the water under ground does not reach the top part of the body of the statue."

SELECTION #100

The Sphinx in a Plastic Restoration Chamber! (contd.)

اجوبة على الاسئلة

١) يشكو من أمراض الشيخوخة.

٢) الرياح والأمطار والرطوبة والشمس.

٣) بتغطية التمثال بالكامل بغطاء من البلاستيك الشفّاف يُفتح صباحاً ويُغلق مساءً.

٤) لمدة سنة.

٥) ستجري دراسات لمعرفة مدى تأثير حالة ابو الهول بعد عملية العزل.

٦) معهد "بول جيتي".

٧) الدكتور زاهي حواس مدير آثار الجيزة.

٨) منذ حوالى خمسة آلاف سنة.

٩) بناء الحوائط او المصدات بجواره او تغطيته بساتر زجاجي او ردمه بالرمال.

١٠) قياسات علمية على رأس ابو الهول لمعرفة مدى اتزانها ومدى تحمّل الرقبة للرأس.

Trivia Answer: The Sphinx is 65 feet high and 241 feet long.

ابو الهول والأهرام

KEY TO EXERCISES

EXERCISE - I

SELECTION #1

الرياض - و ا س: وصل خادم الحرمين الشريفين الملك فهد بن عبد العزيز آل سعود الى مطار الملك خالد الدولي بالرياض في الساعة السادسة الا الربع من مساء امس قادماً من مدينة حائل بعد الجولة التفقدية التي قام بها الى منطقتي القصيم وحائل.

SELECTION #2

الكويت - عبد المجيد الجمال: يفتتح الشيخ سعد العبد الله ولي عهد الكويت ورئيس مجلس الوزراء صباح اليوم - السبت - معرض الاسلحة والاجهزة والمعدات العسكرية التي تم تطويرها وتصنيعها بأيد مصرية.

وقد وجه المشير محمد عبد الحليم ابو غزالة نائب رئيس الوزراء ووزير الدفاع والانتاج الحربي الدعوة لوزير الدفاع الكويتي الشيخ سالم الصباح لزيارة مصر وسيتم قريباً تحديد موعد الزيارة.

SELECTION #3

باريس - ا ف ب: اعترف شاب ألقي القبض عليه في مارسيليا بارتكاب ١٩٠ عملية سرقة منزل و٣٦ سرقة سيارة في جنوب شرق فرنسا. وقد امكن كشفه بسبب استخدامه لأسلوب واحد باستمرار، اذ انه في كل مرة يعتزم فيها القيام بفعلته يأتي بعد الظهر الى الهدف الذي حدده ويكسر باباً او زجاجاً من الجانب الأيسر للنوافذ ويترك دراجته البخارية التي اكتشفها الجيران بالقرب من مكان الجريمة قبل ان يعود في الليل لتنفيذ عمليته.

SELECTION #4

صنعاء - سبأ: استقبل الاخ عبد العزيز عبد الغني رئيس مجلس الوزراء عضو اللجنة الدائمة صباح امس السيد دان ادوارد المدير المقيم لشركة هانت الامريكية للتنقيب عن البترول. وتم خلال المقابلة استعراض اعمال الشركة وفقاً للاتفاقية الموقعة بين الحكومة والشركة.

وحضر المقابلة الاخ علي عبد الرحمن البحر وزير الدولة رئيس المؤسسة العامة للنفط والثروات المعدنية عضو اللجنة الدائمة.

KEY TO EXERCISES (contd.)

SELECTION #5

<u>وافقت</u> مصر على ترشيح السفير عيسى درويش سفيراً للجمهورية العربية <u>السورية</u> في القاهرة.

وكان د. عيسى درويش وزيراً <u>للنفط والثروة</u> المعدنية حتى عام ١٩٨٠ عيّن بعدها <u>سفيراً</u> لسوريا بالكويت حتى ١٩٨٨ واصبح عميداً للسلك <u>الدبلوماسي</u> هناك.

وقد حصل د. عيسى درويش على بكالوريوس الاقتصاد والعلوم <u>السياسية</u> من كلية التجارة جامعة <u>الاسكندرية</u> عام ١٩٦٣.

EXERCISE - II

JOB/POSITION	PERSON
(a) الرئيس المصري	١) عرفات شافعي <u>c</u>
(b) وزير الزراعة والثروة السمكية	٢) سليمان متولي <u>h</u>
(c) وكيل اول وزير التعاون الدولي	٣) وجدي عبد الحميد <u>f</u>
(d) امير الكويت	٤) صفوت الشريف <u>g</u>
(e) رئيس مركز قصر العيني	٥) حسني مبارك <u>a</u>
(f) رئيس هيئة المواصلات السلكية واللاسلكية	٦) جابر الأحمد الصباح <u>d</u>
(g) وزير الاعلام	٧) احمد الهمداني <u>b</u>
(h) وزير النقل والمواصلات	٨) شوقي الحداد <u>e</u>

EXERCISE - III

ACTION/OCCURRENCE	COUNTRY
(a) إعطاء ٦ ملايين دولار للانتفاضة	١) الباكستان <u>b</u>
(b) اصطدام طائرة بخنزير برّي	٢) العراق <u>e</u>
(c) هجوم على مواقع ميليشيا انطوان لحد	٣) السعودية <u>a</u>
(d) عدم حصول الجرائد الوطنية على اخبار ومعلومات تهمّ الوطن	٤) المغرب <u>d</u>
(e) وجود قواعد صواريخ متنقلة	٥) لبنان <u>c</u>

KEY TO EXERCISES (contd.)

EXERCISE - IV

ACTION	PERSON(S) UNDERTAKING OR INVOLVED IN ACTION
١) احتجز ثلاثة رهائن في شقة.	مسلّح
٢) طُرِدوا من اماكن عملهم.	٥٥ صحفياً
٣) كان رئيس محكمة عاقبت سيدة وزوجها بالسجن لمدة ١٠ سنوات.	المستشار محمد رجاء
٤) قدّم مشروعاً من اجل استئناف مفاوضات السلام بين ايران والعراق.	الأمين العام للأمم المتحدة
٥) تعرضوا للاعتقال في سنة ١٩٨٩.	٢٥٠ صحفياً
٦) قال: "لا فائدة لقرار من دون عقوبات".	دبلوماسي في الأمم المتحدة
٧) قُتِل عندما اطلقوا النار على سيارته.	شرطي تركي
٨) كانا يقومان بسرقة محتويات سائقين وسياراتهم.	سيدة (حسناء) الاوتوستوب وزوجها
٩) اعرب عن تفاؤله بامكان قرار لمجلس الأمن يؤدّي الى نهاية الحرب بين العراق وايران.	الشيخ صباح الأحمد وزير الخارجية الكويتي
١٠) لقوا مصرعهم في السنة الماضية.	٥٠ صحفياً

KEY TO EXERCISES (contd.)

EXERCISE - V

١)	١٢٠	i	(a) اليوم في شهر جوان (يونيو) الذي يُعقد فيه تجمّع في الجزائر
٢)	٣	e	(b) ايام حبس الفتاتين اللتين اعتقلتا في القاهرة
٣)	٢	k	(c) زعماء المعارضة الذين اطلق سراحهم في بنجلاديش
٤)	٤	b	(d) السنة التي يُعقد فيها تجمّع امام المجلس الشعبي الوطني في الجزائر
٥)	٢٨	a	(e) الضباط العراقيون الكبار الذين قادوا محاولة انقلابية
٦)	١٩٩٠	d	(f) يوم نهاية البطولة للكرة الطائرة للسيدات في شهر غشت (اغسطس)
٧)	١٠	n	(g) الدول الموافقة على المشاركة في البطولة العربية للكرة الطائرة
٨)	٩	c	(h) السن الأقصى للناشئين المشتركين في بطولة الكرة الطائرة
٩)	١٩٩١	l	(i) الضباط العراقيون الذين أُعدموا في بغداد
١٠)	١١	f	(j) يوم نهاية البطولة للكرة الطائرة للناشئين في شهر غشت (اغسطس)
١١)	١٣	m	(k) الفتيات اللواتي سرقن محتويات السيارات في القاهرة
١٢)	٢٠	j	(l) السنة التي ستُعقد فيها انتخابات جديدة في بنجلاديش
١٣)	١٥	h	(m) يوم بداية البطولة للكرة الطائرة للناشئين في شهر غشت (اغسطس)
١٤)	٧	g	(n) الساعة التي يُعقد فيها تجمّع امام المجلس الشعبي الوطني في الجزائر

EXERCISE - VI

١) تصدر صحيفة "يا" في اسبانيا.

٢) كان تاجر المخدرات في الجيزة يقوم بنشاطه امام مبنى من المباني العامة.

٣) يريد الملك فهد ان يشجّع المسلمين في تركستان على ان يأتوا الى السعودية لأداء فريضة الحجّ وتركستان هي منطقة في الصين.

٤) قام الملك حسين بزيارة لبريطانيا لغرض العمل.

٥) مئات من الفلسطينيين في اسرائيل أُطلق سراحهم بعد قضاء مدة في السجن.

EXERCISE - VII

١) سوري حافظ الأسد

٢) امريكي لويس فرحان

٣) فلسطيني ياسر عرفات

٤) سعودي هشام ناظر

٥) عراقي صدام حسين

EXERCISE - VIII

١) اشتركت اكثر الدول الخليجية في بطولة آسيا للكرة الطائرة. صواب

٢) ترتفع مياه نهر النيل هذه الأيام. خطأ

٣) ادّى استمرار الحرب الأهلية في لبنان الى شراء الليرة اللبنانية في الأردن. خطأ

٤) تدلّ احصائيات المؤتمر الاسلامي على انّ واحداً من كل ثلاثة اشخاص في العالم الاسلامي امّي. صواب

٥) كانت المظاهرات المؤيّدة لاستقلال بورتوريكو سلمية للغاية. خطأ

٦) لقد برهنت الحكومة المصرية على انها تهتمّ بتشجيع استخدام طرق الريّ الحديثة. صواب

٧) لم تكن السوق السوداء في الأردن حاضرة لتلبية طلب شراء الليرة اللبنانية. صواب

٨) من المقرّر ان تكون للشعب في بورتوريكو الفرصة لتقرير مصيره. صواب

٩) فاز العراق على تايلاند بكل سهولة في بطولة آسيا للكرة الطائرة. خطأ

١٠) سيكون مقرّ الصندوق المركزي للقضاء على الأمّية في العالم الاسلامي في العاصمة السعودية. خطأ

KEY TO EXERCISES (contd.)

EXERCISE - IX

SELECTION #41

وقالت صحيفة "القبس" الكويتية امس ان سائقي السيارات في شارع جمال عبد الناصر احد الشوارع الرئيسية في الكويت فوجئوا بتساقط عشرات الدنانير على سياراتهم دون معرفة مصدرها ثم تنبهوا الى تطاير الدنانير من الزجاج الخلفي لسيارة شخص كان قد خرج لتوه من احد البنوك التجارية القريبة.

SELECTION #42

وبعد ان اشار الى ان الحديث تناول كذلك الدورة العادية القادمة للجمعية العمومية للامم المتحدة عبر عن امله في ان تجري على هامش اشغال هذه الدورة اتصالات بين السيد القليبي والوفد السوفياتي الذي سيكون برئاسة وزير الخارجية السيد ادوارد شيفاردنادزه.

SELECTION #43

ويؤكد ٦٧ ٪ من الذين سئلوا من المهاجرين ان الفرنسيين لا يميلون الى العنصرية، في حين اتهمهم بالعنصرية ٢١ ٪ من المهاجرين. وقد أُجري هذا الاستفتاء في شهر مارس الحالي على عينة تضم ٧٠٠ مهاجر تبدأ اعمارهم من سن ١٨ عاماً.

SELECTION #44

وقد انطلقت الاحتفالات صباح امس بتنظيم استعراض عسكري كبير اطلع خلاله المدعوون والجماهير الصحراوية على عينات من العتاد العسكري الضخم الذي تتوفر عليه الجمهورية الصحراوية وبعد رفع العلم الصحراوي والاستماع الى النشيد الوطني بدأ الاستعراض بظهور كوكب 19 جوان الذي يمثل مجموعة من الصحراويين الذين شاركوا في انتفاضة الرملة الواقعة بالعيون عاصمة الصحراء الغربية.

SELECTION #45

تشارك مصر في المعرضين الصناعيين الدوليين اللذين ستتم اقامتهما في مدينتي سيدني وملبورن بأستراليا في نهاية هذا الشهر، وتعرض مصر فيهما ٢٠٠ سلعة من انتاج ١٥ شركة صناعية، تعمل في مجالات الصناعات الغذائية والهندسية والغزل والنسيج والملابس الجاهزة والمنسوجات والسجاد والمعلبات الغذائية.

EXERCISE - X

PERSONS

ابو نضال(a)　نجيب محفوظ(b)　فلاديمير بولياكوف(c)　ديبي ترنير(d)

مسلمو الاتحاد السوفياتي(e)　فانيسا وليامز(f)　مصطفى ابرهيم على عمران(g)　عبد الفتاح بركة(h)

خالد احمد سليم عبد الله ابو حمد(i)　ثروت اباظة(j)　كريمتا نجيب محفوظ(k)　سعود الفيصل(l)

محمد محمود سلمان خير الدين(m)　ملك السويد(n)　رشا المغربي(o)

ACTIONS

١) اعلن ضرورة الالتزام بقرار حظر تداول ونشر "اولاد حارتنا". h

٢) يرأس حركة "فتح - المجلس الثوري". a

٣) أعدم لأنه كان "نقيباً في الاستخبارات الأردنية". i

٤) يزور السعودية حالياً بصفته مسؤولاً كبيراً في وزارة الخارجية السوفياتية. c

٥) تقومان برحلة الى ستوكهولم لتسلّم جائزة نوبل للأدب نيابة عن ابيهما. k

٦) تحدّث مع السيد بولياكوف بشأن هجرة اليهود السوفيات الى اسرائيل. l

٧) كتب رواية "اولاد حارتنا". b

٨) أعدم لأنه كان "عضو قيادة ساحة للموساد". m

٩) سيسلّم جائزة نوبل للأدب لكريمتي نجيب محفوظ. n

١٠) تنازلت عن لقب ملكة جمال الولايات المتحدة بسبب نشر صور عارية لها. f

١١) أعدم لأنه كان "منسّق نشاطات الموساد مع الاستخبارات الأردنية. g

١٢) استلم طلباً من نجيب محفوظ للتدخّل لوقف نشر "اولاد حارتنا" في جريدة مسائية. j

١٣) أعدمت لأنها كانت "رائداً في الاستخبارات الأردنية". o

١٤) يتمتّعون بكل الحقوق والحرّيات والامكانات لأداء واجباتهم الدينية. e

١٥) فازت بلقب ملكة جمال الولايات المتحدة. d

KEY TO EXERCISES (contd.)

EXERCISE - XI

interceptor planes (a)
inspector general (b)
lays the corner stone (c)
floodwater levels (d)
existence of a connection (e)
resulted in the death of (f)
at low altitudes (g)
reconnaissance planes (h)
it should be mentioned (i)
total amount of water accumulated (j)
seemed like (k)
reports to the effect that (l)
responded (m)
economical to operate (n)
His Noble Highness (o)
alarming (p)
violent reaction (q)
graduation ceremony (r)
aerial targets (s)
hijacking (t)
minister of irrigation (u)
years of drought (v)
ghost town (w)
in recent times (x)
last batch (y)

١) مناسيب مياه الفيضان d
٢) وجدير بالذكر i
٣) سنوات الجفاف v
٤) وزير الري u
٥) المخزون من المياه j
٦) حفل تخريج r
٧) المفتّش العامّ b
٨) يضع حجر الأساس c
٩) طائرات الاستطلاع h
١٠) سموّه الكريم o
١١) اقتصادية في التشغيل n
١٢) الطائرات الاعتراضية a
١٣) الأهداف الجوّية s
١٤) الدفعة الأخيرة y
١٥) على مستوى مخفوض g
١٦) تقارير مفادها انّ l
١٧) خطف t
١٨) في الآونة الأخيرة x
١٩) وجود صلة e
٢٠) مقلقة p
٢١) بدت وكأنّها k
٢٢) ردّ فعل عنيف q
٢٣) مدينة اشباح w
٢٤) استجاب m
٢٥) استشهد على اثرها f

KEY TO EXERCISES (contd.)

EXERCISE - XII

١) دوجلاس هيرد بريطاني ٢) فرزاد بازوفت بريطاني الجنسية (ايراني الأصل)

٣) مدينة لندن بريطانية ٤) مدينة بغداد عراقية ٥) روبرت الاسون بريطاني

٦) مدينة العزير عراقية ٧) مدينة قصبة بشدر عراقية ٨) محافظة السليمانية عراقية

٩) مدينة بابل الأثرية عراقية ١٠) قسطنطين ميخائيلذس قبرصي

١١) جيولا فارغا هنغاري (مجري) ١٢) هاشم حسن المجيد عراقي

١٣) المحافظة الثانية بابل عراقية ١٤) صدام حسين عراقي ١٥) مدينة المدائن عراقية

١٦) مرأى القادسية عراقي ١٧) مدينة رأس تنّورة سعودية ١٨) مدينة واشنطن امريكية

١٩) مدينة غرينيتش بريطانية ٢٠) شركة ارامكو عربية (سعودية) وامريكية

EXERCISE - XIII

١) قرّرت مصر دعوة الرئيس النمساوي كورت فالدهايم لزيارتها.

٢) تنتقد "الأهرام" اسرائيل لأنها تحتفظ بالعلاقات الدبلوماسية والعسكرية مع جنوب افريقيا.

٣) ربّما ستصل اقصى سرعة رياح الأعاصير الى ٣٥٠ كيلومتراً في الساعة في منتصف القرن القادم.

٤) لقد حدث مؤخّراً تآكل في طبقة الأوزون المحيطة بالكرة الأرضية.

٥) ستهدّد الفيضانات المدمّرة بصورة خاصة البلاد مثل هولندا التي هي تحت مستوى البحر.

٦) تتراكم الغازات المختلفة في غلاف الأرض الجوّي وهذه الغازات ناتجة عن المصانع وعوادم السيارات وموت الغابات.

٧) الجماعات الاسلامية التي تحتجز الرهائن هي معروفة بآرائها المتشدّدة.

٨) ستعمل ايران اذا ضمنت امريكا دوراً لها في الشرق الأوسط على تحقيق اطلاق سراح الرهائن الغربيين في بيروت.

٩) نائب الرئيس كويل في الأربعينات من عمره.

١٠) ستتعلق محادثات نائب الرئيس كويل في آسيا بالشؤون التجارية والسياسية.

KEY TO EXERCISES (contd.)

EXERCISE - XIV

١) تصدر جريدة "الرأي العام" في بيروت. خطأ

٢) شارك ثلاثة طيارين اسرائيليين في الحرب الايرانية - العراقية ضد العراق. صواب

٣) رجع الطيارون من ايران رأساً الى اسرائيل بعد انتهاء الحرب. خطأ

٤) أصيب اثنان من الطيارين بجروح فعولجا في مستشفي ايراني. صواب

٥) اراد الطيارون ان يسافروا من ايران الى جنوب افريقيا. صواب

٦) قال رئيس المخابرات العسكرية الاسرائيلية ان العرب يشكّلون تهديداً جدّياً لاسرائيل الآن. خطأ

٧) يعارض الرئيس بوش بناء مستوطنات اسرائيلية جديدة في القدس الشرقية. صواب

٨) عبّر بوش عن آرائه بخصوص هذا الاستيطان الاسرائيلي في مؤتمر صحفي. صواب

٩) قال بوش ان سياسة امريكا تميّز بين الاستيطان في الضفة الغربية والاستيطان في القدس. خطأ

١٠) يرحّب نجيب محفوظ دائماً بحضور الصحفيين الى بيته لمقابلته بخصوص مؤلّفاته. خطأ

١١) تلقّى نجيب محفوظ تهديدات بالقتل بسبب صدور احدى رواياته. صواب

١٢) يخاف نجيب محفوظ من الموت لأنه كبير السنّ. خطأ

١٣) إنّ الهندي الذي في غيبوبة منذ ١٥ عاماً يتمتّع بصحة جيدة بصورة عامة. صواب

١٤) أصيب هذا الهندي بجروح عندما سقط من بناية خلال عمله كإطفائي. صواب

١٥) من المتوقّع ان يموت الهندي قريباً لأن العيش في غيبوبة لمدة اكثر من ١٤ او ١٥ سنة غير ممكن. خطأ

KEY TO EXERCISES (contd.)

EXERCISE - XV

١) قيادة command
٢) المشاورات (the) consultations
٣) في جوّ ودّي وأخوي in a friendly and fraternal atmosphere
٤) تَناولَتْ (they had) dealt with
٥) وقف إطلاق النار (the) cease-fire
٦) السُيول (the) flash floods
٧) مزارع النخيل (the) date palm groves
٨) كل أسباب الحياة العصرية all the amenities of modern life
٩) باتَتْ became, has become
١٠) تطوير شامل comprehensive development
١١) تُوُفّي died, passed away
١٢) إثْرَ after
١٣) الأدوار the roles
١٤) انتقلَ الى (he) switched over to
١٥) الفارسة (the) equestrian
١٦) القضاء على the annihilation of
١٧) المعضلات the problems
١٨) مُهانين humiliated
١٩) مصادر الطاقة (the) sources of energy
٢٠) استُحْدِثَ was introduced
٢١) كملاذ أخير as a last resort
٢٢) مطامح توسّعية expansionist aims
٢٣) لا تسعى الى does not strive to
٢٤) بالقوة (by) force
٢٥) الجمود (the) inflexibility

KEY TO EXERCISES (contd.)

EXERCISE - XVI

1. seeded 12th المصنّف الثاني عشر 2. his fellow-countryman مواطنه

3. reached the finals وصل الى النهائي 4. (the) serve ضربة الارسال

5. the peak of tennis قمّة التنس 6. (the) brigadier general العميد

7. the criminal investigation department المباحث الجنائية

8. (the) sanitary instruments الأدوات الصحّية 9. he (had) started beating her أخذ يضربها

10. the forensic physician الطبيب الشرعي 11. (the) semi-leaders أشباه المسؤولين

12. rebuilding Lebanon إعمار لبنان 13. the boots of (the) occupying armies نعال الجيوش المحتلّة

14. they were (just) full of hot air فشروا 15. the "fund of shame" صندوق العار

16. let them contribute ليتبرّعوا 17. in the name of authority باسم السلطة

18. decisively بعزم 19. a government of puppets دولة دمى

20. after the storm disappears بعد انحسار العاصفة

21. (the) IBM personal computers كومبيوترات آي بي ام الشخصية

22. commercial term(s) مصطلح تجاري 23. (to) edit their contents تحرير محتوياتها

24. the cut and paste functions وظائف القصّ والالصاق

25. word-processing program برنامج لمعالجة الكلمات

EXERCISE - XVII

SELECTION #81

وحسب دراسة أجرتها رئاسة الوزراء في اليابان فإن اطباق المأكولات ذات النظم الصينية والغربية اصبحت في الوقت الحاضر طعاماً اساسياً في معظم البيوت اليابانية مما جعل الرغبة التي تولدت لدى الياباني تجاه اطعمة الدول الآسيوية الاخرى وباقي دول العالم تتعمق لتعكس تزايداً في عدد اليابانيين المسافرين الى الخارج وعدد الاجانب الوافدين الى اليابان.

SELECTION #82

كاراكاس - سانا: اكد دان كويل نائب الرئيس الامريكي بصورة قطعية ان ليس لبلاده نية في اجتياح الاراضي الكوبية من قبل القوات الامريكية.

وذكرت (ا ف ب) ان كويل استبعد في مؤتمر صحفي عقده هنا امس الاول بهذا الصدد هذا الامر وقال انه بالنسبة لواشنطن فإن تكرار الاجتياح الاخير للولايات المتحدة في بنما ليس وارداً.

واوضح كويل ان السلطات الامريكية تعتبر ان الظروف الملائمة لعملية عسكرية كانت مختلفة تماماً في بنما.

SELECTION #83

ولا شك ان الأمين العام للامم المتحدة على يقين كامل من ان المشاكل الرئيسية التي تعترض عقد المؤتمر تكمن في الموقف الاسرائيلي المتعنّت خاصة بعد تصريح السيد ياسر عرفات رئيس اللجنة التنفيذية لمنظمة التحرير الفلسطينية الذي اعلن موافقة المنظمة على النظر في عدة بدائل تتعلق بالتمثيل الفلسطيني في المؤتمر.

SELECTION #84

وأوضحوا ان شرطة مكافحة الشغب فتحت النار على متظاهرين من الطلاب رشقوها بالحجار في العاصمة السودانية فأصابت ٢ منهم بجروح خطرة. وأصيب في الاشتباك ٣٠ شرطياً. وقال مصدر امني ان الطلاب كانوا يحتجّون على السماح لألفين من رفاقهم بالالتحاق بجامعة القاهرة - فرع الخرطوم من دون اجتياز امتحان القبول المعتاد.

SELECTION #85

واشنطن - ق ن أ: غادر الرئيس الامريكي الأسبق جيمي كارتر اتلانتا في طريقه الى القاهرة في بداية جولة بمنطقة الشرق الأوسط يزور خلالها كلاً من مصر وسوريا والاردن والاراضي العربية المحتلّة والكيان الاسرائيلي وتركز مباحثات الرئيس الامريكي الأسبق خلال هذه الجولة حول التطوّرات الاخيرة في المنطقة والمساعي الدبلوماسية لاستئناف عملية السلام.

هل

شبعت

من

هذا

الكتاب ؟

("Are you sick and tired of this book?")

KEY TO EXERCISES (contd.)

EXERCISE - XVIII

PERSONS

افكار الخرادلي(a)   احمد تشونج(b)   ريتشارد ميرفي(c)   عاطف صدقي(d)   عابدين جبارة(e)

جورج بوش(f)   مراسل وكالة أنباء الشرق الأوسط(g)   تشارلز ريدمان(h)   عبد العزيز كيم(i)

حلمي نمر(j)   بوب ميتشل(k)   طه ياسين رمضان(l)   أسامة الباز(m)   محمد قطب(n)

ACTIONS

١) يرأس لجنة مكافحة التمييز ضد الأمريكيين العرب. e

٢) أجرى مقابلة مع السيد طه ياسين رمضان في بغداد. g

٣) اجتمع مع عابدين جبارة بخصوص الأمريكيين المسافرين الى اسرائيل. c

٤) قال ان مصر ستكون اقوى في التسعينات. m

٥) قال ان امريكا تشعر بقلق عميق بسبب إساءة معاملة السود والأمريكيين العرب في اسرائيل. h

٦) ساعد صديقه احمد تشونج على ان يُسْلِم. i

٧) كتب مقالاً عن حالة مصر في التسعينات. a

٨) يرأس الجانب المصري في اللجنة العليا المصرية العراقية المشتركة. d

٩) قال ان "الجسر الجوي" الى الخليج هو الأكبر في تاريخ امريكا. k

١٠) ألّف كتاباً اسمه "الاسلام". n

١١) يمثّل العراق في اللجنة العليا المصرية العراقية المشتركة. l

١٢) قال ان الدول الأعضاء في مجلس التعاون العربي ستتّجه الى التكامل الاقتصادي. j

١٣) أسلم وأصبح رئيس تحرير جريدة اسلامية. b

١٤) قرّر إرسال قوة عسكرية الى الخليج بعد الغزو العراقي للكويت. f

KEY TO EXERCISES (contd.)

EXERCISE XIX

١) قالت جريدة "الرأي" الأردنية ان العرب لا يزالون يثقون بسياسة الحكومة الأمريكية بالنسبة لمشاكل الشرق الأوسط. خطأ

٢) صحيفة "الرأي العام" هي ايضاً جريدة اردنية. خطأ

٣) قالت "الرأي العام" ان المقترحات الأمريكية تخدم المصلحة الأسرائيلية. صواب

٤) جرى الاضراب العام الفلسطيني بمناسبة ذكرى مجزرة صبرا وشاتيلا. صواب

٥) لم يَمُت احد نتيجة الاشتباكات بين المتظاهرين الفلسطينيين والجنود الاسرائيليين. خطأ

٦) فرضت السلطات الاسرائيلية حظر التجول في عدد من مخيمات اللاجئين في الضفة الغربية وغزّة. صواب

٧) الدكتور محمود الموجي من كبار الموظفين في وزارة الصحة المصرية. خطأ

٨) لا يلعب تأخّر البلوغ خلال المراهقة اي دور يُذْكَر بالنسبة لقصر قامة الانسان. خطأ

٩) امراض الغدد الصماء في الأطفال هي من الأسباب النادرة لقصر قامتهم. صواب

١٠) قال السيد ريتشارد ميرفي ان خطر نشوب حرب اخرى في الشرق الأوسط لا يزال موجوداً. صواب

١١) قال السيد ميرفي ايضاً اننا لا نفهم كل أبعاد مشكلة الشرق الأوسط فهماً كاملاً. خطأ

١٢) اضاف السيد ميرفي ان هجرة اليهود السوفيات الى امريكا تزداد كل سنة. صواب

١٣) الأمريكيون قلقون جداً بسبب سرقة افلامهم في مصر وأوربا. خطأ

١٤) لم تعلن اي دولة غير الولايات المتحدة "حرباً شعواء" على قراصنة الفن. صواب

١٥) ثمن حماية حقوق اي فيلم في امريكا رخيص جداً. صواب

KEY TO EXERCISES (contd.)

EXERCISE - XX

English	Arabic
the repentant thief (a)	١) الحراس g
transparent (b)	٢) بدهشة p
Communist (c)	٣) نشأتُ v
involvement (d)	٤) اللصّ التائب a
(the) pollution (e)	٥) عقود ملكية m
civilized (f)	٦) ذات سيادة s
the guards (g)	٧) الشيوعي c
samples (h)	٨) المطالبة y
imperialist tyranny (i)	٩) فدية n
during the rule of (j)	١٠) في ظلّ j
the black people (k)	١١) يقع x
the prescription (l)	١٢) الاحتكار r
property deeds (m)	١٣) الفاتح من ايلول u
ransom (n)	١٤) ضلوع d
the land border (o)	١٥) متحضّرة f
in astonishment (p)	١٦) العدوان w
starting at (q)	١٧) الأمة السوداء k
the monopoly (r)	١٨) الطغيان الاستعماري i
sovereign (s)	١٩) تدميري t
destructive (t)	٢٠) الحدود البرّية o
September 1st (u)	٢١) ابتداءً من q
I grew up (v)	٢٢) الشفَاف b
the aggression (w)	٢٣) الروشتّة l
is located (x)	٢٤) التلوّث e
which is demanding (y)	٢٥) عيّنات h

Congratulations!

By working through the material of this book and reaching the very end, you have every reason to be proud of yourself and your accomplishment. Now you should have no difficulty whatsoever in picking up a copy of AL-AHRAM, AKHBAR AL-YAWM, AL-SHARQ AL-AWSAT, AL-THAWRAH, or AL-DUSTUR and easily and fluently reading most of the articles on the front page in the course of half an hour or so. You should also be able to easily browse through and understand articles on the inside pages of the paper which deal with regional, national, and local news.

Being able to read all the other sections of an Arabic newspaper (editorials, commentaries, articles on business, finance, social issues, religion, classified advertisements, short stories, entertainment news, the society pages, etc.) will not be quite so easy, but your ability to read them also will gradually increase with time and effort expended on your part.

But the important thing is that you now have not one--but two--feet in the door!

Keep up the good work!